LAW & BUSINESS
法商圖書

吉尔吉斯斯坦
跨境投资和商事法律实务

卢承峻 著

PRACTICAL HANDBOOK ON
INVESTMENT AND
BUSINESS LAW IN KYRGYZSTAN

法律出版社 LAW PRESS · CHINA

图书在版编目（CIP）数据

吉尔吉斯斯坦跨境投资和商事法律实务 / 卢承峻著.
北京：法律出版社，2025. -- ISBN 978 - 7 - 5244 - 0273 - 2

Ⅰ. D936.43

中国国家版本馆 CIP 数据核字第 2025KW7382 号

吉尔吉斯斯坦跨境投资和商事法律实务
JIERJISISITAN KUAJING TOUZI HE SHANGSHI FALÜ SHIWU

卢承峻 著

责任编辑 慕雪丹 章 雯
装帧设计 鲍龙卉

出版发行 法律出版社
编辑统筹 法商出版分社
责任校对 赵明霞
责任印制 胡晓雅
经　　销 新华书店

开本 710 毫米 × 1000 毫米 1/16
印张 19.25 **字数** 325 千
版本 2025 年 5 月第 1 版
印次 2025 年 5 月第 1 次印刷
印刷 固安华明印业有限公司

地址：北京市丰台区莲花池西里 7 号（100073）
网址：www.lawpress.com.cn
投稿邮箱：info@lawpress.com.cn
举报盗版邮箱：jbwq@lawpress.com.cn

销售电话：010 - 83938349
客服电话：010 - 83938350
咨询电话：010 - 63939796

书号：ISBN 978 - 7 - 5244 - 0273 - 2
定价：79.00 元

凡购买本社图书，如有印装错误，我社负责退换。电话：010 - 83938349

目　录

第一章　吉尔吉斯斯坦商事主体制度

吉尔吉斯斯坦《商事合伙和公司法》《股份公司法》《多层住宅和非住宅所有者合伙法》《合作社法》等法律规定了吉尔吉斯斯坦的商事经营主体种类，其中最主要的商事主体形式是有限责任公司、补充责任公司、股份公司和商事合伙（包括普通合伙和有限合伙）等。

吉尔吉斯斯坦《商事合伙和公司法》《股份公司法》等法律规定，公司、商事合伙是其资本金分为相等份额（投资额），以获取利润为主要目的，并对投资人投入的财产和通过生产经营获得的财产享有独立所有权的商事机构。[1]

第一节　有限责任公司

在吉尔吉斯斯坦法律中，有限责任公司是指股东仅以其出资为限对公司经营和风险承担责任，公司以其全部资产对公司债务承担责任的商事主体，是吉尔吉斯斯坦最为常见的市场经营主体。

一、公司股东

有限责任公司的股东可以是公民和/或法人，但立法机关、

---

① 吉尔吉斯斯坦《商事合伙和公司法》第 2 条，法律文本参见吉尔吉斯斯坦司法部官方网站。

行政机关和司法机关不得成为有限责任公司或补充责任公司的股东。外国法人、自然人或无国籍人也可成为有限责任公司的股东。①

出资设立有限责任公司的股东可以是一个自然人或法人，即一人有限责任公司。

二、公司设立文件

（一）公司设立文件

有限责任公司的设立文件包括股东协议和公司章程。股东协议应由全体股东签字，公司章程应由股东协议上记载的股东签字确认并经股东大会指定的行使公司管理职责的管理人员签字。一人有限责任公司的设立文件就是公司章程，该类章程应由设立该一人公司的股东签字/盖章（法人股东）。

（二）股东协议

股东应在股东协议中明确以下内容：（1）股东向公司移交出资财产的条件；（2）股东参与公司经营活动的要求；（3）公司利润分配和损失承担的条件；（4）公司经营管理；（5）股东退股条件；（6）每一股东持有的股权份额；（7）股东缴纳出资的金额、期限、类型和出资流程；（8）股东违反出资义务的责任；（9）注册资本的金额和构成等。股东可以协商一致在股东协议中约定其他内容。

（三）公司章程

公司章程应规定以下内容：（1）股东大会权限；（2）公司执行机关在实施大额交易时的权限；（3）禁止或限制执行机关转让公司财产；（4）法律或股东要求的的其他条款等。

如果股东协议和公司章程中缺少上述内容，那么该公司章程和股东协议可能被有关国家机关认定无效或利益相关人通过司法程序确认无效。②

---

① 吉尔吉斯斯坦《商事合伙和公司法》第3条，法律文本参见吉尔吉斯斯坦司法部官方网站。

② 吉尔吉斯斯坦《商事合伙和公司法》第4条，法律文本参见吉尔吉斯斯坦司法部官方网站。

三、股东出资

（一）股东的出资方式

股东可以用吉尔吉斯斯坦法定货币或法律规定的外国货币、建筑、设施、设备、原料、材料、商品、产品、有价证券、其他价值的实物和可流转的财产权利，包括智力成果来出资。①

若股东以财产使用权出资，则该股东的出资金额和份额应按照该财产在公司存续期间或公司设立文件指定的其他期间的租金来确定。当然，公司设立文件可以对此种使用权出资的出资金额和期限作出其他约定。

股东在公司中占有的股权份额按照其出资占注册资本的比例来确定，但吉尔吉斯斯坦《商事合伙和公司法》允许例外约定，如果全体股东一致同意，可约定不按照股东出资占注册资本比例确定股东的持股比例。②

（二）股东的出资责任

若公司存在股东逾期未完全实缴出资的情况，则公司股东应在全部未实缴出资的范围内对公司债务承担连带清偿责任。③ 此处法律明确规定了已实缴出资的股东和未实缴出资的股东对公司债务的责任范围包括两点：（1）以所有未出资的股东所拖欠的出资金额为限；（2）对公司债务承担连带责任的主体既包括未出资股东，也包括已出资股东。

四、注册资本

股东的全部出资构成公司的注册资本金。吉尔吉斯斯坦法律未规定有限责任公司的注册资本金的具体金额要求。公司股东可在公司章程中自行约定公司的注册资本金额。

---

① 吉尔吉斯斯坦《商事合伙和公司法》第6条，法律文本参见吉尔吉斯斯坦司法部官方网站。

② 吉尔吉斯斯坦《商事合伙和公司法》第7条第3项，法律文本参见吉尔吉斯斯坦司法部官方网站。

③ 吉尔吉斯斯坦《商事合伙和公司法》第36条第2款，法律文本参见吉尔吉斯斯坦司法部官方网站。

（一）出资期限

股东应按照公司设立文件的规定时间、金额和方式缴纳出资，无论注册资本金额多少，股东都应在公司注册 1 年内全额缴纳出资。① 若股东违反其出资义务，则公司应按照法律规定程序减资，或者在清算后终止营业。

（二）确定股权比例

公司按照股东出资占有公司注册资本的比例确定股东的股权份额，但股东可以通过股东协议和设立文件约定不按照股东出资比例来确定其股权份额。②

（三）资本恒定原则

在公司设立的第二会计年度和此后各会计年度末，若公司的净资产低于其注册资本的，则公司应按照《商事合伙和公司法》第 4 条第 6 项规定的程序公告减资，并按照要求履行公司减资的国家登记。③

公司增加注册资本的，应在所有股东按照设立文件要求缴纳全部出资后进行。

五、股东权利和义务

（一）股东权利

有限责任公司股东享有以下权利：④（1）参与公司管理；（2）参与分配公司利润；（3）获取公司经营信息，包括了解公司财务会计信息和其他资料；（4）获取与其出资比例相应的分红，但公司设立文件另有规定的除外；（5）抵押或转让其股权；（6）退股；（7）在公司注销时按照其出资比例获取剩余资产；（8）享有法律或设立文件约定的其他权利。剥夺股东上述权利或通过协议对其加以限制的行为在法律上属无效行为。

---

① 吉尔吉斯斯坦《商事合伙和公司法》第 38 条第 2 项，法律文本参见吉尔吉斯斯坦司法部官方网站。

② 吉尔吉斯斯坦《商事合伙和公司法》第 38 条第 3 项和第 7 条，法律文本参见吉尔吉斯斯坦司法部官方网站。

③ 吉尔吉斯斯坦《商事合伙和公司法》第 38 条第 4 项，法律文本参见吉尔吉斯斯坦司法部官方网站。

④ 吉尔吉斯斯坦《商事合伙和公司法》第 37 条，法律文本参见吉尔吉斯斯坦司法部官方网站。

（二）股东义务

有限责任公司股东承担以下义务：（1）遵守公司设立文件；（2）按照设立文件规定的金额和方式缴纳出资；（3）按照公司设立文件规定参与公司经营管理；（4）不泄露公司商业秘密；（5）承担法律或规范性法律文件规定或设立文件约定的其他义务。

如果股东未履行其义务，给公司或其他股东造成损失的，其他股东有权要求该股东赔偿损失，造成财产损失的，则可通过诉讼程序将其除名。

六、股东大会

公司的最高管理机构是由全体股东组成的股东大会。

股东大会可以设立审计委员会来监督公司的经营活动。审计委员会只能由公司股东、审计人员、财会领域的独立专家和其他人士组成。执行机构人员不得兼任审计委员会成员。审计委员会可要求执行机构提供必要的材料、财务资料和其他文件并向股东大会提交审计结果。

审计委员会可按照法律规定或股东大会决议，对公司年度资产负债表和其他报告进行审计，在审计委员会提交该审计意见之前，公司股东大会无权通过年度资产负债表和其他报告。

股东大会应在吉尔吉斯斯坦法律规定的情况下组织公司的独立经济审计。公司股东也可要求对公司进行审计，但应承担相应的审计费用。

（一）股东大会的特别权限

下列事项属于公司股东大会的特别权限：（1）变更公司章程，包括变更公司注册资本；（2）在不设立董事会的情况下，选举和撤销公司执行机构（经理）；（3）确认公司年度报告和公司财务报表及公司利润分配和损失分担方案；（4）决定公司重组和注销公司；（5）选举审计委员会；（6）选举和撤销董事会。

公司章程可将其他事项列入股东大会特别权限。属于公司股东大会特别权限的事项不得授权给公司董事会或其他执行机关管理。

（二）股东大会表决机制

股东有权参与股东大会并行使表决权。每一股东在股东大会拥有与其出资比例相应的表决权，但公司的设立文件可以约定股东拥有与其出资比例不同的表决权。

1. 股东大会普通事项的表决

股东大会对股东大会的普通事项实行普通多数表决权通过，即需要全体股东所持表决权的过半数同意即为该决议事项通过。

2. 股东大会重大事项的表决

股东大会关于变更公司章程、增减公司注册资本的决议应由全体股东 2/3 的多数表决权通过，而关于公司重组和注销的决议应由全体股东一致同意通过，① 但公司章程可针对股东大会的重大事项表决约定与本条规定不同的表决规则。

股东可将其表决权让与其他股东，但公司设立文件有不同要求的除外。公司股东也可委托其他人代为参加股东大会。

七、董事会

（一）董事会的设立

公司可依据股东大会决议设立董事会，其中董事会的组成程序及职责和权限、董事任免程序以及董事长的权限等由吉尔吉斯斯坦公司法律规定和公司章程约定。②

（二）董事的选举和任期

董事应按照公司法律规定和公司章程约定在股东大会指定时间内通过选举产生。

董事的任职条件由公司章程和股东大会通过的其他公司内部文件规定。公司董事只能由自然人担任，可以不是公司股东，但董事不得同时兼任公司执行机构成员或审计委员会成员或审计师。在董事履职期间，公司应向其支付报酬和报销其因履职所发生的费用，具体标准由公司股东大会决定。

---

① 吉尔吉斯斯坦《商事合伙和公司法》第 40 条第 9 项，法律文本参见吉尔吉斯斯坦司法部官方网站。

② 吉尔吉斯斯坦《商事合伙和公司法》第 40 条、第 41 条，法律文本参见吉尔吉斯斯坦司法部官方网站。

董事任期由公司股东大会确定。[①] 董事任期届满，但新董事会仍未产生的，则董事会应履行职责至新董事会选举完成。董事任职没有次数限制。董事任期可根据股东大会决议提前终止。

（三）董事会的组成和表决

董事人数为不少于 3 人和不超过 7 人的单数，具体人数由公司章程或股东大会决议确定。董事会成员不足一半时，对董事会的任何调整都应通过改选整个董事会来实施。

董事长由全体董事以多数票选举产生。董事会可在任何时候以多数票改选董事长。董事长组织董事会工作，召集和主持董事会等。董事长缺席时，由董事会任命其他董事代行董事长职责。

（四）董事会的职权

法律规定下列事项属于董事会的权限：[②] （1）确定公司经营方针；（2）任免执行机构（但公司成立和清算时除外）；（3）监督执行机构执行股东大会决议；（4）决定独任或集体执行机构报酬和补偿金；（5）决定公司参加其他协会或商事组织；（6）设立分公司和代表处；（7）批准公司年度报告和财务报表、确定利润分配和损失分担；（8）公司章程规定的其他事宜。董事不得将表决权转让给其他董事。

每一董事在董事会拥有一个表决权，董事的表决权不得转让给他人。

董事会的表决实行一人一票，过半数的董事同意表决事项视为通过，但公司章程可以约定与此不同的董事会表决机制。

八、公司发行债券[③]

有限责任公司可以发行债券，发行债券金额不得超过其自有资本规模，发行时间不得早于公司第三个营业年度，需要公司两个年度的资产负债表已被确

---

① 吉尔吉斯斯坦《商事合伙和公司法》第 40 – 2 条第 1 项，法律文本参见吉尔吉斯斯坦司法部官方网站。

② 吉尔吉斯斯坦《商事合伙和公司法》第 40 – 1 条、第 40 – 2 条，法律文本参见吉尔吉斯斯坦司法部官方网站。

③ 吉尔吉斯斯坦《商事合伙和公司法》第 39 条，法律文本参见吉尔吉斯斯坦司法部官方网站。

认且同时满足下列条件:[①]（1）最近一个报表年度内不在亏损状态且最近3年无亏损；（2）最近1年内持续经营；（3）财务报表应被独立审计师确认；（4）设立了管理机构：股东大会、董事会、总经理和监事会；（5）具有公司治理手册。

有限责任公司也可向合格投资者发行债券，且无须遵守上述第1、2项关于期限的要求。公司也可以通过公司或第三方提供担保的方式发行担保债券，此时无须遵守上述第1、2项关于公司自有资本规模及其形成期限的要求。

九、股权转让

（一）公司股权的转让

股东有权将持有的公司股权的全部或一部分出售或转让给一个或几个股东或股东之外的第三人,[②] 但在股东完全缴纳出资之前只能转让其已经实缴部分的出资份额，但公司章程可以对股东转让其持有的公司股份/股权作其他约定。

（二）股东的优先购买权

1. 优先购买权的行使

公司的其他股东对转让的股权份额在其持有的股权份额之内在同等条件下享有优先购买权，但公司章程或股东协议可以对股东的优先购买权作与此不同的其他约定。

2. 优先购买权期限

在股权转让通知公告1个月内或公司章程或股东协议约定的其他期限内，享有优先购买权的股东没有行使其优先购买权的，转让股权的股东可将其股权转让给其他任何第三人。

（三）对外转让股权的限制和股权回购

公司章程可以规定，公司股权不得转让给股东之外的他人。此时，公司有义务回购该股权并向转让股东支付该股权的市场价值或向其返还实物资产。

公司回购股权后，应按照公司设立文件规定的程序在规定的期限内将回购

① 吉尔吉斯斯坦《商事合伙和公司法》第38条第1项，法律文本参见吉尔吉斯斯坦司法部官方网站。

② 吉尔吉斯斯坦《商事合伙和公司法》第16条和第44条，法律文本参见吉尔吉斯斯坦司法部官方网站。

的股权转让给其他股东或第三人，或者依法定程序减资。公司在此期间进行利润分配或股东大会表决的，不得考虑和计算该部分股权份额。

十、股东退股、公司减资和除名

（一）退股的时间要求

股东有权在任何时候退股，退股也无须获得其他股东的同意。股东退股时，应在实际退股 1 个月前向公司提出申请，公司设立文件可规定与此规定不同的退股时间要求。①

股东可能因其个人债务无法清偿被债权人追偿而被迫退股。股东个人财产不足以清偿其个人债务时，债权人可对该股东持有的公司股权进行追偿，要求公司向其支付与该股权份额相当的价款或者将该部分财产析出以清偿债权。股权追偿份额或价值应根据债权人提出追偿请求时公司的资产负债表来确定。②

（二）退股时的支付

退股时，公司应按照该股东的持股比例向其返还相应的财产价值并支付最近 1 年内公司的利润份额。如果该股东未完全实缴出资的，应按照其实缴出资比例返还财产和支付利润。该股东以使用权出资的，退股时应返还该出资财产。

（三）公司减资

公司可以根据法律规定和公司章程约定程序和事由减资。公司减资时，必须清产核资，编制资产负债表，并按照法定程序书面通知全部债权人，按照债权人的要求清偿债权或与债权人达成协议。

公司违反该程序擅自减资的，公司的利益相关人（包括公司的债权人、公司员工等）可向法院申请强制注销公司，以清偿债务。

（四）股东除名

股东除名只能是在因其给公司或其他股东造成损失时通过法院判决除名。

---

① 吉尔吉斯斯坦《商事合伙和公司法》第 16 条和第 43 条，法律文本参见吉尔吉斯斯坦司法部官方网站。

② 吉尔吉斯斯坦《商事合伙和公司法》第 16 条和第 46 条，法律文本参见吉尔吉斯斯坦司法部官方网站。

股东除名程序可以参照商事合伙中的合伙人除名程序。

十一、公司分支机构

有限责任公司有权在吉尔吉斯斯坦境内设立子公司、分公司或代表处，也有权根据《商事合伙和公司法》、其他规范性法律文件或吉尔吉斯斯坦参加的国际条约规定在境外设立子公司、分公司或代表处。

分公司、代表处不是独立法人，其依靠总公司的资金根据总公司的规定并以总公司的名义开展经营活动，其负责人依据总公司出具的授权进行开展业务。

与中国法律规定有所不同的是，在吉尔吉斯斯坦法律下，公司之间可以通过参股或协议安排或控制公司决策等方式来形成母子公司控制关系。虽然子公司属于独立法人主体，独立经营，但如果母公司对子公司发布强制性指令，子公司为执行该指令所进行的交易而导致的债务，母公司对此子公司的此项债务应承担连带责任，[①] 这与中国公司法律中规定的法人人格混同规则一致。子公司股东有权要求母公司赔偿因其过错给子公司造成的损失。

十二、公司变更、终止和清算

公司可依据法律规定和股东大会决议变更为另一种形态的公司，有限责任公司可以按照法律规定程序变更为股份有限公司。

公司可因一定事实和事由的出现而终止经营。公司的终止事由如下：[②]（1）公司存续期届满；（2）设立目的已经实现；（3）股东/出资人协议终止；（4）被认定破产；（5）法律规定或设立文件约定的其他终止事由。

公司终止时应进行公司清算。清算时，由股东大会成立清算委员会；破产时，由法院指定清算委员会。公司在清算时应按照吉尔吉斯斯坦《民法典》和《破产法》的规定清偿债务，支付人员工资，缴纳社保费并支付税费等，剩余财产按照公司股东的出资比例或设立文件规定比例进行剩余财产分配。最后，由国家登记机关颁发公司注销指令，此时公司注销程序完毕。

---

① 吉尔吉斯斯坦《商事合伙和公司法》第 8 条第 4 款，法律文本参见吉尔吉斯斯坦司法部官方网站。

② 吉尔吉斯斯坦《商事合伙和公司法》第 9 条，法律文本参见吉尔吉斯斯坦司法部官方网站。

第二节　补充责任公司

吉尔吉斯斯坦《民法典》还规定了补充责任公司制度。① 补充责任公司是吉尔吉斯斯坦法律下的具有特色的公司形态，与中国公司法中的有限责任公司和股份有限公司都不同。

一、补充责任公司的概念

吉尔吉斯斯坦《民法典》规定，补充责任公司是由一个或几个股东出资设立，其资本分为相等份额，公司以其全部资产对公司债权人承担责任，全体股东以其个人财产对公司不能清偿的债务承担连带的补充责任的公司形式。② 补充责任公司的名称中应包含“补充责任公司”字样。

二、股东的补充责任

与有限责任公司类似，补充责任公司的股东需要向公司缴纳出资，股东的出资构成公司的责任财产，是对其债权人承担责任的财产基础。此外，补充责任公司的股东还应该承担如下责任：③

1. 在公司责任财产不足以清偿公司的全部债务时，全体股东应对公司不能完全清偿的债务承担补充清偿责任。即公司的债权人在穷尽一切手段对公司追偿后而不能清偿的债务部分，有权向公司的股东进行追偿。但公司债权人向股东追偿之前，必须先向公司追索债务。这是股东“补充责任”的本质意义。

2. 全体股东对公司债务承担连带的清偿责任，即公司债权人在向公司股东追索债务时有选择权，他可以仅向某一个股东、某几个股东或全部股东行使部分或全部追索权。公司债权人向股东追偿无先后顺序和比例要求，可以要求一个股东一次性全部清偿，也可以要求几个股东分别清偿，还可以要求全部股东按照持股比例分担，具体比例和顺序由债权人自己决定。

---

① 吉尔吉斯斯坦《民法典》第 138 条第 1 项，法律文本参见吉尔吉斯斯坦司法部官方网站。

② 吉尔吉斯斯坦《民法典》第 138 条，法律文本参见吉尔吉斯斯坦司法部官方网站。

③ 吉尔吉斯斯坦《民法典》第 138 条第 1 项，法律文本参见吉尔吉斯斯坦司法部官方网站。

3. 公司的任一股东清偿了公司债权人追索的全部债权后，有权向其他未履行补充责任的股东追偿，追偿比例为公司章程规定的持股比例计算的应承担份额。但是公司章程可以对股东追偿的比例和顺序作与上述规定不同的约定。

4. 若补充责任公司某一股东资不抵债或破产了，则该股东应承担的补充责任份额由其他全部股东按照其出资比例分担，但公司设立文件可对此作另行约定。

三、补充责任公司的其他规则

除上述第一项和第二项所述规则外，关于补充责任公司的其他规则参照适用有限责任公司的规定。①

第三节　股份公司

吉尔吉斯斯坦《民法典》和《股份公司法》都对股份公司的法律规则作了规定。在吉尔吉斯斯坦法律下，股份公司是指通过发行和销售股票获取资金，开展经营活动并获取利润的法人实体，股份公司名称中应指明其为股份公司。股东对公司的债务不承担责任，仅对公司经营活动发生的损失以其持有的股份价值为限承担损失风险。② 但若股东未完全缴纳出资的，则应以其未完全缴纳的出资为限对公司债务承担连带责任。公司对股东债务不承担任何责任。

吉尔吉斯斯坦法律将股份公司分为开放式股份公司和封闭式股份公司两种类型，分别对应我国公司法律规定的上市股份公司和未上市股份公司。

一、股份公司的分类

（一）开放式股份公司

1. 定义

开放式股份公司是公司通过公开发行等额股票筹集公司经营所需资金和责任财产，公司股东转让持有的公司股票时无须征求其他股东同意的股份公司。

---

① 吉尔吉斯斯坦《民法典》第 138 条第 3 项，法律文本参见吉尔吉斯斯坦司法部官方网站。

② 吉尔吉斯斯坦《民法典》第 139 条，法律文本参见吉尔吉斯斯坦司法部官方网站。

该类股份公司可公开发行股票，并依法自由销售其股票。开放式股份公司应在其名称中标明“开放式股份公司”字样。

2. 股东人数

开放式股份公司的股东人数不受限制。①

股东人数超过500人的开放式股份公司或公开发行过有价证券的开放式股份公司应在年度股东大会后2个月内但不迟于年报次年6月1日公布其年度报告。

3. 股票发行

开放式股份公司有权公开发行股票，并可按照法律规定自由出售其公开发行的股票，公司章程对此不得加以限制。

（二）封闭式股份公司

1. 定义

封闭式股份公司是其股票只有其创始人认购或在一定范围内发行的股份公司。封闭式股份公司无权公开发行股票，也不得以其他方式向不特定人推介其股票。

2. 股东人数

封闭式股份公司股东不得超过50人，否则应变更为开放式股份公司。② 封闭式股份公司的股东人数超50人且未在1年内变更公司形式的，法院将对公司强制清算。

在法律规定情况下，封闭式股份公司也可能被强制公布其年度报告。

3. 股东优先购买权

封闭式股份公司的股东有权优先购买其他股东出售的股份。③ 如果股东未在股份出售公告之日5天内或公司章程的其他时间内行使优先购买权购买被出售的股份或各方关于股份购买价格未能达成一致的，那么该封闭式股份公司有权按照与转让股东协商的价格购买出售的股份。如果股份公司未能就购买价格达

---

① 吉尔吉斯斯坦《股份公司法》第7条第2项第2款，法律文本参见吉尔吉斯斯坦司法部官方网站。

② 吉尔吉斯斯坦《股份公司法》第7条第3项第2款，法律文本参见吉尔吉斯斯坦司法部官方网站。

③ 吉尔吉斯斯坦《股份公司法》第7条第4项，法律文本参见吉尔吉斯斯坦司法部官方网站。

成一致或放弃购买该出售的股份的，那么出售股份的股东可向任何第三人出售其股份，[①] 但股份售价不得低于此前与其他股东或股份公司协商的售价，否则其他股东或公司有权申请法院确认向第三人出售股份的交易无效。

封闭式股份公司股份被质押的，质权人在实现质权时，适用前述股东优先购买权规则，但质权人也可持有该股份。

4. 股份的继承

在征得公司的同意后，自然人股东的继承人或法人股东的权利继受人可继受封闭式股份公司的股份，但公司章程另有规定的除外。若公司不同意前述继承或继受，那么，其他股东或公司应购买该股份。

5. 股份质押

封闭式股份公司的股东可将其持有的股份用于质押，在质押权实现时的流程与上述股东对外转让其股份的程序相同。[②]

二、股份公司的设立

股份公司可由一个股东（一人股份公司）或全体股东出资购买公司的全部股份而设立，即股份公司的创设设立，创始人应签订创始人协议并作出创设股份公司的决议。股份公司通过创设设立的，应将其发行的全部股份在国家有价证券主管机关进行登记。

（一）公司设立

1. 公司创始人

股份公司的创始人可以是自然人或法人。开放式股份公司的创始人人数不受限制，封闭式股份公司的创始人不得超过 50 人。创始人股东对公司设立行为相关的费用承担连带清偿责任。

2. 公司创立文件

公司的设立文件包括创始人协议和公司章程。

（1）创始人协议

创始人应签订书面的创始人协议，该协议自签订之日生效，协议应约定股

---

① 吉尔吉斯斯坦《民法典》第 142 条，法律文本参见吉尔吉斯斯坦司法部官方网站。

② 吉尔吉斯斯坦《股份公司法》第 7 条第 5 项，法律文本参见吉尔吉斯斯坦司法部官方网站。

份公司的设立程序、注册资本、发行股票类别、支付流程，股东权利义务和责任及其他法律规定事宜。若股份公司只有一名股东，则该股东签订的股份公司设立决议即相当于创始人协议。

（2）公司章程

公司章程是股份公司的设立文件之一，对公司和公司股东都具有法律约束力。对公司章程进行修订、增补和更新应由股东大会作出决议和通过。

股份公司章程应包括公司名称、注册地址、公司类型、所发行股票的类别和发行数量、股东权利、注册资本、公司管理机构，股东大会准备和召开程序等内容。

3. 创始人大会

股份公司创始人应召开创始人大会，通过公司章程，选举公司管理机关等。公司的设立费用经股东大会追认后由公司承担。

4. 公司住所地

股份公司的登记地为其住所地，应该确定其开展业务所需的通讯地址，并在设立时正式通知公司登记机关和股票发行登记机关。

5. 股东名册

股份公司应制作股东名册并记录股东、所持股票类型和面值等信息，股东自其登记至股东名册之日起开始享有股东财产权利和非财产权利。股东名册历史记录应保存不少于5年。

（二）注册资本金

股份公司的注册资本是公司清偿债务的责任财产。按照法律规定，股份公司的注册资本金应不低于1000个结算指数①（1个结算指数为100索姆），即不低于100000索姆，并在公司设立时全部实缴。②

自股份公司成立的第二年起以及此后的每个会计年度内，公司的自有资本规模不应低于法律规定的最低注册资本金额（即资本恒定原则），否则股份公司

① 按照吉尔吉斯斯坦法律规定，结算指数是在吉尔吉斯斯坦采用的用于计算类似社会保险金、罚金、税率和注册资本金等金额的经济指标。目前吉尔吉斯斯坦用该数据确定家庭社保金、向法院缴纳的诉讼费、国家登记费、税基和税率、社会保险费、对个体企业主进行分类、注册资本金以及刑事罪犯的发经济等。

② 吉尔吉斯斯坦《股份公司法》第21条第2款，法律文本参见吉尔吉斯斯坦司法部官方网站。

应予以清算注销。[①]

在吉尔吉斯斯坦，结算指数是一种标准的金钱指数，用于确定支付社会保障基金、退休金、经济处罚、行政收费、征收和处罚，以及其他与劳动支付无关的经济指标。该指数是吉尔吉斯斯坦政府内阁提请议会确定。吉尔吉斯斯坦现行结算指标采用的2006年6月15日议会通过的标准：一个结算指数为100索姆。[②]

三、股份公司管理机构

（一）股东大会

股东大会是股份公司的最高管理机构。[③] 法律规定属于股东大会特别决议的事项不得交由公司执行机构行使。

1. 召开时间

股份公司年度股东大会按照董事会或执行机构（未设董事会的）指定期限召开，但不得晚于公司年报次年的5月1日。股东大会召开的日期和流程、会议审议事项清单等由公司董事会确定。

2. 股东大会权限

股东大会特别职权：（1）变更和补充公司章程或通过确认新版章程；（2）公司重组；（3）注销公司，指定清算委员会和确认清算报表；（4）对公开发行股票的数量增减作出决议；（5）开放式股份公司不公开发行股票或有价证券作出决议；（6）不适用股票或有价证券的优先购买权作出决议；（7）对公司大额交易作出决议；（8）选举公司集体执行机构成员或独任执行人员；（9）选举或罢免监事会成员；（10）关于支付股息的金额和程序的决议；（11）关于执行机构成员奖励和补助金的决议；（12）撤销公司作出的违反决议；（13）使用公司储备基金和其他基金；（14）提前终止董事会、执行机构的职权；（15）确定董事会人数（如果公司章程未规定董事会席位）；（16）确认公司年度预算、年度报表、资产负债表、损益表和利润分配等；（17）选举董事会等。

3. 提案与表决

股份公司股东大会表决实行"一股一票"，但可以实行累积投票。对上述第

---

① 吉尔吉斯斯坦《民法典》第144条，法律文本参见吉尔吉斯斯坦司法部官方网站。

② 吉尔吉斯斯坦议会《关于确认结算指数的命令№1115－111》，法律文本参见吉尔吉斯斯坦司法部官方网站。

③ 吉尔吉斯斯坦《民法典》第148条，法律文本参见吉尔吉斯斯坦司法部官方网站。

2、5、6、7、10、12、15、20 项决议事项需董事会享有提案权；上述第 1— 8 项须由不少于股东大会全部股东（包括普通股股东和优先股股东）表决权的 2/3 的多数通过，① 上述第 9—18 项决议事项须由不少于参加股东大会的股东表决权的 2/3 多数通过②，上述第 19—22 项决议事项须由不少于参加股东大会的股东表决权的普通多数通过。③ 股东大会根据法律对公司章程进行修订和增补需要出席股东大会的普通多数的表决权通过。

4. 临时股东大会

公司董事会或执行机关可以依据如下事由提议召开临时股东大会：（1）董事会或执行机关提议；（2）持有公司 10% 的表决权股票的股东要求召开；（3）监事会要求召开；（4）公司违反证券监管法律时由证券监管部门要求召开等。

董事会或执行机关应在不晚于决定召开临时股东大会 45 天内召集大会，并征集议案。董事会或执行机关拒绝召集临时股东大会的，提议主体可以向法院起诉。

5. 股东大会的表决权要求

已经登记参会的股东所代表的已发行的有表决权股份超过 60% 时，股东大会的召开为合法；登记参会的股东代表的表决权不足 60% 的，该股东大会流产。重新召集股东大会时，已经登记参会的股东所代表的已发行的有表决权股份不低于 40% 时，股东大会的召开合法，股东人数不超过 10000 人的股份公司章程可规定召开股东大会的更低的参会表决权股票要求，但最低不得低于 30% 的已公开发行的表决权股票。④

（二）董事会

公司董事会是主管公司经营活动的常设机构。股东人数超过 50 人的股份公司应设立董事会，股东人数少于 50 人的股份公司可以不设董事会。⑤ 董事不得同时兼任执行机构人员或监事会成员，公司章程或股东大会决议可对董事任职作出规定。

---

① 吉尔吉斯斯坦《股份公司法》第 39 条第 2 项，法律文本参见吉尔吉斯斯坦司法部官方网站。

② 吉尔吉斯斯坦《股份公司法》第 39 条第 4 项，法律文本参见吉尔吉斯斯坦司法部官方网站。

③ 吉尔吉斯斯坦《股份公司法》第 39 条第 5 项，法律文本参见吉尔吉斯斯坦司法部官方网站。

④ 吉尔吉斯斯坦《股份公司法》第 48 条第 3 项第 2 款，法律文本参见吉尔吉斯斯坦司法部官方网站。

⑤ 吉尔吉斯斯坦《股份公司法》第 36 条第 2 项，法律文本参见吉尔吉斯斯坦司法部官方网站。

1. 董事人数

股份公司的董事人数为 3 人以上且不超过 11 人的单数，具体人数由公司章程或股东大会决议确定，[①] 但有表决权的股东人数未超过 2 人的股份公司可由公司章程规定董事人数为偶数的董事会。注意，公众公司且对外发行股票或有价证券的，应有不少于 30% 的董事为独立董事。

2. 任期

董事由股东大会选举，任期 3 年，可连任。任期届满或股东大会决定提前终止的，但新一届董事会尚未选举的，董事继续履行职责至新一届董事会成立。董事可辞任，由董事会决定。在董事会成员不足 1/2 时，应改选整个董事会。[②] 股东可担任公司董事。

3. 职权

董事会有权处理公司股东大会职权之外的其他事宜：(1) 确定公司的经营方针，监督执行机关的工作；(2) 制定和通过公司内部管理文件；(3) 对公司重大交易进行表决；(4) 选举或终止执行机关并决定其薪酬待遇；(5) 选举执行机关负责人；(6) 拟定股息金额和分配方案；(7) 向股东大会提交公司改组方案、提议设立分公司和代表处；(8) 选聘公司审计机构和/或审计员；(9) 拟定公司发行股票方案；(10) 股东大会可决定由董事会行使的其他职权。

公司章程应规定属于董事会的特别权限事项不得交由公司执行机构行使。

4. 董事长

董事长由董事会多数票选举产生，并可随时选举更换。董事长缺位时，由任一董事组织董事会工作。

（三）公司执行机构

公司执行机关管理公司日常活动并接受公司董事会和股东大会的领导，并根据公司章程和公司内部管理规范开展活动。

1. 选举

公司执行机关可以是集体管理机构或独任的经理或总经理，由公司董事会选举产生，未设立董事会的，由股东大会选举确定，可连选连任。注意吉尔吉

---

① 吉尔吉斯斯坦《股份公司法》第 55 条第 3 项，法律文本参见吉尔吉斯斯坦司法部官方网站。

② 吉尔吉斯斯坦《股份公司法》第 55 条第 1 项第 6 款，法律文本参见吉尔吉斯斯坦司法部官方网站。

斯斯坦国家持股超过 50% 的股份公司的执行机关成员在其任职期间公司财务指标恶化或利润率不佳的，不得再次被选举为执行机关成员。①

2. 职权

股东大会可以决定将公司执行机构权限内事宜交由其他商事机构或个体企业主行使。法律和公司章程规定的其他公司管理机构的权限以外的其他事宜都属于公司执行机构的管理职权。

（四）监事会

公司监事会监督公司经营活动，监事会的权限由法律和公司章程规定。

1. 选举

公司监事会由公司股东大会从股东中选举产生，但公司章程可作其他规定。国家持股超过 50% 的股份公司的监事会成员连任不得超过 3 次。公司监事会成员不得兼任董事或其他公司机关人员。

2. 职责

监事会职责由股东大会通过的公司内部文件规定：（1）根据公司的年度报告检查公司的经营活动；（2）根据监事会、股东大会决议和董事会决议、合计持股超过 10% 的表决权股东的要求在任何时候对公司经营活动进行检查；（3）要求召开临时股东大会；（4）选聘独立审计专家和审计师；（5）要求公司执行机关成员出席监事会会议并答复咨询；（6）要求公司管理人员提供监事工作所需的材料等。

按照法律规定，应由公司公布的公司年报等材料在向社会公开之前应聘请独立会计师进行公司审计。公司审计也可根据持股 10% 以上的股东的要求随时进行。

（五）公司秘书

股东人数超过 50 人的开放式股份公司应设立公司秘书一职，由董事会或股东大会选举产生。其职责如下：（1）联系公司股东；（2）记录和保存股东名册；（3）收集股东参与股东大会的材料；（4）保障股东大会、董事会会议材料

---

① 吉尔吉斯斯坦《股份公司法》第 58 条第 1 项第 5 款，法律文本参见吉尔吉斯斯坦司法部官方网站。

合法性等。

（六）分支机构

股份公司可以依法设立子公司、分公司和代表处。

1. 母公司与子公司的人格混同。股份公司的子公司为独立法人，依据其公司章程和股东大会决议开展经营合同。但如果作为母公司的股份公司对子公司发布强制性指令要求子公司执行的，子公司按照该指令所进行的交易导致的债务，母公司对此债务应承担连带清偿责任，[①] 这与我国公司法律中规定的法人人格混同规则一致。

2. 母公司对子公司的补充责任。母公司导致子公司破产的，而且母公司明知自己的行为将导致子公司陷入破产状态的，则母公司对子公司在破产程序中不能清偿的债务承担补充支付责任。[②]

3. 子公司不能持有母公司股票/股份。

4. 若公司被另一方持有 20% 以上的表决权股份，则该公司将被认定为母公司的附属公司。如某一公司控制股份公司 20% 以上的表决权股份时，应按照法律规定程序公布该持股信息。

四、股东权利

（一）股东的财产权利

股份公司的股东享有如下财产权利：（1）参与分红；（2）出售或赠与股票；（3）对公司增发的股票行使优先购买权；（4）以公司股票设定抵押；（5）股东有权自行决策以公司股票设定抵押，公司章程不得排除或限制股东股票的抵押权等；（6）其他股东权利。

（二）股东的非财产权利

股份公司股东享有如下非财产权利：[③]（1）参与公司管理权。（2）股东大

① 吉尔吉斯斯坦《股份公司法》第 6 条第 3 项第 2 款，法律文本参见吉尔吉斯斯坦司法部官方网站。

② 吉尔吉斯斯坦《股份公司法》第 6 条第 3 项第 3 款，法律文本参见吉尔吉斯斯坦司法部官方网站。

③ 吉尔吉斯斯坦《股份公司法》第 25 条第 2 项，法律文本参见吉尔吉斯斯坦司法部官方网站。

会提案权。(3) 参与公司股东大会并行使表决权。股东享有的表决权不因股票已经设立抵押而被排除或限制，但该股票抵押合同对表决权作出相应限制的除外。(4) 通过起诉公司管理人员或利益相关人维护股东权益。(5) 在公司作出损害股东优先权的决议之日 1 年内向公司质疑并要求赔偿损失。(6) 公司决定发行债券的决议损害了股东的权益时，在债券发行登记之日 2 个月内向法院起诉的权利。(7) 在公司从事的交易损害了股东优先权和/或公司的权益时向法院起诉要求赔偿损失的权利。

(三) 优先股股东的权利

优先股股东享有如下特别权利：[①] (1) 获取股息；(2) 对股东大会作出的公司重组和注销的决议进行表决；(3) 对股东大会作出修改和增补公司章程以限制股东权利的决议进行表决；(4) 参加年度股东大会作出不支付股息的决议或不完全支付股息决议后召开的股东大会并对股东大会职权范围的事项行使表决权；(5) 享有上述所列的股东非财产权利中的第 2、4、5 和 6 项权利。

优先股股东在股东大会不享有表决权，但公司章程可以作相反约定。

五、公司股份/股票

股份公司可以发行普通股票和优先股票，但发行的优先股票不得超过公司已发行的全部股票的 25%。所有的股票应是记名的和无纸化形式，且在向优先股股东派发红利之前不得向其他股东派发红利。

股份公司应在不迟于法人登记 1 个月前向国家证券发行登记机关进行发行设立登记。

股份公司经股东大会决议后可以增发股票，决议文件中应指明股票增发流程、享有优先购买权的股东购买增发股票的价格确定方式等。股份公司也可根据股东大会决议购买已发行的股票，以减少发行的股票数量，但公司购买的股票应在购买日 1 年内转售给他人或注销，且不得参与公司分红。

① 吉尔吉斯斯坦《股份公司法》第 26 条，法律文本参见吉尔吉斯斯坦司法部官方网站。

六、公司大额交易

（一）定义

吉尔吉斯斯坦《股份公司法》规定了一项特别的制度——大额交易制度，所谓的大额交易，是指交易金额达到股份公司在签订该项交易时公司的净资产10%和以上的一项或几项关联交易。①

（二）交易标的价值的确定

按照吉尔吉斯斯坦《股份公司法》的规定，大额交易的交易标的财产价值应按照公司董事会根据市场调查的价格或独立的价格评估师评定的价格来确定。②

股份公司违反《股份公司法》规定的大额交易制度所进行的交易将被认定为无效。③

（三）大额交易的实施程序

1. 需要董事会决议的大额交易

公司在进行大额交易时，交易标的金额达到董事会作出决议时公司净资产的20%—50%的，该项交易应由公司董事会多数票通过，但公司章程也可事先规定，将交易金额不足公司净资产的20%的交易也纳入由公司董事会决议的大额交易。④

2. 需要股东大会决议的大额交易

若交易金额达到公司决议时净资产的50%或以上的，则该大额交易应提交公司股东大会以全部表决权的2/3多数通过，但公司章程也可事先规定，将交易金额不足公司净资产的50%的交易也纳入由公司股东大会决议的大额交易。⑤

---

① 吉尔吉斯斯坦《股份公司法》第72条第1项，法律文本参见吉尔吉斯斯坦司法部官方网站。
② 吉尔吉斯斯坦《股份公司法》第71条第2项，法律文本参见吉尔吉斯斯坦司法部官方网站。
③ 吉尔吉斯斯坦《股份公司法》第71条第3项，法律文本参见吉尔吉斯斯坦司法部官方网站。
④ 吉尔吉斯斯坦《股份公司法》第73条第2项，法律文本参见吉尔吉斯斯坦司法部官方网站。
⑤ 吉尔吉斯斯坦《股份公司法》第73条第3项，法律文本参见吉尔吉斯斯坦司法部官方网站。

七、公司关联交易

（一）利益相关人的认定

公司的管理人员或合计持有公司20%或以上表决权股份的股东，如果其近亲属和/或其附属人员属于下列人员的：[①]（1）是该笔交易的相对方或作为交易代表或中介参与交易的；（2）持有作为交易对方的法人或作为其交易代表或中介的法人不低于20%的表决权股份；（3）是交易对方的法人或作为其交易代表或中介的法人的管理人员。

（二）关联交易实施

1. 信息告知

在实施关联交易时，利益相关人应将如下信息告知公司董事会、监事会和公司审计员：（1）其合计或单独控制不低于20%表决权股份的法人信息；（2）在其中担任管理人员的法人信息；（3）与可能被认定为关联交易人的公司进行的交易的信息。

开放式股份公司获得该交易信息后5天内应在大众媒体上正式披露该交易信息，并根据股东要求提供进一步的信息。

2. 交易程序

（1）与关联人进行交易由公司董事会以多数票决议，涉及关联交易的董事不得参与该交易表决。

（2）如果该交易属于公司股东大会决议事项的，应提交股东大会以不低于公司全部表决权股份的2/3通过。

（3）若公司通过关联交易出售资产或提供服务所获得的对价并不比该资产或服务的市场价值低廉，则该笔关联交易可依据公司审计师出具的相应意见后实施，无须履行上述第1和2项的程序。

另外，有些关联交易也可无须董事会或股东大会通过即可实施。

3. 法律后果

股份公司从事关联交易时未遵循上述交易程序的，该交易可能被依法认定

---

① 吉尔吉斯斯坦《股份公司法》第76条，法律文本参见吉尔吉斯斯坦司法部官方网站。

为无效。[①] 关联交易人、决定从事关联交易的公司管理人员因为关联交易给公司或股东造成损失的，应承担赔偿责任。

八、股份公司的变更和注销

股份公司可由股东大会决议变更公司形式或注销。股份公司可变更为有限责任公司或合作社。

第四节　普通合伙

吉尔吉斯斯坦法律关于合伙的规定与我国合伙法律规定类似，商事合伙类型也包括普通合伙和有限合伙两种类型。

一、合伙的类型

普通合伙是合伙中的全体合伙人以其全部财产对合伙债务承担连带清偿责任的合伙形式。有限合伙是指该合伙中的合伙人至少有一名合伙人为有限责任合伙人和至少一名普通合伙人，该有限责任合伙人仅以其对合伙的投入财产为限对合伙债务承担责任，合伙中的普通合伙人以其全部财产对合伙债务承担连带清偿责任。

二、对合伙人的要求

（一）合伙人的身份要求

普通合伙和有限合伙中的普通合伙人可以是公民和/或法人，但公民只能成为一个普通合伙的合伙人或一个有限合伙中的普通合伙人。有限合伙中的有限合伙人可以是公民和/或法人，但立法机关、行政机关和司法机关除外。

（二）合伙人的人数要求

商事合伙的合伙人不得少于 2 人，退伙导致合伙人少于 2 人的，该合伙应

---

① 吉尔吉斯斯坦《股份公司法》第 78 条第 1 项，法律文本参见吉尔吉斯斯坦司法部官方网站。

该注销或变更法律形式。①

（三）合伙人的义务

合伙人应遵守如下义务：

1. 普通合伙制度下，每个人合伙人应遵守合伙设立文件的要求，履行出资义务，参与合伙经营管理，不得从事与合伙相竞争的业务，不泄露合伙的商业秘密。

2. 合伙人不得要求部分合伙人承担吉尔吉斯斯坦《商事合伙和公司法》和《民法典》没有强行规定和合伙设立文件没有约定的义务，合伙人以协议方式要求其他合伙人承担超出法律规定或合伙设立文件未约定义务的，该协议无效。

3. 普通合伙人应以自己的财产对合伙财产不足以清偿的债务承担连带责任。

4. 合伙人应履行对合伙企业和/或其他合伙人的义务。因未履行义务造成合伙企业或其他合伙人损失的，应承担赔偿责任，导致重大物质损失的，可以将该合伙人除名。②

三、合伙的设立

商事合伙的设立文件包括合伙协议和合伙章程。

（一）合伙协议

合伙协议应由所有的合伙人签字。合伙人应在合伙协议中明确向合伙移交财产的条件，参与合伙经营活动的要求，合伙利润分配和损失承担的条件，合伙经营管理，退股条件，每一合伙人持有的合伙份额，合伙人缴纳出资的金额、期限、类型和出资流程，合伙违反出资义务的责任以及注册资本的金额和构成。

（二）合伙章程

合伙章程中应规定合伙人会议权限、合伙执行机关在实施大额交易时的权限，以及禁止或限制执行机关转让合伙财产等其他法律或合伙要求的其他条款。如果合伙协议和合伙章程中缺少上述内容，该公司章程和股东协议可能被有关

---

① 吉尔吉斯斯坦《商事合伙和公司法》第 3 条，法律文本参见吉尔吉斯斯坦司法部官方网站。

② 吉尔吉斯斯坦《商事合伙和公司法》第 11 条，法律文本参见吉尔吉斯斯坦司法部官方网站。

国家机关认定无效或利益相关人通过司法程序裁决无效。①

四、合伙的管理

（一）合伙人大会

普通合伙和有限合伙的最高管理机构为合伙人大会。

（二）合伙管理机关

合伙可以设立集体或独任管理机构来管理经营，并接受合伙人大会或股东大会监督。集体管理机构可以是董事会或监事会或其他合伙人大会设立的其他机构。

（三）合伙监督机关

合伙人会议还可设立审计委员会来监督合伙管理机构的经营管理活动。②

（四）合伙事务表决方式

在普通合伙中，合伙人都可以参与合伙的管理，合伙的内部事务管理实行全体合伙人协商一致原则。

合伙的设立文件可以约定合伙事务实行多数决，每一合伙人拥有一个表决权。但设立文件也可以约定每一合伙人拥有不同的表决权。

五、关联交易限制

未经其他合伙人同意，合伙人不得以自己的名义为自己或第三人利益从事与合伙同类的经营，如有违反，合伙有权要求该合伙人赔偿给合伙造成的损失或要求该合伙人向合伙返还因此交易获得的利益。

六、利润分配和损失分担

（一）利润分配和损失承担

普通合伙的利润和损失由全体合伙人按照其出资占全部出资的比例分配和

---

① 吉尔吉斯斯坦《商事合伙和公司法》第 4 条，法律文本参见吉尔吉斯斯坦司法部官方网站。

② 吉尔吉斯斯坦《商事合伙和公司法》第 8 条，法律文本参见吉尔吉斯斯坦司法部官方网站。

分担，但设立文件或合伙人协议可以另行约定其他的分配方式。

（二）合伙人对合伙债务的责任

在合伙注销时，全体合伙人应以个人财产对合伙不能清偿的债务承担连带责任，法院可按照法律规定对该财产进行追索。[①] 在合伙设立之后入伙的普通合伙的合伙人对其加入后产生的合伙债务承担与其他合伙人同样的责任。已经退伙的合伙人对其退伙之后的合伙债务不承担责任。全部或部分清偿合伙债务的合伙人有权向其他合伙人追偿该合伙人应承担的合伙债务份额。普通合伙终止营业后，合伙人在合伙终止日起 2 年内对该合伙在终止之前所产生的债务承担清偿责任。

七、法律形式变更

合伙可依据法律和合伙人大会决议变更为另一种法律形态，比如公司。普通合伙或有限合伙变更为有限责任公司或补充责任公司时，普通合伙人自变更之日起 2 年内以自己的财产对合伙或公司变更为有限责任公司或补充责任公司所生的债务承担补充责任。普通合伙人转让其在合伙公司的股权份额也不免除其补充责任。[②]

八、退伙

合伙人有权在不损害合伙和其他合伙人权益的前提下申请退伙，禁止合伙人退伙的协议或条款不具有法律效力。[③]

在普通合伙中，合伙人申请退伙应在不迟于实际退伙前 6 个月或按照合伙设立文件规定的其他时间公告退伙声明。退伙时，全体合伙人应对合伙企业进行财务核算，如果合伙企业资产有盈余的，应按照退伙的合伙人出资比例向其支付相应的合伙财产份额价值，并在退伙生效之日 30 天内向退伙的合伙人完成支付。全体合伙人协商一致同意时，也可以向退伙的合伙人返还实物。

---

① 吉尔吉斯斯坦《商事合伙和公司法》第 23 条，法律文本参见吉尔吉斯斯坦司法部官方网站。
② 吉尔吉斯斯坦《商事合伙和公司法》第 9 条，法律文本参见吉尔吉斯斯坦司法部官方网站。
③ 吉尔吉斯斯坦《商事合伙和公司法》第 15 条，法律文本参见吉尔吉斯斯坦司法部官方网站。

九、普通合伙特殊规则

普通合伙只剩一名合伙人时应终止经营活动，但在这一状态开始起 6 个月内，普通合伙可以吸收新的合伙人继续保留普通合伙，普通合伙也可按照法人设立相关规定与新的投资人签订合同成立有限责任公司或者补充责任公司。[①]

第五节　有限合伙

在吉尔吉斯斯坦的有限合伙制度下，普通合伙人以个人财产对合伙债务承担补充责任，有限合伙人则以其投入合伙的财产为限对合伙债务承担责任，并不参与合伙事务的管理。

关于有限合伙中的普通合伙人的法律规则与普通合伙中的普通合伙人的规则一样。[②]

一、合伙人的权利义务

在吉尔吉斯斯坦法律中，有限合伙中普通合伙人的权利义务与普通合伙中合伙人的权利义务基本相同，主要区别如下：

1. 有限合伙人的持有份额。普通合伙人与有限合伙人的出资构成有限合伙的财产，其中有限合伙人持有的总份额占整个有限合伙注册资本不得超过 50%。创立文件可以约定，由有限合伙人支付普通合伙人的出资。[③]

2. 合伙事务管理。有限合伙事务由普通合伙人管理，有限合伙人无权参与合伙事务管理，未经授权也不得以有限合伙名义开展经营活动。有限合伙人不得干涉普通合伙人管理合伙事务。

3. 有限合伙份额转让。有限合伙人转让其合伙份额须经全体普通合伙人同意，但设立文件可作不同约定。有限合伙人有权在每一财政年度结束时退伙，

---

① 吉尔吉斯斯坦《商事合伙和公司法》第 24 条，法律文本参见吉尔吉斯斯坦司法部官方网站。
② 吉尔吉斯斯坦《商事合伙和公司法》第 25 条，法律文本参见吉尔吉斯斯坦司法部官方网站。
③ 吉尔吉斯斯坦《商事合伙和公司法》第 27 条，法律文本参见吉尔吉斯斯坦司法部官方网站。

但应在该财政年度结束 6 个月前发出退伙通知。①

4. 合伙除名。若有限合伙人未缴纳出资，则可在设立文件约定缴纳出资期限届满 30 天内对该合伙人除名，设立文件另有约定的除外。

5. 合伙债务承担。普通合伙人对合伙债务承担连带责任，有限合伙人以自己的出资为限对合伙债务承担责任。

6. 有限合伙的终止。有限合伙至少应有一个普通合伙人和一个有限合伙人，退伙导致有限合伙只剩下普通合伙人或或只剩下有限合伙人的，则该有限合伙应终止。但在全部有限合伙人或全部普通合伙人退伙 6 个月内，合伙可吸收其他投资人以保留合伙，或者按照《商事合伙和公司法》第 24 条第 3 款规定将合伙改组为有限责任公司或补充责任公司。

7. 在合伙清算时，在清偿合伙债务后，有限合伙人优先于普通合伙人从合伙财产中提取其出资。此后，若合伙还有剩余财产，则应按照普通合伙人和有限合伙人的出资比例进行分配，但合伙设立文件另有约定的除外。②

二、个体企业主制度

在吉尔吉斯斯坦也存在个体企业主制度，类似我国的个体工商户。吉尔吉斯斯坦本国和外国公民经国家登记成为个体企业主，可以从事个体经营活动，并适用吉尔吉斯斯坦《商事合伙和公司法》《民法典》关于调整商事组织活动的法律规则。

设立个体企业主的自然人应以其全部财产对个体企业不能清偿的债务承担责任。

若个体企业主不能清偿其业务活动产生的债务，则法院可以宣告其破产。在破产程序中，个体企业主的其他债权人可提出债权申请，未在破产程序提出债权主张的其他债权人的债权在程序结束后仍然有效。在破产程序中向债权人完成清偿的破产个体企业主免予履行与个体企业经营相关的剩余债务和请求。③个体企业主的破产清偿程序执行参照吉尔吉斯斯坦《民法典》第 99 条关于法人破产程序执行。

---

① 吉尔吉斯斯坦《商事合伙和公司法》第 30 条，法律文本参见吉尔吉斯斯坦司法部官方网站。

② 吉尔吉斯斯坦《商事合伙和公司法》第 35 条，法律文本参见吉尔吉斯斯坦司法部官方网站。

③ 吉尔吉斯斯坦《民法典》第 60 条，法律文本参见吉尔吉斯斯坦司法部官方网站。

第六节　商业机构的注册程序

一、在吉尔吉斯斯坦注册商业机构所需手续和文件

（一）商事主体的注册程序

1. 发起人应完成的手续

在吉尔吉斯斯坦注册公司、分公司或代表处时，发起人需要完成如下事宜：[①]（1）通过成立法人、分公司或代表处的决议。关于设立公司的决议应由每一发起人签字确认。若是自然人发起人，则其签名应进行公证。若是发起人本人向国家机关提交公司登记文件，则其签名无须办理公证。法人授权代表的签名应由法人盖章或公证确认。（2）确定拟设立公司的名称。该名称应区别于吉尔吉斯斯坦国家统一登记簿已有的公司名称，不得重名。（3）拟设立公司名称应以吉尔吉斯语或俄语书写，若是英语表示，则应为拉丁语字母。以外语书写的文件提交给国家登记机关时应翻译为吉尔吉斯语或其他官方语言并进行公证。

2. 准备商业机构的注册文件

设立商业机构应提交如下文件：[②]（1）符合规定格式的登记申请书。（2）国家注册决议原件。（3）若发起人为自然人，则提交发起人的证件/护照复印件。（4）若发起人是本国法人，则提交其国家注册证明复印件。（5）国家登记费的缴费证明。（6）公司住所的所有权人同意用作办公地址的同意书、出租合同或其他文件。（7）经发起人签字的公司章程一式两份。（8）经全部发起人签字的设立合同（如果发起人超过 2 人），一式两份。（9）若是设立金融信贷机构，则应提交国家银行或其分支机构的书面同意书。（10）若发起人为外国法人，可提交其本国注册机构官网上的的国家登记信息摘要或其他文件。若该法人所在国与吉尔吉斯斯坦同属国际条约或协定的参加国（主要适用与独联体国家），则相应文件不需要公证和认证。（11）拟设立公司负责人的证件/护照。（12）若授权

---

① 吉尔吉斯斯坦司法部官方网站，网址 https：//minjust. gov. kg/ru/pages/77。

② 吉尔吉斯斯坦司法部官方网站，网址 https：//minjust. gov. kg/ru/pages/77。

办理公司登记，则应提交经办人的授权书原件。

3. 登记机关设立决议

国家机关对拟设立的法人进行登记时，作出同意法人登记的决议，决议内容包含：(1) 以吉尔吉斯语或其他官方语言书写的设立公司名称。(2) 公司住所。(3) 每一个发起人的信息包括其名、姓、父称、居住地址。若发起人为法人，则包含其完整的名称和住所。(4) 公司注册资金和每一发起人持有的份额。(5) 管理机构负责人的姓、名和父称。(6) 关于对公司章程和对发起协议签订的确认。

4. 注册办理周期

对公司、分公司或代表处进行国家登记所需要的时间：若是设立商事主体，则自向国家机关提交文件之日起 3 个工作日完成登记；若是设立金融信贷机构（银行、小额金融公司、小微信贷公司、小微信贷代表处等），则为 5 个工作日。

（二）对新设公司法人的要求

1. 注册资本要求

吉尔吉斯斯坦法律对有限责任公司没有规定注册资本金的金额要求，注册资本金由公司股东在公司章程中确定，若设立股份公司，则其注册资本不得低于 1000 个结算指数，即 10 万索姆（吉尔吉斯斯坦法定货币名称）。

2. 股东人数要求

有限责任公司不得成为其他一人经济合作社的唯一股东。有限责任公司的股东数量不得超过 30 人，开放式股份公司的发起人数量不受限制，封闭式股份公司的发起人数量不得超过 50 人。经济合作社的成员数量不得超过 7 人。银行、保险公司或小微金融公司只能以股份公司形式设立。

3. 其他要求

若商事主体从事的业务涉及自然垄断领域，申请商事主体登记时还应提交吉尔吉斯斯坦国家反垄断机关的书面同意文件。经济和商业部反垄断局地址：比什凯克市巴依吉克·巴阿忒尔街 7b/1 号，电话 0（312）56－33－03。吉尔吉斯斯坦能源部燃料能源综合体调节局地址：比什凯克市阿胡恩巴耶娃街 119 号，电话 0（312）56－33－64。

二、在吉尔吉斯斯坦注销公司、分公司或代表处的程序和所需文件及格式①

（一）法人注销流程

1. 法人机关或法院作出法人注销决定/裁决并指定清算委员会。

2. 清算委员会在注销决定作出之日起 3 个工作日内向国家登记机关发出关于法人注销的书面通知。通知应包含清算委员会签字的债权登记声明，附随清算决定和指定清算委员会的复印件。债权申报期不得少于自公布注销之日 2 个月。

3. 登记机构收到通知后：于 7 个工作日内在国家统一登记簿中记录该法人处于清算状态并通知税务机关、海关、统计机构和社保基金；并于 5 个工作日内在吉尔吉斯斯坦司法部官方网站公布该法人处于清算状态的信息。

4. 法人自清算决定公布之日起接受债权人的债权申报。

5. 在与债权人结算完毕之后，清算委员会编制清算报表并确认法人剩余财产的所有者和作出法人清算决定的机关。

6. 在决议批准法人的清算报表之后，法人应准备完成注销登记的必要文件（包括社保基金便函、税务机关便函、内务机关便函和国家档案机关意见）。

7. 在向国家登记机构申请注销登记之前应注销所有的分公司、代表处和宣传媒体工具。

8. 向国家登记机关提交全套注销文件。

9. 国家登记机关在 7 个工作日内审查全套注销文件并出具注销登记证或拒绝注销。

10. 国家登记机关出具法人注销证书的，应通知税务机关和社保基金，将注销事项记载于国家统一登记簿，向申请人出具注销证书副本。如果登记机关拒绝注销，应向申请人出具拒绝注销指令并不退还全套文件。注销申请人消除不同意注销事由后可再次提交注销申请。

（二）法人注销需要提供的文件清单

1. 注销登记申请书。

---

① 吉尔吉斯斯坦《法人、分公司和代表处变更和注销流程》，法律文本参见吉尔吉斯斯坦司法部官方网站。

2. 法人机关关于公司注销和指定清算委员会/清算人的决议原件。该注销决议应在社保基金、税务机关和内务机关出具下文所述的相应证明之前作出。

3. 法人登记原件。若原件、印鉴、封印丢失，则应按照登记机构规定格式的声明，该声明应由登记机关于 5 个工作日内在吉尔吉斯斯坦司法部官方网站上公布。

4. 经确认的清算报表原件。该报表应由注销法人的清算委员会主席和秘书签字并加盖被注销法人公章，若无上述人员签名，则需进行公证。若被注销法人为经济合作社或公司（股份公司除外），则关于清算报表的决议应由每一股东签名，自然人股东签名还需进行公证，法人股东代表的签名也应公证或加盖公司公章。

5. 法人章程。

6. 社保基金出具的不拖欠社保费证明。

7. 税务机关出具的不欠税证明。

8. 档案机关出具的被注销法人档案存放地证明。

9. 注销手续费缴纳凭证等。

上述第 6 项和第 7 项所列文件有效期为文件出具之日 6 个月。逾期失效。

（三）分公司或代表处注销所需提交的文件清单

1. 注销登记申请书。

2. 法人机关或法院作出的关于分公司/代表处注销的决议原件。

3. 分公司/代表处的登记原件。

4. 内务机关关于已交回印鉴的证明。

5. 注销手续费缴纳凭证等。

6. 税务登记卡复印件或在税务登记卡遗失或被毁损的，提交税务机关的证明等。

7. 若注销按照外国法律设立的分公司/代表处法人，则还应补充提交由社保基金出具的不拖欠社保费证明和税务机关出具的不欠税证明。

8. 社保基金出具的不拖欠社保费用的证明。

9. 税务机关出具的不欠税证明。

10. 档案机关出具的被注销法人的档案存放地证明。

上述所有以外文书写的文件应翻译为吉尔吉斯语或其他官方语言并进行公证。

第七节　中资企业在吉尔吉斯斯坦注册商业实体问题

中资投资者出海开拓国际市场，可以在海外设立子公司（包括有限责任公司和股份公司等）、分公司、代表处或合伙企业等法律实体，如果设立子公司，那么需要决策设立全资子公司还是合资子公司。无论选择哪一种法律实体形式，都需要解决我们和合作伙伴之间不同的利益诉求和当地法律对外资的不同要求，还有当地市场经营模式和投资者自身的资源供给考量因素。

一、商业实体注册选择因素

中资投资者在进入吉尔吉斯斯坦市场之前，需要慎重考虑的一个问题是，究竟要在当地注册什么形式的商业实体，如何来判断决策呢？我们建议投资者从以下几个方面决策。

（一）市场定位

目标市场在行业中和在企业自身发展战略中的定位是投资者首先需要考虑的因素。吉尔吉斯斯坦市场容量足够大，在世界市场中排名靠前，比如吉尔吉斯斯坦黄金总储量为2149吨，探明储量为565.8吨，年均开采量为18—22吨，位列世界第22位，还拥有一些世界级的大型矿床，如库姆托尔金矿、哈伊达尔干汞矿、卡达姆詹锑矿等。此外，锡矿探明总储量41.3万吨，稀土矿探明总储量54.9万吨，铝矿探明总储量3.5亿吨，钼矿探明总储量2523吨，水银探明总储量达4万吨。[①] 所以对矿产开采业投资者来讲，吉尔吉斯斯坦很可能作为中资矿业企业出海的首选地之一，那就可以考虑在当地设立公司、代表处等常设机构。

（二）市场经营需要

有些国家对外商投资入境会提出法律上的要求，有些要求还具体到部分行

① 商务部国际贸易经济合作研究院、中国驻吉尔吉斯斯坦大使馆经济商务处、商务部对外投资和经济合作司：《对外投资合作国别（地区）指南—吉尔吉斯斯坦（2020年版）》第1.2.3项。

业领域，比如吉尔吉斯斯坦法律就要求外国进入本国大型矿产开发领域，必须在当地成立股份公司或有限责任公司，而且还要求该公司必须有不低于30%的吉尔吉斯斯坦国有资本持股。又如，一些国家要求投资者参加本地项目投资时，必须先在当地成立代表处，而投标时以国内母公司名义递交投标书等。所以，投资者进入吉尔吉斯斯坦市场之前，就需要通过尽职调查摸清当地法律法规规定和项目招投标要求，在当地注册相应的法律实体。

（三）税负差别

商业实体法律形式不同，需要缴纳的税负不同。在吉尔吉斯斯坦注册公司、代表处或合伙企业，各自征收企业利润税税率不同。

（四）股东责任

如果需要将吉尔吉斯斯坦当地项目风险责任与国内母公司之间进行隔离，那么最好在吉尔吉斯斯坦设立有限责任公司或股份公司，使得项目履约风险不至于传递至母公司。但新设立子公司实体也存在另外一方面的弊端，就是以在当地新设立的公司作为项目履约主体，将面临资质、资信、保函或融资限制，必将增加项目履约总成本，或导致项目融资无法关闭。

所以，商业实体的法律形式选择问题需要投资者根据项目风险、东道国法律规制和成本控制等多维度综合考量后进行决策。

二、经典案例分享

案例1-7-1 商事主体设立方案不适当导致延误项目实施

（一）案情简介

中资企业与业主俄罗斯投资方签订工程施工合同，约定承建在哈萨克斯坦承揽休闲娱乐综合体项目，业主向中资企业移交项目工地并要求中资企业需在哈萨克斯坦当地注册实体后才能办理施工许可和开始施工。

此前，该中资企业已在哈萨克斯坦阿拉木图注册了中资企业哈萨克斯坦有限责任公司，并向业主建议两种方案：方案一是直接以中资企业哈萨克斯坦有限责任公司名义与业主签订三方协议，该有限责任公司直接承接工程总承包合同项下权利义务，并以该公司名义申请办理施工资质。方案二在哈萨克斯坦阿斯塔纳市设立中资企业哈萨克斯坦有限责任公司阿斯塔纳分公司，该分公司与业主签订三方协议，并以分公司名义申请办理施工资质和完善工程施工。

但是业主否决了这两种方案，认为项目必须由中标人中资企业完成，施工资质也必须以该集团公司名义申请办理。因为业主确定中资企业为该工程的承建人，中资企业以自己的资信和资源保证项目顺利完成，而以子公司或分公司名义办理施工资质和履行工程承包工程，将变更工程总承包合同项下之权利义务主体，从根本上变更工程总承包合同条件，将导致项目履约失去应有的保证。

最后中资企业不得不在哈萨克斯坦阿斯塔纳市设立中资企业驻阿斯塔纳代表处，并以中资企业名义办理施工资质和履行合同。此后，业主才同意工程开工。但至此，距离项目工地正式移交已逾40余天，导致总工期被迫延期。

（二）风险提示

从该案例可总结如下建议：

1. 企业赴海外开展投资合作时，商业实体架构设计必须事先运筹策划，从海外市场发展的战略高度慎重决策，必要时借助国内外专业律师、行业专家协助出具方案，切不可为节省成本，闭门造车，最后得不偿失。

2. 在履行海外项目时在当地应注册何种事业实体，首先需要考虑商业合同缔约各方，尤其是合作伙伴的要求，避免擅作主张，盲目行动，浪费项目履约期。

3. 若投资者计划以新设立商事主体作为项目履约主体，则需要解决业主对新设主体资信和履约能力的担忧，比如可以由第三方担保或提供资产担保方式增信，但尽量避免由中资企业母公司提供担保，做到项目风险与总部隔离。

第二章　吉尔吉斯斯坦民事法律制度

吉尔吉斯斯坦《民法典》在第296—418条规定了债法和合同法，其中规定了合同法、交易法，对交易的形式、效力和期限等法律要素作了明确规定。

第一节　民事授权制度

一、授权形式要求

授权书是被代理人向代理人出具的代理与第三人的交易的书面授权。

吉尔吉斯斯坦《民法典》规定，民事授权必须采用书面委托授权书形式进行。以法人名义出具的授权书必须由该法人的法定代表人或法人的设立文件规定的人员签名并加盖法人公章。[①] 如果是国有企业或市属企业出具用于收取或发放钱款或其他有价证券的授权书时，还需要该类机构的总会计师签名。[②] 这些规定与我国民事授权制度并不完全相同，中资企业在吉尔吉斯斯坦开展投资和经营时，应重视这些细节性要求，保证所签订的合同协议真实有效。

---

① 吉尔吉斯斯坦《民法典》第203条第2款，法律文本参见吉尔吉斯斯坦司法部官方网站。

② 吉尔吉斯斯坦《民法典》第203条第3款，法律文本参见吉尔吉斯斯坦司法部官方网站。

授权书必须有出具授权的法定代表人或有权人员签字或盖章，否则有可能被认定为无效。这一点在本书第十六章中分享的中资企业因在吉尔吉斯斯坦承揽油井设施施工引发的仲裁裁决执行案件中涉及。在该案件中，仲裁被申请人为吉尔吉斯斯坦当地公司，该公司的人员参加仲裁案件审理时向仲裁庭提交的委托授权书并不符合吉尔吉斯斯坦法律的形式要求，被贾拉拉巴德州区法院认定无效，最后导致该仲裁裁决不被当地法院承认和执行，中资企业因此遭受几百万美元的损失，读者可阅读本书第十七章了解详情。

二、授权期限

按照吉尔吉斯斯坦《民法典》的规定，授权书上必须指明授权日期，且申请书有效期不得超过3年。若没有规定授权书有效期，则法律推定该授权书的有效期为1年。若授权书没有指明有效期，则该授权书无效。[①] 若为吉尔吉斯斯坦境外的行为出具经过公证的授权书，则该该授权书可以不规定有效期，在其被撤销之前一直有效。[②]

三、要式授权

在吉尔吉斯斯坦法律下，商事主体为进行需要公证或国家登记的行为而出具的授权书，或者公民出具的代理诉讼案件的委托授权书的，该授权书应该按照要求进行公证，[③] 但法律规定不需要公证或有其他要求的除外。这是吉尔吉斯斯坦《民法典》对特殊领域授权书的特殊形式要求。

四、授权的终止

下列情况下授权终止：（1）授权书有效期满；（2）授权被撤销；（3）被授权人辞去授权；（4）出具授权书的法人终止；（5）被授权人终止；（6）出具授权书的公民死亡、被认定为无民事行为能力人或被宣告失踪等。

根据被授权人的行为所产生的权利和义务在被授权人知道或应当知道该授权终止后时对授权人（委托人）失效，但第三人先于被授权人知道或应当知道授权已终止的，该授权书效力在第三人知晓时终止。

---

① 吉尔吉斯斯坦《民法典》第203条第3款，法律文本参见吉尔吉斯斯坦司法部官方网站。

② 吉尔吉斯斯坦《民法典》第203条第3款，法律文本参见吉尔吉斯斯坦司法部官方网站。

③ 吉尔吉斯斯坦《民法典》第204条第1款，法律文本参见吉尔吉斯斯坦司法部官方网站。

五、商事代理

代理人可以根据被代理人的授权、法律的指定或国家机关的法令以被代理人名义设立、变更和终止被代理人的民事权利和义务关系。但为他人利益以自己名义实施交易的人以及受委托进行有关可能在将来实施的交易的谈判的人不属于代理人。①

无权代理人以被代理人名义所实施的设立、变更和终止权利义务的行为只有在被代理人追认后才能产生代理的法律后果。

六、经典案例分享

案例 2－1－1　投资方以签署文件的人未获授权否定工程施工进度表

某国际工程项目开工后，因业主延迟交付现场，施工图纸交付也出现延迟，承包商也因法律实体注册出现耽误及当地施工资源匮乏等情况导致现场施工滞后于进度计划。于是双方就协商调整进度计划，召开了高层会议，并形成了会议纪要，编制了更新版的施工进度表，双方代表都完成了签字。但在后续的诉讼中，业主却认为，在会议纪要和补充文件上签字的代表不具有相应的授权书，所以不承认该文件对其具有约束力。

争议焦点一：业主代表是否具有变更竣工日期的的合法授权。

业主认为，业主代表没有获得修改合同条件的授权，其在会议纪要签字并不代表业主已经同意会议纪要和新进度表中有关变更原合同条款的内容，因此会议纪要中关于变更竣工时间的内容对业主不具有法律约束力，业主并未批准新的竣工日期，且工程施工合同和两份补充协议都是由业主的总裁和副总裁签字，承包商据此也应知晓其他人无权代表业主签字。

承包商认为，业主代表已经签署了会议纪要，他作为业主派驻现场的项目经理多次参加双方高层会议，业主从来未向承包商出示过该代表职权范围的授权书，也未曾向承包商声明该代表不具有签署合同补充协议的合法授权，按照俄罗斯《民法典》第 182 条的规定（注：类似国内的表见代理制度），从其参与该工程履约管理的客观环境也能得出该代表是业主的授权代表的结论。所以业

① 吉尔吉斯斯坦《民法典》第 200 条第 2 项，法律文本参见吉尔吉斯斯坦司法部官方网站。

主代表具有合同签字权，新的竣工日期已被业主确认。

业主和承包商双方说的似乎都在理，也都有事实证据支持，而且承包商的理由似乎更充分些。双方本应按照会议纪要的要求，将新施工进度表提交各方有权人签署生效，但业主却在收到承包商已签字的新进度表后故意拖延签署，属于恶意违约行为。如果是在国内司法审判中，基于上述双方陈述事实的基础，裁判者大概率会按照表见代理制度确认该业主代表具有授权，会议纪要和新进度表都生效，其签字的法律后果应由业主承担。

针对该项争议，从形式上看，业主代表参加会议时确实没有向承包商提交授权文件，在项目履约过程中，双方代表每月都要见面，双方未对各方代表的授权给予重视。

争议焦点二：根据法律规定和当时的客观情况，业主代表参加会议的行为是否可被视为他已根据俄罗斯实体法和客观环境获得了默示授权？

该案合同和争议的管辖法律是俄罗斯实体法。俄罗斯《民法典》规定，授权可由代表（零售商、出纳员等）所处的环境中产生。① 第402条规定债务人的员工在履行债务人义务时的行为被认为是债务人的行为。② 这些规定是俄罗斯法律中的强制代理制度（默示授权）的基础，类似于我国的表见代理制度。按照合同约定，这规定应适用于该案。据此，承包商就认为，从该代表参加高层会议的行为和多次代表业主支持谈判并签署项目文件的客观情况，可以得出其应被视为具有合法授权。

但业主聘请了俄罗斯《民法典》的立法起草者之一苏哈诺夫教授作为该案的法律问题专家证人。这位大咖论述了俄罗斯《民法典》第182条规定的特殊授权制度并不适用于建设工程施工领域，这一论述结论明显偏离了俄罗斯《民法典》上述规定中的俄罗斯民法领域关于强制代理制度的主流观点，倾向性太过明显。但业主据此坚称，该代表的授权不能从客观环境中推导出，并且承包商在其提交给业主签署的新进度表中专门为业主的总裁预留了签字位置，可见承包商自己也并未将业主代表视为具有变更竣工日期签字权的人。

---

① 俄罗斯《民法典》第182条第1款规定：一个人（代理人）根据授权、法律规定或国家机构或地方自治机构的文书授予的职权，以另一个人（被代理人）的名义进行的交易，直接产生、修改和终止被代理人的民事权利和义务。授权可由代表（零售商、出纳员等）所处的环境中产生。

② 俄罗斯《民法典》第402条规定：债务人对其雇员的责任，债务人的雇员履行其职责的行为应视为债务人的行为。如果这些行为导致违约或不当履行职责，债务人应对其承担责任。

作为反驳，承包商援引《国际商事合同通则》第2.2.5条第2项规定，如果被代表人的行动使第三者自然而然的产生合理信赖，其代表有权以被代表人的名义在其职权范围内进行行动，被代表人不能向第三者表示该代表缺乏行事权限。[①] 按照俄罗斯《民法典》规定，该国际商事通则不违反俄罗斯法律和公共利益，是俄罗斯法律的组成部分，所以该《国际商事合同通则》适用于该案。承包商据此认为，业主代表签署会议纪要确认新的竣工日期，与将新施工进度表提交业主董事长签署，二者并不矛盾。苏哈诺夫教授否认此种情况下客观环境给予业主代表授权的观点是一面之词，歪曲了俄罗斯民法规定和俄罗斯民法关于客观环境授权的主流观点，也不符合国际商事通则的规定。

针对该项争议，仲裁庭在其裁决中也未给出明确观点，从裁决结果来看，应是采纳的苏哈诺夫教授的观点，否定了业主代表根据客观环境获得了授权和俄罗斯法律的默示推定授权。苏哈诺夫教授在其专家证词中陈述，一般来说俄罗斯《民法典》第183条所规定的客观环境授权成立条件：（1）不具有正式授权的代表从事了被代表机构的正常经营活动；（2）该经营活动是该机构不特定第三人从事的大量发生的类型化交易；（3）代表实施的行为属于其岗位职责；（4）交易相对方对该代表是在代被代表机构行事产生了合理信赖；（5）有关交易的正式合同中未对具体交易提出的授权文件要求，即不得明确排除环境授权的适用。针对此案代表授权问题。苏哈诺夫教授认为，因为施工合同是业主正式授权的代表签署的，所以作为变更合同条款的补充协议也应该由业主正式授权的代表签署。该观点排除了俄罗斯《民法典》第183条环境授权规定的适用，与俄罗斯联邦最高仲裁法院第57号《关于俄罗斯联邦民法典第183条适用中的诸多问题的公告》第5项关于俄罗斯审判领域关于客观环境授权的实践观点不一致。

我们应从该案汲取教训，在涉外投资和交易中，一定要充分重视授权工作，尤其是签署合同、协议或合同履行中的关键文件时，要求对方代表出示授权书并留存备档，以免在以后因交易发生争议后，对方当事人否认已经签订或履行的协议。双方代表的授权手续看似小事，但如果与我方洽谈或交易的关键人员

---

① 《国际商事合同通则》第2.2.5条（代理人无权或越权行事）：（1）代理人没有代理权或超越代理权行事时，其行为不影响本人和第三方之间的法律关系。（2）但是，如果本人造成第三方合理相信代理人有权代表本人行事并且是在授权范围内行事，那么本人不得以代理人无代理权为由对抗第三方。

缺乏授权书，这种不经意间的小缺陷很可能铸成争议案件的重大错误，成为决定争议事件结果走向的关键因素之一。

第二节 商事交易形式要求

吉尔吉斯斯坦《民法典》规定，在吉尔吉斯斯坦进行交易时可采用口头形式和书面形式，而书面形式又分为一般书面形式和公证形式。若采用书面形式进行交易，则应制定书面文件，确定交易内容，并由实施交易的人员或授权人员签字。

法律或协议还可对交易提出补充要求，比如按照固定表格签订协议或需要交易主体盖章等。若法律或协议没有对交易不符合补充要求的法律后果作出规定或约定，则应按照不遵守普通书面形式时的法律后果来确定该交易的法律效力。①

当然，吉尔吉斯斯坦法律也允许交易借助电子数据工具等载体来完成，这属于广义的以书面形式进行的交易。

一、以普通书面形式进行的交易

除了必须进行公证的交易，下列交易应采用一般书面形式：（1）法人之间的交易或法人与公民之间进行的交易；（2）公民之间进行的金额超过 10 倍结算指数（1000 索姆）的交易，或者在法律不作限制性规定的公民之间的特殊交易。②

若实施交易时，当事人没有遵守上述关于交易的一般书面形式要求，则在发生纠纷时当事人就丧失了援引证人证言来证明交易存在和交易条件的权利，但当事人仍有权提出书面证据和其他证据③来证明自己的权利和义务等。

---

① 吉尔吉斯斯坦《民法典》第 176 条，法律文本参见吉尔吉斯斯坦司法部官方网站。

② 吉尔吉斯斯坦《民法典》第 177 条，法律文本参见吉尔吉斯斯坦司法部官方网站。

③ 吉尔吉斯斯坦《民法典》第 178 条，法律文本参见吉尔吉斯斯坦司法部官方网站。

二、以公证形式进行的交易

以公证形式进行的交易是通过公证员或其他有权从事公证行为的官员在交易文件上签字证明的交易。如果法律规定或按照交易协议的约定要求公证，那么该交易应通过公证形式完成。如果没有按照法律规定或当事人约定进行公证，那么将导致所进行的交易无效，当事人交易中约定的权利和义务就不具有法律约束力。

针对需要公证的交易，若交易一方在公证前已经履行了己方义务，而另一方却拒绝公证，则法院有权按照已履行一方的请求认定该交易有效，此时无须对交易进行公证。①

三、财产权利的国家登记

吉尔吉斯斯坦《民法典》规定，下列权利应该进行国家登记：所有权，经济管理权，业务管理权，根据抵押合同、地役权合同和质押合同产生的权利，以及民法典和其他法律规定应登记的权利。② 与这些权利相关的交易，包括权利的产生、变更、限制和消灭都应该按照民法典和不动产登记法律的规定进行国家统一登记。

不动产交易和与不动产交易所产生的权利以及相关民事权利义务的设立、产生、变更和终止相关的交易应进行国家登记。③ 若应进行国家登记的交易或权利已经按照适当的形式完成，但另一方拒绝国家登记，则法院可根据已履行一方的请求作出强制登记的判决，此时交易按照法院判决进行国家登记。④

---

① 吉尔吉斯斯坦《民法典》第 181 条第 1 项和第 2 项，法律文本参见吉尔吉斯斯坦司法部官方网站。

② 吉尔吉斯斯坦《民法典》第 25 条，法律文本参见吉尔吉斯斯坦司法部官方网站。

③ 吉尔吉斯斯坦《民法典》第 180 条，法律文本参见吉尔吉斯斯坦司法部官方网站。

④ 吉尔吉斯斯坦《民法典》第 181 条，法律文本参见吉尔吉斯斯坦司法部官方网站。

四、经典案例分享

案例 2-2-1 以会议纪要形式修改合同条件是否符合合同变更须采用书面补充协议的形式

（一）案情简介

在中亚的某综合体施工项目中，因天气原因和开工延误，承包商与投资方召开项目协调会议，并达成了推迟了项目竣工时间和对项目施工进度计划进行调整的意见，会后承包商根据会议纪要更新了施工进度计划并提交给投资方确认。但投资方一直未将签字盖章的更新版进度计划表和补充协议返还给承包人。后来因为工程竣工严重延期，投资方以此为由解除合同并提出巨额索赔，后来双方起诉至第三方仲裁机构进行国际仲裁。

（二）当事人关于合同变更的书面形式的观点

1. 投资人观点

投资人认为，新的施工进度表没有遵循施工合同关于变更合同条款必须由“采取书面的补充协议”形式，没有采用名称为“补充协议”的文件，没被业主有权人签署，变更竣工日期也未遵守合同约定的实体法——俄罗斯《民法典》第 452 条关于合同变更应采用与合同相同的形式的规定，合同第 20 条明确约定了应采用书面形式才能对合同进行变更。俄罗斯《民法典》第 162 条还规定，不采用书面形式签署的涉外交易无效，该工程作为涉及中国、俄罗斯、哈萨克斯坦三国的跨境投资和建设施工项目，其合同条件变更应遵循涉外交易要求，采用书面合同形式签署。所以，更新后的进度表没有生效，对投资人不具法律约束力。

2. 承包人的观点

承包人认为，会议纪要和新的施工进度表都采用了书面形式，且会议纪要已由业主的项目管理机构签署和业主代表签署，但根据俄罗斯《民法典》第 160 条第 1 款的规定①，会议纪要作为补充协议的书面形式之一，虽未被命名为

---

① 俄罗斯《民法典》第 160 条第 1 款规定：契约文件的书面形式应该包含契约内容，并由契约各方或其正式授权的代表签字……法律、其他法律规定以及双方协议可以规定契约形式应符合的补充要求（在特定形式表中写成，盖章等）以及规定不遵守补充要求的后果。若未规定出后果，则采用不遵守契约普通书面形式的后果。

"补充协议"，但这不应影响会议纪要的法律效力。业主在合同履行中从未声明该会议纪要不符合合同约定的书面形式，并在函件中多次引用该会议纪要，业主不得在发生争议后再主张与其行为相反的意思表示。会议纪要和新施工进度表也符合施工合同关于应以书面形式签订补偿协议的方式对合同进行变更。所以，会议纪要符合施工合同对补充协议形式的约定。

3. 仲裁庭的最终意见

针对该项争议，仲裁庭认为：会议纪要不是以补充协议形式签署，这不符合双方在施工合同中约定的合同变更形式，也未经双方的有权代表签字，所以会议纪要不是补充协议，不能变更合同关于工期的约定。

首先，俄罗斯《民法典》（主要是第452条①）和双方签署的施工合同（第20条）都对合同的变更形式作了严格的形式主义要求，要求合同变更应以书面形式签订补充协议。其次，会议纪要及新的施工进度表从形式上并不符合双方约定的合同变更形式。再次，现有证据显示出，双方曾在以工期和进度计划为主题会议中讨论过对施工进度计划进行调整的事宜，但是会议纪要、新的施工进度表作为该会议的成果文件，并未显示出双方将合同竣工日期变更至新的竣工日期的一致意思表示。最后，作为双方会议纪要的成果文件之一新的施工进度表并没有被业主签署，这证明业主最终并未同意将合同竣工日期变更为新的竣工日期。综上，仲裁庭认定现有证据不能证明双方已将工程竣工日期变更为新的日期，双方仍应执行合同约定的原竣工日期。

4. 风险提示

仲裁庭对案件所涉的合同变更形式坚持了最严格的书面形式主义，它要求合同当事人变更合同时不仅要采用书面协议形式，而且要求该书面协议名称也须标注为"补充协议"，仲裁庭在该案中没有认可会议纪要形式的合同文件，不认可默示行为在法律上的积极意义，没有考虑俄罗斯《民法典》关于客观环境授权制度的规定和俄罗斯审判实务对默示追认行为的肯定。

仲裁庭在国际工程仲裁案件中秉持最严格的交易形式要件，否定了具有补

① 俄罗斯《民法典》第452条规定了合同变更和解除程序：（1）变更或宣告合同无效的协议，除法律、其他法律行为、合同或商业惯例另有规定外，应以与合同相同的形式订立。（2）一方当事人只有在收到另一方当事人拒绝修改或者宣告合同无效的提议或者在提议中规定的或者法律或者合同规定的期限内或者在没有答复的情况下，在30天期限内，方可向法院提出修改或者宣告合同无效的请求。

充协议性质的文件效力，具有个案性，但该案裁决就是俄罗斯联邦法律在国际仲裁中的具体实践之一。我们中资企业在其他中亚国家从事经营活动时，应注意严格遵守法律对交易形式的要求，避免交易缺乏形式要件而被认定无效，造成交易的失败或承受不利损失。

第三节 商事交易无效制度

一、无效交易制度

（一）交易无效的情况

1. 若交易不符合吉尔吉斯斯坦的法律规定或者违反该国社会或公共利益的，则该交易在法律上无效。

2. 若吉尔吉斯斯坦法律规定实施交易必须事先取得国家许可的，在没有获得许可或者许可已过有效期所实施的交易也无效。①

3. 法人超出经营范围（包括超出其公司章程所规定的经营目的或没有获取经营许可）所实施的交易行为，且交易对方在交易时知道或应当知道该交易超出经营范围的，则该法人或其创始人或履行法人监管职责的国家机关可向法院起诉确认该交易无效。②

4. 合同给予被授权人的授权或法人的创立文件给予法人机关的授权与授权书给予的授权、法律规定的授权或从交易时的客观环境引申出的授权相比受到限制的，而被授权人或法人机关超出该授权范围实施交易的，与该授权限制有利害关系的人通过法院诉讼程序认定该交易无效。③

5. 吉尔吉斯斯坦《民法典》也规定，在遭受欺骗、强迫、威胁恶意协商情况下实施的交易无效，类似于中国《民法典》的相关规定。

（二）交易无效的特别诉讼时效

关于无效交易及其无效法律后果的诉讼案件，吉尔吉斯斯坦法律规定了特

① 吉尔吉斯斯坦《民法典》第 186 条，法律文本参见吉尔吉斯斯坦司法部官方网站。
② 吉尔吉斯斯坦《民法典》第 194 条，法律文本参见吉尔吉斯斯坦司法部官方网站。
③ 吉尔吉斯斯坦《民法典》第 195 条，法律文本参见吉尔吉斯斯坦司法部官方网站。

殊的诉讼时效。按照吉尔吉斯斯坦《民法典》的规定，认定无效交易的无效后果案件的诉讼时效为 3 年，自交易实施日起算；而确认交易无效的诉讼案件和适用无效后果案件的诉讼时效为 1 年，自威胁或外力停止或知道或应当知道导致交易无效的其他事实时起算。[①]

二、交易无效的法律后果

吉尔吉斯斯坦《民法典》规定，无效的交易自始无效，并不产生当事人预期的法律后果。发生无效交易行为时，任何一方当事人都应返还通过交易所取得的财产，若不能返还原物，则应返还其金钱价值，但法律对此返还可作其他处理规定。

按照吉尔吉斯斯坦《民法典》的规定，若因违反社会利益和国家利益致交易无效，且交易双方存在故意的，则因该交易所取得的财产应收缴国库，若仅交易一方故意违反社会利益或国家利益，则将该方从交易中获取的财产收缴国库，或赔偿给因交易受损的另一方。

第四节　主要财产权利制度

一、所有权

1. 不动产所有权

对建筑物、设施或其他新建不动产的所有权应按照吉尔吉斯斯坦《不动产权利和不动产交易法》规定进行国家登记，所有权自完成国家登记时产生。

2. 动产所有权

当事人通过买卖合同获得的动产所有权自起该动产交付时买受人获得该动产所有权。出卖人可以将物直接交给买受人，也可以通过承运人运送给买受人，在出售的动产实际移交给买受人控制时交付完成。

二、国有企业和市属企业的财产经营权

国有企业和市属企业对国家财产（包括动产和不动产）享有经营管理权，

---

① 吉尔吉斯斯坦《民法典》第 199 条，法律文本参见吉尔吉斯斯坦司法部官方网站。

可依法占有、使用和依法律规定处分这些财产。但国有企业和市属企业转让、出租、抵押其经营管理的不动产或将该不动产用作对其他公司注册资本的出资的，必须事先获得相应政府主管部门的同意，对其他财产享有独立处分权，不受他人限制。①

三、事业单位的业务管理权

事业单位对国家拨付的财产享有业务管理权，可以按照设立目的、国家任务对财产进行占有、使用或处分，但转让财产或进行其他处分需要事先获得相应政府主管部门的同意。

第五节　债务履行担保制度

吉尔吉斯斯坦《民法典》规定了债务履行可以采取如下担保方式：保证（гарантия）、财产担保（залог）、留置（удержание имущества должника）、债务加入（поручительство）、定金（задаток）和违约金（неустойка）等方式。

债务担保具有从属性。若主债务无效，则担保债务亦无效。若担保债务无效，不影响主债务效力。

一、违约金（неустойка）

在吉尔吉斯斯坦法律下，违约金被认为是一种常见的债务履行担保方式，这一概念通常也包含合同中约定的罚金（штраф）、罚息（пеня）等制度。

（一）违约金定义

违约金是法律规定或当事人在合同中约定的一笔钱款或其他形式的财产价值。若债务人未履行或未适当履行债务，债务人应向债权人支付这钱款或其他财产价值。债务人支付违约金并不以其违约行为给债权人造成实际损失为前提。

① 吉尔吉斯斯坦《民法典》第230条第3款，法律文本参见吉尔吉斯斯坦司法部官方网站。

（二）违约金的形式要求

无论主合同是否为书面形式签订，当事人约定违约金担保方式的，都应签订书面违约金协议。如果当事人约定违约金条款，但未签订书面协议，那么该违约金约定无效，将得不到法律支持。①

（三）法定违约金

无论当事人是否在合同中约定了违约金条款，在法律对违约金有规定的情况下，债务人应对其未履行或未适当履行债务的行为向债权人支付法定违约金（比如当事人未约定资金占用利息时，法律规定占用资金的债务人应按照5%/年计算资金占用利息）。

（四）违约金的调整

在吉尔吉斯斯坦法律下，违约金责任通常也是以弥补当事人的实际损失为原则。若当事人约定的违约金责任过高，以致与债务人的违约行为后果完全不成比例，则债务人有权请求法院降低违约金金额。若约定违约金低于当事人遭受的损失金额，则受损一方可要求违约方对超出违约金部分的损失主张损失赔偿责任。②

这一点与我国《民法典》规定类似，但需要提醒中资公司企业人员的是，首先，约定违约金的调整需要通过法院诉讼方式，而不是由当事人自行调整。其次，违约金条款未明确规定在约定违约金超出实际损失达到何种程度时，法院可以调整违约金，这一问题应该属于法院进行自由裁量的空间了。

二、财产担保（залог）

在吉尔吉斯斯坦法律下，为了担保债务的履行，债权人可以与债务人或第三人设定财产担保，在债务人不履行或不适当履行债务时，债权人有权通过该设定担保的财产价值优先于该债务人的其他债权人受清偿。该财产可以是有形财产，也可以是无形财产，比如债权、租赁权、专利权、使用权等权利。如果

---

① 吉尔吉斯斯坦《民法典》第322条，法律文本参见吉尔吉斯斯坦司法部官方网站。

② 吉尔吉斯斯坦《民法典》第359条第1款，法律文本参见吉尔吉斯斯坦司法部官方网站。

该担保财产毁损灭失，那么债权人可就该财产毁损所获得的保险金或赔偿金优先受偿。

在吉尔吉斯斯坦担保法律下，财产担保（залог）制度涵盖抵押、动产质押、权利质押、按揭担保等制度，具体该如何称呼和定义需要根据具体的担保形式来确定。

（一）财产担保的设立

按照吉尔吉斯斯坦法律规定，财产担保可根据合同当事人约定或法律规定设立。在法定财产担保情况下，担保的设立参照适用约定财产担保制度的规则。

1. 书面形式要求

设立财产担保时，当事人应签订书面财产担保合同。未签订书面财产担保合同的，该担保无效。①

2. 不动产担保合同登记

当事人以不动产设立抵押的，书面抵押合同还应进行国家登记，未完成国家登记手续的，该项抵押合同无效。但抵押合同无须强制公证。②

3. 动产担保合同

若动产担保和与动产相关的权利担保所担保的合同债权需要公证，则该动产担保和权利担保也需要进行公证才能生效。

法律要求担保合同必须进行国家登记的，担保权自担保合同完成国家登记之日产生；以其他类财产设立担保的，担保权自该担保物移交给担保权人时产生；担保财产无须移交给对方的，担保权自担保合同生效时产生。③

（二）财产担保类别

吉尔吉斯斯坦法律下的抵押分为三类：（1）担保物仍由担保人占有的担保，即不移转占有的担保，类似我国的不动产抵押；（2）担保物移交给担保权人的担保，在法律上称为заклад，类似我国法律上的动产质押；（3）权利担保。④ 可以看出，吉尔吉斯斯坦法律并未区分不动产抵押、动产质押和权利质押，这三

---

① 吉尔吉斯斯坦《民法典》第 328 条第 4 项，法律文本参见吉尔吉斯斯坦司法部官方网站。
② 吉尔吉斯斯坦《民法典》第 328 条第 3 项，法律文本参见吉尔吉斯斯坦司法部官方网站。
③ 吉尔吉斯斯坦《民法典》第 328 条第 5 项，法律文本参见吉尔吉斯斯坦司法部官方网站。
④ 吉尔吉斯斯坦《民法典》第 325 条第 2 项，法律文本参见吉尔吉斯斯坦司法部官方网站。

类担保方式都归属于财产担保（залог）制度中。

（三）财产担保物

财产担保物可以是债务人或第三人的任何财产，包括实物和权利（包括请求权），也可以是债务人或第三人自己所有的财产和享有其他物权的财产。①

以下财产设定担保时有特殊要求：

1. 若担保人仅对标的物享有经营权或业务管理权，则应该在获得该标的物的所有权人的同意后才能以该财产设定财产担保物。

2. 以租赁权或对他人所有之物享有的权利设立担保的，担保人应事先取得财产担保物的所有人的同意，② 除非担保人事先以合同另作约定。

3. 以企业设立担保。若将企业作为一项财产综合体设定担保，则所设定的担保权效力及于登记在该企业名下的所有动产和不动产、实物资产和非实物财产，包括对建筑、设备、存货、原材料、成品的权利和债权、专有权等，企业在设定担保期间所获得的上述财产或权利都属于担保范围。

4. 以土地担保。仅以土地设立担保，而该土地上的房屋及其他建筑物不设立担保的，则该房屋、设施及其他配套建筑物占有范围内的土地应单独分割出来，不得纳入该土地的担保范围。③

以房屋和设施设立担保的，该房屋和设施占有范围内的土地应属于担保范围，剩余的其他土地不属于担保范围。

5. 以未来的财产和权利担保。当事人也可约定以担保人未来的财产和权利设立财产担保物。

6. 以流通中的商品担保。可以流通中的商品设定担保，该担保范围以担保生效时流通中的商品现状为限，包括存储商品、已处理、材料、半成品、产品等设立抵押，财产担保物价值以流通中商品的价值为限，但不得低于担保合同中约定的担保价值。④

设立担保的流通中商品因为交易而转让给他人的，则自受让人取得被转让的商品所有权或经营权或业务管理权之时该商品不再属于流通中商品担保权的范围。

---

① 吉尔吉斯斯坦《民法典》第 326 条第 2 项，法律文本参见吉尔吉斯斯坦司法部官方网站。
② 吉尔吉斯斯坦《民法典》第 326 条第 3 项，法律文本参见吉尔吉斯斯坦司法部官方网站。
③ 吉尔吉斯斯坦《民法典》第 327 条第 3 项，法律文本参见吉尔吉斯斯坦司法部官方网站。
④ 吉尔吉斯斯坦《民法典》第 340 条，法律文本参见吉尔吉斯斯坦司法部官方网站。

但法律禁止流通的物、带有人身属性的权利以及与权利主体不可分割的权利不得设立担保，如工资请求权、退休金等。

（四）担保合同

担保合同条款的内容设计对财产担保物法律关系当事人非常重要，我们中资公司和企业在当地从事交易贸易设立担保时，需要慎重决定或聘请法律专业人士介入。

一般来说，担保合同应包含如下内容：

（1）担保合同双方的信息。（2）担保的债权信息，应列明最大债权金额。（3）担保合同有效期。合同未指明有效期的，则担保合同有效期至主合同中确定的合同履行结束时止。（4）若担保物为不动产或其他需要登记的财产，则应列明担保人的权利证书文号和担保双方约定的其他条件。（5）担保双方应在合同中明确担保财产占用方。

（五）财产担保的实现

1. 实现方式

在债务人不履行或不适当履行债务时，担保权人有权要求行使担保权，可与担保人协商以担保财产价值受偿，或以向法院起诉方式行使对担保财产的担保权。

2. 担保权的追及性

在担保期间，担保物被转让的，不影响担保权的存续和行使，担保权人仍有权向担保财产的受让人行使担保权。

3. 担保权实现的先后顺位

若对同一标的物上设立了几个财产担保，且所担保的涉及动产的数项债权有登记和未登记的，则已经登记的涉及动产的债权请求权享有优先权；若数项债权都登记，则按照债权登记的日期和时间先后确定优先顺位。担保权人行使担保权时违反担保权的优先顺位，给其他债权人造成损失的，应承担赔偿责任。①

① 吉尔吉斯斯坦《民法典》第328条第3项第7、8款，法律文本参见吉尔吉斯斯坦司法部官方网站。

吉尔吉斯斯坦担保法领域有一项制度创新——动产担保债权的登记制度。当事人在设定债权担保中，涉及动产的债权请求权可由当事人自愿申请向相应国家主管机关登记在“关于动产的债权请求权国家统一登记簿”上。债权登记的主要作用在于赋予已完成登记的债权人优先于未进行债权登记的债权人受清偿的权利。[①] 但该债权未进行登记并不导致该债权无效。

三、债务加入担保（поручительство【гарантии】）

当事人签订债务加入担保合同，约定担保人（поручитель）在债务人不履行或未完全履行债务时与债务人一起向债权人承担连带履行义务。

（一）形式要求

债务加入担保合同应以书面形式签订，否则将导致债务加入合同无效。[②]

（二）担保责任形式

在债务加入担保中，担保人对债务人不履行或不适当履行债务向债权人承担连带履行责任，除非债务加入合同明确约定担保人承担补充责任。[③]

（三）担保责任范围

在债务加入担保中，担保人承担的责任范围与债务人相同，即除了承担履行主债务外，还应支付利息，补偿债权人因为追索债务发生的费用和其他损失。但对此责任范围可由债务加入担保合同作其他不同约定。

但担保人有权向债权人主张债务人对债权人的抗辩权。

（四）担保责任履行

在担保人向债权人履行了债务人应承担的义务后，应及时通知债务人。在担保人履行义务的范围内，债权人对债务人享有的权利包括债务担保权利，都移转给担保人。担保人有权要求债务人偿还其已经替代债务人履行的责任金额。

---

① 吉尔吉斯斯坦《民法典》第 328 条第 3 项第 6 款，法律文本参见吉尔吉斯斯坦司法部官方网站。

② 吉尔吉斯斯坦《民法典》第 343 条第 2 款，法律文本参见吉尔吉斯斯坦司法部官方网站。

③ 吉尔吉斯斯坦《民法典》第 344 条第 2 项，法律文本参见吉尔吉斯斯坦司法部官方网站。

（五）责任终止

担保人的担保责任在下列情况下终止：（1）债务人的义务已经履行完毕的。（2）债务人义务发生变更，加重了担保人的责任或其他不利于担保人的变化且未获得担保人同意，该债务加入担保终止。（3）所担保的债务转让给他人的。（4）在履行期间，债权人拒绝接受债务人的适当履行的。（5）在约定的担保期届满后债务加入担保终止。若合同未约定担保期，则在合同履行期届满之日起1年内债权人未对担保人提起诉讼的，该债务加入担保终止。①

四、银行保函

银行保函是商事交易中经常采用的一种银行担保方式。除非保函另有约定，银行保函不得撤回，不得转让。

银行保函独立于当事人之间的基础合同关系，在银行保函中对主债权的援引也不影响其独立性。

（一）保函兑付

1. 债权人要求兑付银行保函金额的，应向担保银行提交付款请求函和保函要求格式的文件。付款请求函中应指明债务人所违反的主债务合同条件。

2. 保函兑付。债权人兑付银行保函应在保函约定的有效期内提出保函兑付请求。担保银行应在收到债权人的兑付保函请求后及时审查付款请求和所附文件是否符合保函条件。

3. 保函责任限制。银行向债权人兑付保函的金额以保函担保的金额为限。在保函未作其他约定时，开具保函的银行未向债权人履行或未适当履行保函责任的不以保函金额为限。②

4. 拒绝兑付。债权人提供材料不符合保函要求或保函有效期届满后才提出兑付保函请求的，银行将拒绝兑付保函金额。

若担保银行在兑付保函前已知晓主债权已经全部或部分得到履行，终止或无效的，则银行应尽快通知质权人和保函申请人。

---

① 吉尔吉斯斯坦《民法典》第348条第4项，法律文本参见吉尔吉斯斯坦司法部官方网站。

② 吉尔吉斯斯坦《民法典》第352条第2项，法律文本参见吉尔吉斯斯坦司法部官方网站。

通知之后，担保银行再次收到债权人兑付保函请求的，应予以兑付保函金额。[①]

（二）保函终止

担保银行对保函债权人的付款义务在下列情况下终止：[②]（1）向债权人支付了保函金额。此情况下，无论保函是否返还，担保银行的保函义务都终止。（2）保函期限届满。此情况下，无论保函是否返还，担保银行的保函义务都终止。（3）债权人放弃保函权利并将保函返还给担保银行。（4）债权人通过书面声明免除担保银行的保函义务。此情况下，无论保函是否返还，担保银行的保函义务终止。

保函终止后，担保银行需及时告知保函申请人（一般为债务人）。担保银行违反保函条件向债权人兑付保函金额，或担保银行违反了对债权人的义务向债权人兑付了保函金额的，保函申请人有权拒绝向担保银行偿还该金额。

五、定金（Задаток）

合同一方将一笔钱款交给合同另一方，作为签订合同和担保合同履行的证明，这是吉尔吉斯斯坦法对定金的规定。定金协议应以书面形式签订，[③] 若当事人未签订书面定金协议，当事人对定金的设立及金额发生争议，则该定金将被认定为预付款。

定金罚则：如果支付定金的一方未履行合同，那么，该方丧失定金；如果接受定金一方未履行合同，那么，应向对方双倍返还定金。

若合同开始履行前，双方协议解除合同或者合同因客观原因无法履行的，定金应该返还给支付定金一方。一方违约给另一方造成的损失超过定金金额的，除了执行定金罚则外，违约方还应赔偿对方超出定金金额部分的损失。[④]

---

① 吉尔吉斯斯坦《民法典》第 352 条第 4 项，法律文本参见吉尔吉斯斯坦司法部官方网站。

② 吉尔吉斯斯坦《民法典》第 353 条第 1 项，法律文本参见吉尔吉斯斯坦司法部官方网站。

③ 吉尔吉斯斯坦《民法典》第 354 条第 2 项，法律文本参见吉尔吉斯斯坦司法部官方网站。

④ 吉尔吉斯斯坦《民法典》第 355 条第 2 项第 2 款，法律文本参见吉尔吉斯斯坦司法部官方网站。

第六节 违约责任制度

中资公司和企业在吉尔吉斯斯坦拓展业务或进行投资时，每一项交易都需要签订和履行相应的合同，交易对方是否诚信履行合同义务和如何履行义务直接关系到我们能否实现合同目的和取得期望的交易结果。在合同未能得到适当履行时，如何确定对方责任，如何采取补救措施等，就涉及如何追究对方的违约责任，以实现双方的利益平衡。

一、违约责任认定标准

在吉尔吉斯斯坦法律下，合同一方因故意或过失未履行合同或未适当履行合同，应向合同另一方承担违约责任，即适用过错责任认定标准。

违反合同义务一方应承担有关其不存在过错的证明责任。

1. 如果合同一方在履行合同时采取了与义务性质和交易条件相应程度的关注所要求的全部谨慎措施，那么该方对合同履行就没有过错。

2. 在法律无其他规定或合同未作其他约定的情况下，违反义务一方不能证明不适当履行合同义务是不可抗力所导致的，则该方就应该承担违约责任。

二、免责条件

（一）不可抗力免责

若一方不能履行或不能适当履行合同义务是不可抗力所导致，则该方依法无须承担违约责任。需要注意的是，在吉尔吉斯斯坦立法律下，不可抗力是指特别的、不可预见的客观情况。债务人的相对方违反合同义务、市场上缺乏履行义务所需的商品以及债务人缺少履行义务所需钱款等情况都不属于不可抗力。

（二）约定免责和法定免责

法律可以规定或当事人可在合同中约定合同的免责条件，但吉尔吉斯斯坦法律禁止当事人事先在合同约定排除或限制当事人故意违反合同义务的赔偿责任。①

三、违约责任后果

（一）赔偿损失

合同违约一方应赔偿守约方其违约所导致的损失，该损失包括违约造成的直接损失，也包括合同完全履行时守约方可获得的期待利益损失。

在确定守约方的直接损失时，应参考债务人自愿诚信履约当天在义务应当履行地的价格；若该债权不会被自愿履行，则应参考当事人向法院起诉当天在义务应当履行地的价格。根据客观情况，法院也可依据判决作出之日来确定履行义务的市场价格。②

在确定守约方的合同期待利益损失时，应综合考虑守约方为获得期待利益所采取的措施和所做的准备工作。

（二）违约责任的减轻

若合同双方都违反合同义务，则法院将相应减轻债务人的违约责任。

若债权人故意或疏忽导致对方违约的损失扩大，或未采取适当措施减轻损失，则法院有权减轻债务人的违约责任。这一规则也适用于债务人没有过错，但根据法律规定或合同约定承担违约责任的情况。

（三）违约中的损失赔偿与违约金

在吉尔吉斯斯坦法律下，合同制度中也确立了违约金的损失填补性质，在确定当事人的违约责任时需要基于守约方的实际损失对违约金进行衡量和调整。如果合同当事人针对违约行为专门约定了违约金，那么违约方仅需对超出违约金金额的损失承担赔偿责任。

当事人可以在合同中事先约定：（1）如发生违约行为，守约方仅主张支付违约金，不主张损失赔偿责任；（2）守约方可同时主张违约金责任和超出违约金金额的损失赔偿责任；（3）守约方可自由选择主张违约金责任或损失赔偿责任。③

---

① 吉尔吉斯斯坦《民法典》第 356 条第 4 项，法律文本参见吉尔吉斯斯坦司法部官方网站。

② 吉尔吉斯斯坦《民法典》第 358 条第 2 项，法律文本参见吉尔吉斯斯坦司法部官方网站。

③ 吉尔吉斯斯坦《民法典》第 359 条第 1 项第 2 款，法律文本参见吉尔吉斯斯坦司法部官方网站。

（四）违约责任限额

当事人可事先在合同中约定违约行为导致的违约责任赔偿限额，违约方仅对守约方在责任限额范围内的损失承担赔偿责任。①

针对特定种类的义务和与某种业务相关的义务，法律可以规定限制当事人要求完全补偿损失的权利。

（五）不履行金钱债务的责任

因延期付款、非法扣留、拒绝返还或非法从他人账户获取资金及将资金存储至他人账户等方式使用他人资金的，应支付资金占用利息。

1. 资金占用利息的确定

首先，当事人对资金占用利息有约定或法律对其有规定的，那么应按照约定和规定的利息率计算。其次，没有约定，也无法律规定的，利息应根据债权人所在地现行的官方发布的利息标准计算，若债权人为法人，资金占用利息应按照债务履行当日该法人住所地的现行银行利息率计算。最后，若在利息率既无约定也无法律规定时，债权人通过司法程序追索金钱债权，法院可按照债权人提交诉状或作出判决当日的银行利息率计算资金占用利息。

2. 超出利息的损失赔偿

若按照上述规则计算的资金占用利息无法补偿债权人遭受的损失金额，那么违约方还应赔偿债权人超出利息部分的损失。②

3. 非法使用他人从事企业经营活动的资金

若非法使用他人从事企业经营活动的资金，除了按照上述第1、2项规则承担责任外，还应对债务人处以非法使用资金的5%/年的罚金。③ 对此罚金额度，当事人还可事先约定更高的计算标准。这一点与中国法律有重大区别，中方企业在交易中需要重点关注。

四、债务人的实际履行义务

违约方支付违约金或赔偿损失后，是否还需要履行合同呢？如果债务人未

---

① 吉尔吉斯斯坦《民法典》第359条第2项，法律文本参见吉尔吉斯斯坦司法部官方网站。

② 吉尔吉斯斯坦《民法典》第360条第2项，法律文本参见吉尔吉斯斯坦司法部官方网站。

③ 吉尔吉斯斯坦《民法典》第360条第3项，法律文本参见吉尔吉斯斯坦司法部官方网站。

适当履行合同义务，即便该债务人支付了违约金或赔偿了债权人损失，也不免除其实际履行合同义务的责任，但当事人可以对此作出不同约定。

与上述债务人不适当履行合同时的处理方式不同的是，如果债务人未履行合同，在向债权人支付了违约金和赔偿损失后，按照吉尔吉斯斯坦《民法典》规定，该债务人就免除了实际履行合同义务的责任。① 如果履行迟延对债权人已失去意义，在债务人已经支付违约金的情况下，债权人可拒绝债务人的履行，债务人也可解除实际履行合同义务的责任。

五、替代履行责任

在债务人未履行债务的情况下，根据债务的性质和合同实际情况，债权人可以在合理期限内以合理价格委托他人代为履行或者自己履行，并要求债务人赔偿因此发生的费用。

六、债务履行的补充责任

如果一项合同义务既有主债务人，也有承担补充责任的债务人时，债权人应先向主债务人提出履行请求，在主债权人拒绝履行其合同义务后，债权人才可向对合同义务承担补充责任的债务人提出履行请求。但在债权人可以通过向主债务人提出反请求或者可毫无争议地从主债务人账户中扣划钱款以满足己方请求时，债权人不得要求承担补充责任的债务人履行其对主债务人的义务。

承担补充责任的债务人履行了对债权人的债务后，应及时通知主债务人并有权在履行范围内向主债务人追偿。

七、履行逾期

债务人逾期履行义务的，应向债权人承担损失赔偿责任，在债务人逾期期间发生债务履行不能的，债务人仍应承担责任。债权人逾期导致债务人不能履行义务的，不视为债务人逾期。

债权人拒绝接受债务人的适当履行或未履行法律规定或合同约定的行为或根据交易习惯和债的性质应完成的行为时，视为债权人逾期。债权人应债务人

① 吉尔吉斯斯坦《民法典》第361条第2项，法律文本参见吉尔吉斯斯坦司法部官方网站。

赔偿其逾期所造成的损失，除非债权人证明该逾期由于其不应承担责任的客观情况，比如不可抗力等所造成的。

第七节　合同法律制度

合同是双方或多方设立、变更和终止民事权利义务关系的协议。本书第十一章关于债的规定直接适用于合同关系。

一、合同的签订

合同双方按照适当形式就合同的全部实质性条件达成一致时合同被视为已签订。所谓合同的实质性条件是指：合同标的、法律规定的实质条件或此类合同必须具备的条件，以及任何一方为达成协议所要求的其他条件。

如果法律规定，为签订合同必须交付财物的，那么合同在相应财物交付时合同视为已签订。①

按照法律规定应进行登记或公证的合同，则合同在完成登记或公证时被视为已签订。合同必须同时进行公证和登记的，则合同在完成公证和登记时，合同被视为已经签订。②

二、合同形式要求

合同可以完成交易所需的任何形式签订，除非法律对此类合同有确定的形式要求。若合同当事人商定以某种形式签订合同，则该合同在完成特定形式时视为已签订。

以书面形式签订合同可以是双方当事人在一份合同上签字方式签订，也可以通过往来信函、电报、传真、电子邮件或其他方式签订。

三、合同价格

合同价格按照合同约定执行。在法律有规定的其他情况下，合同价格可采

---

① 吉尔吉斯斯坦《民法典》第256条，法律文本参见吉尔吉斯斯坦司法部官方网站。

② 吉尔吉斯斯坦《民法典》第394条，法律文本参见吉尔吉斯斯坦司法部官方网站。

用国家主管机关规定或实施的价格、费率等。

合同签订后，合同价格变更需按照合同约定、法律规定程序进行调整。在有偿合同中没有规定价格，也不能通过合同条件确定价格时，合同价格应采用类似情况下针对类似商品、工作或服务所适用的价格结算。

四、合同效力

合同自签订之日起生效，并对合同双方产生拘束力。合同双方也可以约定合同适用于签订之前的交易关系。若合同中未明确约定合同有效期，则合同有效期截止于双方履行义务结束时。合同效力的终止并不影响任何一方违反合同应承担的责任。

五、预约合同

根据预约合同，双方应在将来某时刻按照预约合同规定的条件签订转让财产、完成工作或提供服务的合同，将来签订的合同被称为主合同。

（一）预约合同的形式

预约合同应按照法律对主合同形式的要求形式签订，法律对主合同签订形式未作规定的，预约合同应以书面形式签订，预约合同未以书面形式签订的，该预约合同无效。①

（二）预约合同的内容

预约合同应包含以下内容：（1）能够签订合同标的的条件，以及其他有关主合同的实质性条件。（2）将来签订主合同的期限。若预约合同中未指明签订主合同的时间，则主合同应在预约合同签订之日起 1 年内签订。

（三）违反预约合同的后果

如果预约合同当事人拒绝签订主合同，应按照吉尔吉斯斯坦《民法典》第 406 条关于强制程序签订合同的规定，② 向法院起诉要求对方履行签订主合同的

---

① 吉尔吉斯斯坦《民法典》第 388 条第 2 项，法律文本参见吉尔吉斯斯坦司法部官方网站。

② 吉尔吉斯斯坦《民法典》第 406 条，法律文本参见吉尔吉斯斯坦司法部官方网站。

义务，并可请求对方赔偿损失。

（四）预约合同的终止

若在预约合同中规定的签订主合同期内，双方未签订主合同或任何一方未提议签订主合同，则预约合同义务终止。

意向协议不具有预约合同的法律效力，不履行意向协议不产生法律后果。

六、以招投标方式签订合同

以招标投标方式签订合同可能是外国投资者进入吉尔吉斯斯坦境内投资和承揽工程的主要方式之一。法律没有其他规定的，合同可以通过招标投标方式签订，合同将由赢得投标的中标人签订。

1. 招投标方式。以招投标方式签订合同包括拍卖方式和竞标方式，具体形式由招标机构自己确定。以拍卖方式签订合同，报价最高者中标；以竞标方式签订合同的，投标报价所提供的条件最优者中标。

2. 法律未作其他规定时，招标通知应在不晚于招标前30天发布。通知内容包括招标时间、地点、招标方式，招标标的和招标程序，参与投标的要求，确定中标人的方式及招标起始价等。

招标通知还应该指明中标人签订合同的期限。

3. 投标人或拍卖参加人应缴纳保证金，在确定未中标后，招标人应返还该保证金。

4. 中标人应在确定中标当天与招标人签订招标结果纪要，该确认书对双方具有法律约束力。拒绝签订该中标结果纪要的中标人将丧失保证金，招标人拒绝确定中标结果纪要的，应向中标人双倍返还保证金并赔偿其损失。[①]

若招标规定，中标人只是赢得合同的签约权，则中标合同应在不晚于招标结束和签订中标结果纪要20天内或招标通知的其他时间内签订。若一方拒绝确定中标合同，则另一方有权向法院起诉要求强制签订中标合同并要求补偿损失。

① 吉尔吉斯斯坦《民法典》第409条第5项，法律文本参见吉尔吉斯斯坦司法部官方网站。

七、合同的履行

（一）合同的履行要求

当事人应该在约定期限内以适当方式按照合同约定的条件和法律规定履行已签署生效的合同。若合同中未约定合同履行条件和要求的，当事人应该按照交易习惯或此类合同通常的要求履行合同。

不允许合同任何一方单方拒绝履行合同或变更合同条件，除非法律另有规定或合同另有约定。

（二）合同履行期限

合同应在约定的期限内履行。若合同中未约定履行期限，则合同应在合理期限内履行。当事人未在合理期限内履行的债务或合同未约定请求履行债务的期限时，债务人应在债权人履行债务的要求提出之日 7 天内履行债务，除非根据法律规定、客观环境、交易习惯和债务性质能得出其他履行期限。

（三）合同履行地点

合同或法律对履行地点有约定或规定的，按照约定或规定地点履行。

若合同或法律未约定或规定债务履行地点，也不能从交易习惯、地方传统和习惯或债务性质推导出履行地点，则债务应按照如下规则确定的地点履行：（1）转让不动产的，在不动产所在地履行。（2）出售需要运输交付给买受人的商品或其他物品的，应在商品或物品提交第一承运人的地点履行。（3）债务人履行时需要交付的其他商品或物品的，债务应在该商品的生产地或物品存储地履行，但需要债权人在签订合同时知道该地点。（4）履行金钱债务时，债务人应在合同签订时债权人的居住地履行债务。若债权人为法人，则应在在合同签订时债权人的住所地履行债务。在债务履行前债权人地址变更并通知债务人的，债务人应按照新地址履行，因地址变更增加的交付费用由债权人承担。[①]（5）履行其他债务的，债务人应在债务人居住地/住所地履行。

---

① 吉尔吉斯斯坦《民法典》第 306 条，法律文本参见吉尔吉斯斯坦司法部官方网站。

（四）金钱债务的履行顺序

在金钱债务履行中，债务人的履行不足以清偿全部债务的，应首先履行债务本金，然后支付债权人接受履行时发生的费用，最后履行债务利息和违约金。① 这一履行顺序与我国民法典关于债务履行顺序有别，请中资公司、企业在履行债权债务时，留意该债务清偿顺序。

八、合同债权债务的转让

债权债务可依据双方约定或法律规定转让给第三人。

（一）债权转让

债权人可将债权转让给第三人，但在双方有特别约定的情况下或债权人个人对债务人具有特别意义的，未经债务人同意，债权人不得转让债权。转让债权的债权人对受让债权的人承担该债权有效的法律责任，但不对该债权能够得到清偿承担保证责任。除非该债权人向受让人提供担保保证债务的履行。

（二）债权转让的形式要求

吉尔吉斯斯坦法律承继苏联的法律制度，很注重交易的形式要求，比如交易的书面形式或法定登记形式。

若按照法律规定或双方约定，所转让的债权以书面形式签订，则该债权转让也必须以书面形式签订转让协议。若法律规定债权的成立必须进行国家登记，则该债权转让也必须进行国家登记。②

（三）债务转让

债务可以在取得债权人同意后转让给他人。债务转让的形式要求与债权转让的形式要求相同。债务转让后，新债务人可以向债权人主张原债务人对债权人的抗辩权。

---

① 吉尔吉斯斯坦《民法典》第309条，法律文本参见吉尔吉斯斯坦司法部官方网站。

② 吉尔吉斯斯坦《民法典》第316条，法律文本参见吉尔吉斯斯坦司法部官方网站。

九、合同的变更、解除和终止

（一）合同变更或解除的事由

合同可因如下情况变更和解除：

1. 合同当事人协商一致可变更和解除合同。

2. 单方变更或解除合同。合同一方可向另一方提议变更和解除合同。在另一方拒绝变更或解除合同或在一定期限内未收到另一方答复的，提议一方才可向法院起诉变更或解除合同。需要注意的是，此处的“一定期限内”是指提议一方在提议通知中指明的答复期限。如果在通知中未指明答复期限，那么该期限为合同约定期限或法律规定期限。如果都未作出规定或约定，那么该期限为通知之日起30天。①

（二）合同变更和解除的后果

1. 合同解除后，合同双方的权利义务终止。合同变更后，合同双方的权利义务按照变更后的范围继续有效。

合同变更或解除后，合同任何一方无权要求对方返还变更或解除前债务已经履行的部分，除非双方在变更或解除协议中另有约定。

2. 合同变更或解除时间点

合同变更和解除时，合同双方的权利义务自双方达成合同变更或解除协议时变更或解除，但合同变更协议或合同解除协议另有约定或按照合同性质不宜自达成协议时变更或解除的除外。合同当事人通过法院诉讼方式变更或解除合同的，那么合同自法院作出的变更或解除合同的判决生效时变更或解除。

若合同变更或解除是一方违约引起的，那么另一方有权要求该方赔偿合同变更或解除所造成的损失。

（三）合同的终止依据

合同可根据法律规定理由或当事人约定理由部分或全部终止。合同在以下情况下终止：

1. 合同因适当履行而终止。在债权人接受了债务人的适当履行后，应向债

---

① 吉尔吉斯斯坦《民法典》第413条第2项，法律文本参见吉尔吉斯斯坦司法部官方网站。

务人出具证明其部分或全部履行的履行证明书。[1] 债务人持有履行证明书可证明义务终止。若不能提供履行证明书，也可在债务人提供的债务文件上签字，代替履行证明。债权人拒绝签发履行证明书或拒不返还债务文件或拒绝在债务文件标注不返还的，债务人有权推迟履行合同。

2. 债务替代（Отступное）。根据双方协议，债务人可向债权人提供替代履行而终止，比如债务人支付钱款或提供财产而终止原合同债务。双方可约定提供替代履行的金额、期限和程序。

3. 抵消（зачет）。债务可因全部或部分抵消而终止。抵消需要合同一方提出抵消请求。下列债务不得抵消：（1）提出抵消一方的债权时效已过；（2）因生命健康受损产生的债权；（3）追偿退休金的债权；（4）死亡补偿金；（5）法律或合同约定的其他情况。

4. 债权人与债务人合并（совпадением должника и кредитора）。

5. 债务更新（новация）。债务更新需要原合同当事人达成新协议以终结原合同债权债务更新，同时与原合同相关的补充合同义务也同时终止。

6. 债务免除（Прощение долга）。在免除义务不影响其他人的权利时，债权人可以免除债务人的义务，债务免除时，债务终止。

7. 债务履行不能（невозможность исполнения）。客观原因导致债务无法履行，且合同任何一方不对此承担责任时，债务终止。债权人无权要求债务人履行债务。

8. 法人注销（ликвидация юридического лица）。在作为债权人或债务人的法人注销，如果法律未规定由其他主体承接被注销法人的义务和责任，债务终止。

---

① 吉尔吉斯斯坦《民法典》第371条第2项，法律文本参见吉尔吉斯斯坦司法部官方网站。

第三章　吉尔吉斯斯坦投资法律制度

吉尔吉斯斯坦建立了有关保护外国投资者的相对自由的法律制度，政府投资政策的主要原则是改善投资环境，吸引和促进本国和外国投资。吉尔吉斯斯坦投资促进保护署为吉尔吉斯斯坦投资主管机构，是实施国家投资政策的授权机构。

吉尔吉斯斯坦《投资法》于 2003 年 3 月 27 日公布生效，共 25 条，主要内容为调整吉尔吉斯斯坦政府和投资者之间的关系，规定了针对外国投资者的经营自由权、财产保护、所得自由支配等一系列权利提供保障。对外国投资者实行适用于与吉尔吉斯斯坦本国法人和个人同等的国民待遇制度，其中包括保证外国投资、财产和信息的汇出或汇入，国家或政府官员不得干涉投资者的经营活动，保障外国投资不被征收，保证赔偿投资者损失，保障外国投资者使用其收入和现金交易自由等。吉尔吉斯斯坦对外国投资者无行业限制，投资者在国家规定区域投资于经济和社会优先领域的，还可根据国家项目发展享受到优惠待遇等，长期投资可采用法律规定的任何形式，可投资于任何项目和经营种类，包括吉尔吉斯斯坦许可法律规定的许可项目。

第一节　外商投资要求

一、投资主体要求[①]

外国投资者可以是自然人、法人以及非法人组织，外国自然人投资者是经常居住地在吉尔吉斯斯坦境外的外国公民或无国籍人。

（一）外国法人投资者

下列主体属于外国投资者：（1）指根据外国法律设立登记的法人。（2）根据吉尔吉斯斯坦法律设立但有外国投资的法人，包括：①完全由一个或多个外国自然人或外国法人投资设立的法人；②一个或多个自然人或法人通过合同来控制并有权出售其多数股票和指定其执行机构或监事机构的法人；③由经常居住地在国外的外国公民或无国籍人或本条所列外国法人全资所有的股东持有不低于20%的股票或投票权的法人。（3）根据吉尔吉斯斯坦参加的国际条约所设立的法人。（4）外国非法人机构。（5）国际组织。[②]

（二）外国非法人投资者

法律也允许外国投资者在吉尔吉斯斯坦投资设立代表处、分公司或个体企业主等商事主体形式。

二、投资方式

（一）投资财产形式

按照吉尔吉斯斯坦《投资法》规定，外国投资者可将其所有的或由其直接或间接控制的实物或非实物资产在吉尔吉斯斯坦进行投资。投资形式可为货币、动产或不动产、财产性权利（如抵押权、留置权、质押权等）、股票和股权、债券和其他有价证券、非财产性权利（如知识产权、著作权、专利权、商标、实

---

① 吉尔吉斯斯坦《投资法》第1条，法律文本参见吉尔吉斯斯坦司法部官方网站。
② 吉尔吉斯斯坦《投资法》第4条，法律文本参见吉尔吉斯斯坦司法部官方网站。

用新型、工艺流程、商号和技术秘密)、基于吉尔吉斯斯坦政府颁发许可和以其他形式享有的任何经营权、吉尔吉斯斯坦政府授予的特许权(包括探矿权、矿产加工或自然资源利用权)、在吉尔吉斯斯坦境内的投资和再投资获取的收入或利润，以及吉尔吉斯斯坦法律不禁止的其他投资形式。①

投资标的可以是现汇投资、设备投资或技术投资等。此外，吉尔吉斯斯坦也允许外国投资者以二手设备出资开展投资合作，但对二手设备的质量检测相对严格。

(二) 投资形式

1. 外国投资者可在吉尔吉斯斯坦进行直接投资和间接投资。按照吉尔吉斯斯坦法律，直接投资是指投资者拥有或获得吉尔吉斯斯坦境内股份公司或新设立股份公司33.33%的股票或投票权，或者持有其他经济主体同等比例的投资，以及投资者和被投资企业之间的所有后续业务，对吉尔吉斯斯坦境内法人的分公司和代表处的注资。②

2. 外国企业或自然人可与当地企业进行合资、合作投资，也可以独资和并购方式投资，还可通过全资收购和部分参股等形式对吉尔吉斯斯坦企业实行并购。外国自然人也可在吉尔吉斯斯坦开展投资合作，并享受国民待遇。③

第二节 投资保护措施

一、投资稳定待遇制度

2017年9月29日，吉尔吉斯斯坦政府颁布《投资稳定待遇适用程序和要求的规定》④，专门规定了投资者和所投资企业在吉尔吉斯斯坦税收和非税收法律发生变更时适用投资待遇的程序和要求，明确了双方名称、权利和义务、投资金额和目的、投资期限和其他条件等。

---

① 吉尔吉斯斯坦《投资法》第1条第1项，法律文本参见吉尔吉斯斯坦司法部官方网站。

② 吉尔吉斯斯坦《投资法》第1条第2项，法律文本参见吉尔吉斯斯坦司法部官方网站。

③ 吉尔吉斯斯坦《投资法》第1条第3项第3款，法律文本参见吉尔吉斯斯坦司法部官方网站。

④ 吉尔吉斯斯坦《投资稳定待遇适用程序和要求的规定》，法律文本参见吉尔吉斯斯坦司法部官方网站。

吉尔吉斯斯坦政府向外国投资者提供了两种投资保护措施：（1）投资稳定待遇是在吉尔吉斯斯坦法律法规发生变更或进行增补修订时，吉尔吉斯斯坦政府向投资者提供的保障在协议约定的投资期间投资者待遇不恶化的一种优惠措施待遇。[①]（2）投资稳定待遇是由吉尔吉斯斯坦内阁办公室代表政府向投资者提供保证，以保障在吉尔吉斯斯坦某区域建立对投资者友好的投资环境的特别制度。[②]

有权享受投资稳定待遇的主体：（1）投资者及被投资企业，其中投资者需要在投资稳定协议签订3年内对被投资企业完成投资，投资形式可以是增加该企业的可流转资本/股份，或者增加该企业注册资本不低于300万美元（按照投资稳定协议签署时吉尔吉斯斯坦国家银行汇率计算）。（2）投资者及被投资企业，其中投资者需为从事矿产研究、寻矿、勘探和冶炼的企业，应在投资稳定协议签订5年内对被投资企业完成投资，投资形式可以是增加该企业的可流转资本/股份，或者增加该企业注册资本不低于2000万美元（按照投资稳定协议签署时吉尔吉斯斯坦国家银行汇率计算）。

投资者或被投资企业的股东构成和/或股东发生变化并不导致投资稳定待遇终止和投资稳定协议项下的权利到期。

（一）投资稳定待遇内容

1. 在投资稳定协议签订后，如果吉尔吉斯斯坦政府对投资法、税收法律和非税支付法进行修订变更的，符合吉尔吉斯斯坦《投资法》要求的投资者和被投资企业有权在投资稳定协议签署日10年内按照吉尔吉斯斯坦法律规定程序选择对其最有利的条件缴纳税收（包括增值税，但不包括间接税）和非税收支付（但不包括国家机关提供服务收取的费用）的相关条件。[③]

2. 吉尔吉斯斯坦执行机构不得以投资者或被投资企业已签订稳定协议为由限制其享受自签订投资稳定协议之后生效的吉尔吉斯斯坦法律规定的优惠待遇。但未按照协议完成投资的投资者和被投资企业将被课征未支付的税费。

---

① 吉尔吉斯斯坦《投资法》第1条第9项，法律文本参见吉尔吉斯斯坦司法部官方网站。

② 吉尔吉斯斯坦《投资法》第1条第10项，法律文本参见吉尔吉斯斯坦司法部官方网站。

③ 吉尔吉斯斯坦《投资法》第2条第2项，法律文本参见吉尔吉斯斯坦司法部官方网站。

（二）签订投资稳定协议的要求

1. 吉尔吉斯斯坦投资稳定协议由投资者和/或被投资企业与吉尔吉斯斯坦总统投资办公室和经济商务部共同签订。①

2. 投资者在签订吉尔吉斯斯坦投资稳定协议时需要提供如下文件：

针对自然人投资者：（1）投资稳定待遇登记申请书（格式见吉尔吉斯斯坦《投资稳定待遇适用程序和要求的规定》附件一）。（2）个人身份证明复印件。（3）吉尔吉斯斯坦《投资稳定待遇适用程序和要求的规定》规定的最低投资金额3%的银行保函，需指明吉尔吉斯斯坦税务机关为保函接收人，保函有效期不少于3年，其中外国投资于矿产研究、寻矿、探矿和矿产加工领域的，银行保函不低于5年。

针对法人投资者或被投资企业：（1）投资稳定待遇登记申请书（格式见吉尔吉斯斯坦《投资稳定待遇适用程序和要求的规定》附件一）。（2）投资者和/或被投资企业的章程复印件，加盖投资者和/或被投资企业公章和授权人员签名。（3）投资者和/或被投资企业的管理机关作出的关于签订投资稳定协议的决议，加盖投资者和/或被投资企业公章并由授权人员签名。（4）被投资企业的国家登记证明复印件。（5）关于证明被投资企业的创始人为正常经营的法人国家登记证摘要，出具时间不得超过6个月，需进行公证和认证。（6）吉尔吉斯斯坦《投资法》规定的最低投资金额3%的银行保函，列明吉尔吉斯斯坦税务机关为保函接收人，保函有效期不少于3年，其中投资于矿产研究、找矿、探矿和矿产加工领域的，银行保函有效期不低于5年。（7）已经实缴出资款或实际支付股权/股份投资款的证明文件。（8）股东或法人的国家登记摘要。（9）投资者和/或被投资企业出具的授权代表签署吉尔吉斯斯坦投资稳定协议的授权书及其身份证明文件。②

（三）办理程序

1. 上述所有文件应用吉尔吉斯语或其他官方语言书写，以其他语言书写的

---

① 吉尔吉斯斯坦《投资稳定待遇适用程序和要求的规定》第2章第5条，法律文本参见吉尔吉斯斯坦司法部官方网站。

② 吉尔吉斯斯坦《投资稳定待遇适用程序和要求的规定》第7条，法律文本参见吉尔吉斯斯坦司法部官方网站。

文件应翻译为吉尔吉斯语或其他官方语言并进行公证。

2. 投资稳定协议一式三份，由投资者和/或被投资企业或其授权代表填写并签字。投资稳定协议文本见吉尔吉斯斯坦《投资稳定待遇适用程序和要求的规定》附件。

3. 吉尔吉斯斯坦总统投资办公室和经济商务部在收到投资者和/或被投资企业提交的文件 14 个工作日内进行审查。若发现文件不齐，则投资者或被投资企业或其授权代表应在接到通知 10 个工作日内补齐。

4. 吉尔吉斯斯坦总统投资办公室和经济商务部应在收到全套材料 60 日内作出同意与投资者和/或被投资企业签订投资稳定协议的命令。若所提供的材料不齐或未按期提供材料或所提供的材料不符合要求，将作出不同意签订协议的命令。①

5. 投资稳定协议应以吉尔吉斯斯坦总统投资办公室和经济商务部作出的命令为基础签订，协议一式三份，以吉尔吉斯语或其他官方语言书写，各份具有同等法律效力，并登记至国家投资稳定协议登记簿中。

6. 吉尔吉斯斯坦总统投资办公室和经济商务部应在签订投资稳定协议 10 个工作日通知税务机关投资稳定协议相关事宜。②

7. 吉尔吉斯斯坦政府对所有已签订的投资稳定协议进行登记管理。登记簿中记录投资协议编号、签订日期、投资者和/或被投资企业名称、业务类别和协议期限。

（四）投资者申请手续

投资者和/或被投资企业应在不晚于每年年度报告期后一年的 2 月 1 日前向吉尔吉斯斯坦总统投资办公室和经济商务部提交年度报告，并列明：（1）报告期内完成对被投资企业的投资金额。（2）投资实施情况。（3）提交关于已完成投资金额的证明原件或公证件。报告应由投资者盖章或投资者或被投资企业授权人员签名。总统投资办公室和经济商务部应在收到报告后 10 个工作日内移送 1 份原件给税务部门。

---

① 吉尔吉斯斯坦《投资稳定待遇适用程序和要求的规定》第 11 条，法律文本参见吉尔吉斯斯坦司法部官方网站。

② 吉尔吉斯斯坦《投资稳定待遇适用程序和要求的规定》第 14 条，法律文本参见吉尔吉斯斯坦司法部官方网站。

（五）投资稳定协议的解除及后果

若投资者和/或被投资企业没有完成吉尔吉斯斯坦《投资法》、《投资稳定待遇适用程序和要求的规定》和投资稳定协议规定的条件，则总统投资办公室和经济商务部有权解除投资稳定协议。

1. 总统投资办公室和经济商务部在不晚于投资期届满 2 个月前通知投资者和/或被投资企业，要求其在指定期限届满前按照全面完成投资稳定协议规定的义务。①

2. 若投资者和/或被投资企业在指定期限仍未履行义务，则总统投资办公室和经济商务部将在投资期届满后 10 个工作日内作出决议，解除投资稳定协议并从登记簿移除投资稳定协议，并在 3 个工作日内通知投资者和/或被投资企业，投资稳定协议自政府机关作出解除投资稳定协议的命令时解除。

3. 政府机关将在投资稳定协议终止 10 个工作日内通知相应税务机关并征询关于投资者和/被投资企业利用投资稳定待遇的情况，以及因享受投资稳定待遇所拖欠的税款和非税收费用的情况。② 若经查证，投资者和/或被投资企业负有债务，则政府机关会将银行保函移交相应税务机关，税务机关以此方式向投资者和/被投资企业追索其拖欠的税款和非税费用。如果经查证，投资者和/或被投资企业不存在拖欠税款或非税费用的，政府机关将在 5 个工作日内返还银行保函。③

当然，投资者和/或被投资企业也有权主动申请解除投资稳定协议并终止适用投资稳定待遇。政府机关将在收到解除申请 10 个工作日内作出解除命令。

二、国家保证投资不被征收和补偿损失④

为了吸引外国投资，吉尔吉斯斯坦政府除了向投资者保障投资稳定待遇之外，还承诺提供如下待遇：

1. 外国投资不被征收，包括不被国有化和征用等。但在法律规定条件下，

---

① 吉尔吉斯斯坦《投资稳定待遇适用程序和要求的规定》第 25 条，法律文本参见吉尔吉斯斯坦司法部官方网站。

② 吉尔吉斯斯坦《投资稳定待遇适用程序和要求的规定》第 30 条，法律文本参见吉尔吉斯斯坦司法部官方网站。

③ 吉尔吉斯斯坦《投资稳定待遇适用程序和要求的规定》第 31 条和第 32 条，法律文本参见吉尔吉斯斯坦司法部官方网站。

④ 吉尔吉斯斯坦《投资法》第 6 条，法律文本参见吉尔吉斯斯坦司法部官方网站。

为保护吉尔吉斯斯坦社会利益，在非歧视原则和遵守法定程序的情况下，在对投资者的损失（包括利润损失）进行充分和实际的补偿后才可进行征收。

2. 根据社会公共利益需要实施征收的，对征收的补偿应按照被征收对象的实际市场价格计算确定，补偿应从政府作出征收决定之日开始计算，损失金额应包括征收导致的利润损失。

3. 政府征收补偿应及时进行，补偿应切实执行到位，补偿货币应以美元计价并按照伦敦银行同业拆借利率（以下简称 LIBOR 利率）进行折算。如果实际支付补偿金额时已超过政府发布征收决定 1 年期的，应按照 LIBOR12 个月期利率计算和支付补偿。

三、投资保险

外国投资者按照自愿原则对在吉尔吉斯斯坦实施的投资进行保险，双方的权利义务按照商业保险原则处理，吉尔吉斯斯坦政府不为保险机构对投资者的义务承担任何责任。

第三节　投资者的权利和义务

一、投资者的权利

投资者享有如下权利：①

1. 投资者可自主决定所投资公司注册资本的金额、构成和结构等。

2. 投资者可设立子公司、分公司或代表处。分公司或代表处根据总公司批准的章程经营，其责任由总公司承担。

3. 投资者有权转让权利，承担债务。

4. 投资者有权参与国有或集体所有项目的私有化，并获取对国家所有或集体财产、或其股权、份额的所有权。

5. 投资者随同项目转让其建筑、设施时，所占用的土地使用权一并转让。

6. 投资者有权租用土地等。

---

① 吉尔吉斯斯坦《投资法》第 10 条，法律文本参见吉尔吉斯斯坦司法部官方网站。

7. 投资者享有特许经营权。[①]

投资者有权根据与国家机关签订的特许经营协议获取对自然资源或地下资源的勘探、冶炼或使用的特许经营权。特许经营也可在其他领域和经营中实施，具体内容见本书第五章。

二、投资者的义务

（一）签订投资协议[②]

吉尔吉斯斯坦内阁办公室可根据投资者对投资项目的发起倡议，与投资者签订投资协议，以实施本国经济社会发展的优先领域项目。若投资总金额超过100亿美元，且该投资者具有良好的国际声誉，独一无二的技术和实施同类项目的成功经验，则该投资协议可由投资者与内阁办公室直接谈判签订。但在投资协议中不得设定本国法律未规定的优惠待遇。

（二）履行外国投资国家登记手续

外国投资法人、分公司或代表处的国家登记、重新登记和注销执行吉尔吉斯斯坦《民法典》关于法人注册的相关规定，此外，外国投资者还应提供如下材料：（1）若创始人是外国法人，则应提供该法人的注册信息摘要，并进行翻译和公证。（2）若创始人是自然人，则提供该人的护照或其他文件，需指明签证日期，并进行翻译和公证。[③]

（三）参与投资竞标选拔

吉尔吉斯斯坦政府内阁办公室确立了投资竞标选拔的流程。

第四节　政府和私人资本合作法律制度

2021年8月11日，吉尔吉斯斯坦议会审议通过了吉尔吉斯斯坦《政府和私

---

① 吉尔吉斯斯坦《投资法》第11条，法律文本参见吉尔吉斯斯坦司法部官方网站。

② 吉尔吉斯斯坦《投资法》第11－1条，法律文本参见吉尔吉斯斯坦司法部官方网站。

③ 吉尔吉斯斯坦《投资法》第21条，法律文本参见吉尔吉斯斯坦司法部官方网站。

人资本合作法》（PPP），以设立和实施基础设施等领域内的项目，为私人投资者投资和实施 PPP 项目创造良好条件，吸引社会投资，提高基础设施项目或服务的效率，降低设计、施工、运营和维护成本，来促进新技术的使用和经济的增长。

一、政府和私人资本合作法适用的业务领域

在吉尔吉斯斯坦法律下，政府和私人资本合作主要适用于在吉尔吉斯斯坦境内实施的基础设施项目和/或基础设施服务领域，但不适用于与地下资源开发和利用、政府采购和私有化相关的基础设施项目和/或基础设施服务领域，[①] 这些领域适用《地下资源法》《地下资源产品分成协议法》等法律法规。

在吉尔吉斯斯坦实施的政府和私人资本合作国际项目除了遵守该法之外，还应遵守吉尔吉斯斯坦缔结的国际条约。

二、对政府和私人资本合作主体的要求

（一）政府方实施主体

可以作为政府方实施主体的包括政府机关、地方自治机关、国有企业和单位、市镇企业和单位、国家持股 50% 及以上的股份公司等。

（二）私人投资者

可以作为私人投资者的机构包括法人和个体企业主，以及法人或企业的联合体等主体，既可以是吉尔吉斯斯坦本国企业，也可以是外国投资企业或企业联合体。[②]

三、参与和获取政府和私人资本合作项目的要求

（一）参与形式

1. 公开招标

吉尔吉斯斯坦政府和私人资本合作项目主管机关通过公开招标方式选择私

---

① 吉尔吉斯斯坦《政府和私人资本合作法》第 2 条第 2 项，法律文本参见吉尔吉斯斯坦司法部官方网站。

② 吉尔吉斯斯坦《政府和私人资本合作法》第 5 条第 2 项，法律文本参见吉尔吉斯斯坦司法部官方网站。

人资本投资者。

2. 主管机关直接指定

吉尔吉斯斯坦政府和私人资本合作项目主管机关根据项目具体情况，针对达到特定金额的政府和私人资本合作项目，可以直接指定符合条件的私人资本投资者实施项目。

3. 私人投资者直接向主管机关发起项目①

若政府和私人资本合作项目投资额超过10亿索姆的，政府主管机关将直接与私人投资者进行谈判，确定项目的私人投资者。②

（二）资格要求

通过招标方式确定私人投资者，需要提供如下材料：（1）政府和私人资本合作项目说明书；（2）投标人的资格要求；（3）对政府和私人资本合作项目的最低要求；（4）私人投资者的评价和选择标准；（5）申请参加资格比选的时间；（6）其他要求。

四、政府和私人资本合作项目实施流程

吉尔吉斯斯坦政府和私人资本合作项目实施有六项流程：项目发起、项目准备、项目招标、签订政府和私人资本合作项目协议、设立项目公司和项目登记。

（一）项目发起阶段

政府机关、地方自治机关、国有企业和单位、市镇企业和单位、国家持股50%及以上的股份公司等政府方实施主体可以根据其各自业务领域情况发起政府和私人资本合作项目。③

吉尔吉斯斯坦本地或外国的企业、法人、组织和个体企业主或企业联合体等社会投资者也可以就实施政府和私人资本合作项目向项目招投标主管机关提

① 吉尔吉斯斯坦《政府和私人资本合作法》第5条第10项，法律文本参见吉尔吉斯斯坦司法部官方网站。

② 吉尔吉斯斯坦《政府和私人资本合作法》第11条第3项，法律文本参见吉尔吉斯斯坦司法部官方网站。

③ 吉尔吉斯斯坦《政府和私人资本合作法》第9条，法律文本参见吉尔吉斯斯坦司法部官方网站。

交发起函，发起项目。

（二）项目准备阶段

1. 制订项目实施方案

项目实施方案准备由项目政府方实施主体完成，而私人投资者发起倡议的政府和私人资本合作项目的实施方案由倡议人负责编写，[①] 并在完成后提交政府招投标主管机关确认。

2. 制定项目招标文件

实施方案经确认后，政府招投标主管机关应制定项目招标文件。若项目实施需要国家投入预算资金的，在确认项目实施方案之前，还应将拟投入的国家预算方案报政府预算主管部门审批。

3. 项目招投标主管机关确认招标委员会和组织政府和私人资本合作项目招标

招标委员会由不超过 5 人的奇数组成，人员构成包括政府方代表、基础设施行业和财税领域专家、与项目有关的地方自治机关代表等。

（三）项目招标

政府和私人资本合作项目投资金额超过 1 亿索姆的，项目招标工作由项目所在领域的国家机关组织；投资金额不超过 1 亿索姆的，项目招标工作由项目所在领域的国家机关、地方自治机关、国有企业单位或市政企业单位负责组织。[②]

政府和私人资本合作项目的私人投资者招标分两阶段进行：第一阶段为资格筛选，第二阶段为中标人比选。

1. 资格筛选

项目招标主管机关在官网上公布项目投标人的资格要求。若项目投资金额超过 1 亿索姆的，投标人资格要求也可公布在国际媒体上。投标人应在招标公告公布之日起 30 天内递交投标申请，最迟不晚于于公告之日 60 天。

---

① 吉尔吉斯斯坦《政府和私人资本合作法》第 10 条，法律文本参见吉尔吉斯斯坦司法部官方网站。

② 吉尔吉斯斯坦《政府和私人资本合作法》第 11 条第 2 项，法律文本参见吉尔吉斯斯坦司法部官方网站。

2. 中标人筛选

（1）招标组织者向通过资格筛选的私人投资者提供方案需求和政府和私人资本合作项目协议方案，私人投资者可在收到后 10 天内对项目需求方案、政府和私人资本合作项目协议方案提出变更建议。是否同意变更建议最终由招标主管机关决定。

（2）投标人准备项目的技术方案和财务方案应在不少于收到招标文件 30 天且不多于 60 天内提交给招标委员会，并同时提交投标保证金，具体金额按照主管机关发布的招标文件确定。

（3）招标委员会确定其技术方案和财务方案最符合招标需求的一方为政府和私人资本合作项目的中标人。若所有投标人的方案都不符合招标要求，则本次招标失败并将组织重新招标。

（4）招标委员会在官网上公布中标人信息。

如果发现中标人所提交的投标文件和信息不符合实际情况，招标委员会有权认定该中标人不符合招标条件，取消其中标资格并决定该投标人在 5 年内不得参与政府和私人资本合作项目竞标。①

根据评标排名，紧列其后的投标人将被确定为中标人。

（四）签订政府和私人资本合作项目协议

1. 协议的内容

政府和私人资本合作项目协议应包含如下内容：

（1）协议双方的信息、项目标的、各方权利义务等；

（2）项目介绍，应包括项目的经济技术指标；

（3）政府和私人资本合作项目的形式；

（4）项目基础设施服务的最低产量、提供服务的程序和服务标准；

（5）基础设施项目研发、设计、施工、改造、现代化和管理的流程和期限；

（6）项目技术服务的流程和期限；

（7）收入及分配；

（8）公私伙伴之间的风险分配；

---

① 吉尔吉斯斯坦《政府和私人资本合作法》第 13 条第 9 项，法律文本参见吉尔吉斯斯坦司法部官方网站。

（9）项目实施监控；

（10）项目融资安排；

（11）项目持有、使用和处分规则；

（12）项目协议有效期；

（13）项目支出的分担；

（14）协议的提前终止及理由；

（15）协议期满后移交给私人投资方的基础设施的处置方案；

（16）私人投资方提交的项目履约担保；

（17）政府方提交的项目履约担保；

（18）双方违约责任；

（19）争议解决方式等。

2. 协议的签订

政府和私人资本合作项目协议应在招标人官网和媒体上正式公布中标人后20天内签订。联合体中标的，协议的签署期可延长20天。

（五）设立项目公司

中标的私人投资者应在吉尔吉斯斯坦境内设立项目公司，开始实施和运营项目。

未经政府方书面同意，私人投资者和/或项目公司不得停止经营，不得抵押或转让项目公司财产或股权/股份，也不得变更项目公司注册资本金等。[①]

（六）项目登记

与私人投资者签订协议的公私伙伴关系项目，以及实施项目的主体等信息应在吉尔吉斯斯坦国家公私伙伴关系项目统一登记簿上完成强制登记。

五、公私伙伴关系的终止

（一）公私伙伴关系协议终止方式

政府方与私人投资者之间的公私伙伴关系可在协议履行完毕或协议有效期

① 吉尔吉斯斯坦《政府和私人资本合作法》第15条第3项，法律文本参见吉尔吉斯斯坦司法部官方网站。

届满后正常结束，也可以在双方协议约定条件满足时终止，还可由双方协商一致后提前终止，或在发生争议后根据法院判决后终止。

（二）终止后的法律后果

1. 政府和私人资本合作项目协议在有效期满而终止后，私人投资者和/或项目公司应履行如下工作：[①]

（1）依据协议条件将基础设施项目和自政府方取得的财产移交给政府方，在移交时，该项目和财产不得有任何来自第三方的负担；

（2）向政府方的员工提供基础设施项目运营和材料技术维护服务和/或基础设施服务培训；

（3）保障项目和财产在移交给政府方后 3 个月内基础设施服务和配件的供应不中断。

2. 政府和私人资本合作项目协议的提前终止

政府和私人资本合作项目协议因私人投资者过错被提前终止的，私人投资者应赔偿政府方因协议提前终止所遭受的损失。具体的赔偿金额应根据案件情况由法院判决确定。

六、政府和私人资本合作项目争议解决

（一）友好协商解决争议

按照法律规定，若因政府和私人资本合作项目协议的签订、履行和终止发生争议的，各方应根据协议条款通过谈判协商解决。

（二）国际仲裁裁决

若谈判无法解决，在政府和私人资本合作项目协议中约定了国际仲裁条款的，那么，该争议任何一方应将该争议提交给约定的国际仲裁机构仲裁解决，并排除吉尔吉斯斯坦法院对该争议的管辖。[②]

---

① 吉尔吉斯斯坦《政府和私人资本合作法》第 17 条，法律文本参见吉尔吉斯斯坦司法部官方网站。

② 吉尔吉斯斯坦《政府和私人资本合作法》第 19 条，法律文本参见吉尔吉斯斯坦司法部官方网站。

（三）吉尔吉斯斯坦法院判决

若政府和私人资本合作项目协议未约定将争议提交国际仲裁裁决的条款，那么协议任何一方有权将争议向有管辖权的吉尔吉斯斯坦法院起诉解决。

第四章　吉尔吉斯斯坦土地法律制度

吉尔吉斯斯坦土地法律关系由宪法、民法典、土地法、总统令和政府规章等法律法规调整，其中规定土地权利义务关系的最主要法律是吉尔吉斯斯坦《土地法典》，该法于 1999 年 6 月 2 日颁布实施，迄今共进行了 69 次修订。该法共 120 条，规定了土地权利的产生依据，土地权利的行使和终止条件，土地权利的登记，以及建立在国家土地所有权、市政土地所有权和私人土地所有权条件下的土地市场关系，实现土地合理利用和土地保护。

第一节　土地管理基本制度

一、土地所有权的分类

在吉尔吉斯斯坦，土地可以归国家所有、市政所有和私人所有三种类型，牧场只能归国家所有。国家所有的土地包括提供给国有土地使用者的土地、林地、水源地、自然保护区土地、储备土地、边境地区土地、国家储备的农业用地、牧场及其他土地。

实施自治管理的区、村庄城市区域内的土地属于市政所有土地。

国家机关按照吉尔吉斯斯坦《土地法典》的规定程序以无偿或有偿方式向自然人或法人提供土地所有权或使用权。自然人或法人只能被授予土地所有权或有期限的土地使用权。①

土地所有人对土地的所有权仅及于该幅土地四至范围内的地表，土地地表以下的土壤中的地下资源、矿藏属于国家所有，土地所有人非依据法定程序不得占有和使用。

二、所有权人对土地的利用方式

吉尔吉斯斯坦法律规定，土地所有权人可以将土地出售、赠与、设定担保、出租或交换或以其他方式进行处分，但法律另有规定的除外。② 农业经营用地只能用于农业，不得挪作他用。

（一）土地出租

土地所有权人有权通过签订合同将土地转交他人使用或出租给他人使用，土地使用权人由此享有土地使用权，并根据吉尔吉斯斯坦法律、合同土地使用合同或租赁合同行使土地使用权，但非经土地所有权人同意或依据法律规定不得处分其占有的土地。③

（二）土地开发

土地所有人可以利用土地建设房屋和设施，进行土地拆迁，也可允许他人在土地上进行施工建设。土地所有人对利用自己所有的土地建设的建筑和设施依法享有所有权。

（三）土地转让

与我国法律规定类似，吉尔吉斯斯坦土地法也规定了土地房产转让中的房地一体原则。土地所有人转让其土地上的建筑物，该建筑物占有范围内的土地依法律规定和协议的约定条件转让给受让人，除非转让双方协议另有约定外，受让人依法获得该建筑物占用范围内的土地使用权。④

---

① 吉尔吉斯斯坦《土地法典》第 25 条，法律文本参见吉尔吉斯斯坦司法部官方网站。

② 吉尔吉斯斯坦《民法典》第 233－1 条第 1—2 款，法律文本参见吉尔吉斯斯坦司法部官方网站。

③ 吉尔吉斯斯坦《民法典》第 233－5 条，法律文本参见吉尔吉斯斯坦司法部官方网站。

④ 吉尔吉斯斯坦《民法典》第 233－10 条，法律文本参见吉尔吉斯斯坦司法部官方网站。

（四）土地上设立地役权

不动产所有人可在必要情况下依据双方协议或按照主管机关的决定在相邻土地或不动产上设立地役权。地役权应按照吉尔吉斯斯坦《不动产权利和不动产交易国家登记法》在主管国家机关进行登记。

地役权可以按照当事人约定为无期限地役权和有期限地役权。

（五）用他人土地建设建筑物

可以通过土地使用合同约定在他人土地上建设建筑物。在他人土地上建设的建筑物的所有人有权占有、使用和自由处分其建筑物，或者拆除建筑物。在土地使用合同终止后，地上建筑物使用权按照当事人签订的土地使用合同处理，如有争议，土地所有权人可通过法院要求使用权人回复原状。如果法院认为恢复原状不经济，根据当事人申请可以判决新的土地使用期限和使用条件，土地使用合同继续履行。

三、土地使用期限

按照吉尔吉斯斯坦法律，土地使用可以是无期限的和有期限的。自然人或法人都有权在一定期限内使用土地，利用方式可以是土地租赁。有期限使用土地情况下，土地使用期限不得超过50年，期满双方可协商续期。

向外国人提供的土地使用权必须有期限限制。

四、土地登记

（一）土地登记

与土地使用权相关的交易应进行国家登记，但无须公证。土地权利的产生、转让、流转、权利限制、设立地役权、担保和终止都需要国家统一登记簿登记。

（二）土地权利证书

向私人土地所有者或使用者颁发的证书为土地私人所有权国家证书或私人土地使用权国家证书，向有期限土地使用者颁发的是土地临时使用证明或土地租赁合同，向土地份额持有者颁发的是私人土地所有权证明书。[①] 土地证书上列

① 吉尔吉斯斯坦《土地法典》第31条，法律文本参见吉尔吉斯斯坦司法部官方网站。

明土地用途。

（三）土地税和土地使用费

任何法人和自然人在吉尔吉斯斯坦使用土地都需要支付费用，土地使用费形式为土地租赁费或土地税。

五、土地所有权和使用权的申请方式

政府主管机关通过公开招标方式向社会提供土地所有权或使用权，招标竞价可以电子方式进行。①

招标程序按照吉尔吉斯斯坦《民法典》规定进行。以租赁方式提供居民点土地可以不进行招标，直接按照吉尔吉斯斯坦政府的规定执行。在政府和私人资本合作项目（公私伙伴关系项目）中，政府可不经过招投标直接按照政府和私人资本合作协议向私人投资者提供土地使用权等。

第二节　地下资源开发中的临时利用土地

一、为开发地下资源临时利用土地

与地下资源开发相关的土地制度主要包括吉尔吉斯斯坦《土地法典》、《地下资源法》以及《关于提供土地供开发地下资源使用程序的规定》。

由于地下资源矿区和地表地块的使用权利是分离的，为了开发地下资源和进行矿山的建设生产，投资者在取得地下资源使用权许可后，还需要获得地下资源占用范围内土地的土地使用权。

为开发和利用地下资源而申请临时土地使用权时，需要向国家土地主管机关提交申请书，标明地下资源利用项目中矿石矿物和渣土堆放坐标的地形图和因土地占用所导致的农业生产损失的补偿费用计算表。② 土地持有人（包括所有权人和使用权人）应在30天内作出是否同意提供土地供地下资源开发的临时使用的决定。私人土地所有者可根据协议向地下资源使用者提供土地，有偿的临

① 吉尔吉斯斯坦《土地法典》第29条，法律文本参见吉尔吉斯斯坦司法部官方网站。

② 吉尔吉斯斯坦《土地法典》第28－1条，法律文本参见吉尔吉斯斯坦司法部官方网站。

时使用土地的费用按照双方协议执行。

二、外国人申请临时使用土地的要求

外国主体可按与吉尔吉斯斯坦公民同样的条件获得地下资源用地的临时使用权。针对公共用地，由主管机关向地下资源使用权人提供临时土地使用权；针对私人所有或临时使用的土地，地下资源使用权人应与土地所有人或土地使用权人签订协议以获得临时使用权，但存在如下限制。

（一）外国人申请居民点土地临时使用的限制

外国人或外国法人可以获得居民点内土地的临时使用权，外国人因追偿担保债权而获得位于居民点的土地所有权的，应按照担保法律规定在 2 年内转让。

（二）外国人持有农业土地权利的限制

外国人不得享有农业土地所有权，通过继受方式取得农业土地所有权的，所有权人应在法定期限内转让给吉尔吉斯斯坦本国人。

（三）临时使用土地的期限

一般而言，外国主体获得临时土地使用权的期限不超过 50 年，期限届满后，可协商延长土地的使用期限。但是，在地下资源使用权终止后，为开发地下资源而享有的土地使用权也随之终止。

（四）临时使用土地的税费

土地的使用是有偿的，土地使用权人需缴纳土地使用租金和土地税。

第三节　土地使用权的特别规定

一、土地租赁中的强制续租制度

土地租赁期满时，如果承租人已经适当履行土地租赁合同项下义务，在同等条件下享有优先继续承租土地的权利，但承租人应在租赁期满后书面通知出租人。出租人应在租赁合同约定期限或没有该期限约定时在15天内答复承租人是否同意续签土地租赁合同。如果出租人拒绝续签土地租赁合同，但承租人在土地租赁合同期满1年内发现该出租人与其他人签订了土地租赁合同，承租人可向法院起诉，要求将该土地租赁合同中的权利和义务转让给自己并赔偿拒绝签署租赁合同所导致的损失，包括利润损失，或者承租人可只要求赔偿该租赁合同期间的全部损失，包括利润损失。

二、土地权利是自然人或法人清偿债务的责任财产

土地所有权或使用权可按照法定程序用于清偿债权人的债权，也可以公开拍卖用于清偿债权人的债权。①

第四节　土地权利处分和争议解决

一、土地权利转让

土地所有者或使用者可向其他自然人或法人转让其部分或全部土地所有权或使用权，无须国家机关批准，转让价格双方协商确定。② 土地权利转让时，有关新的所有者或使用者信息可在土地权利证明文件中列明，无须更换文件。

二、土地权利设立担保

土地权利可以设立担保，但与该担保有关的交易被禁止时，土地权利不得为其设立担保，土地无法分割为各独立部分时不得对土地进行部分担保。③ 对土地权利进行担保时，该土地上的建筑和设施同时设立担保。建筑和设施占用且为建筑和设施所必需的土地可以分割为独立土地，不得成为担保标的。若对共有的建筑和设施占用土地进行部分担保，则担保人对共同使用或所有土地的份额同时设立担保。

---

① 吉尔吉斯斯坦《土地法典》第24条，法律文本参见吉尔吉斯斯坦司法部官方网站。
② 吉尔吉斯斯坦《土地法典》第35条，法律文本参见吉尔吉斯斯坦司法部官方网站。
③ 吉尔吉斯斯坦《土地法典》第38条，法律文本参见吉尔吉斯斯坦司法部官方网站。

三、土地争议解决

1. 因土地法律关系所引起的争议由提供土地的国家机构解决，对该解决不满意的，土地争议将提交至有管辖权的法院判决。[①]

2. 专属管辖。在吉尔吉斯斯坦法律下，与土地提供、剥夺或终止土地权利相关的争议只能由法院专属管辖，发生的相关争议只能提交给法院审判处理。

3. 涉及房地产开发贷款的土地争议处理。法院为保障诉讼执行而在作出判决前查封属于开发商的财产或资金的，该查封只能限于诉讼金额范围以内，并不得中断项目施工或阻碍项目投入使用。

---

① 吉尔吉斯斯坦《土地法典》第 125 条，法律文本参见吉尔吉斯斯坦司法部官方网站。

第五章　吉尔吉斯斯坦地下资源法律制度

吉尔吉斯斯坦地下资源领域的法律制度主要由吉尔吉斯斯坦议会通过的法律、总统颁布的总统令和吉尔吉斯斯坦内阁发布的决议规范组成。现行主要法律制度见表1。

表1　吉尔吉斯斯坦地下资源法律法规一览表

序号	效力等级	法律法规名称	最新修订时间
1	法律	《地下资源法》	2024年6月27日
2		《地下资源产品分成协议法》	2022年6月22日
3		《特许与特许协议法》	2013年7月30日
4	法规	《关于地下资源使用许可的程序规定》	2024年7月4日
5		《地下资源使用权竞标条件和程序的规定》	2024年7月4日
6		《地下资源使用权拍卖条件和程序的规定》	2024年7月4日
7		《根据吉尔吉斯斯坦内阁决定授予地下资源使用权的程序规定》	2022年12月30日
8		《关于临时禁止金矿石和金精矿出口的总统令》	2022年10月6日
9		《关于含贵金属及伴生可提炼金属的开发、精矿和废料的进出口程序的规定》	2022年7月15日

吉尔吉斯斯坦自然资源、生态和技术监督部下属的吉尔吉斯斯坦地质局负责执行地质和地下资源利用领域的国家政策并

确保地下资源的合理利用。

吉尔吉斯斯坦《地下资源法》于 2018 年 5 月 19 日颁布实施，全文共 56 条，迄今历经 6 次修订，最新修订是在 2024 年 6 月 27 日。该法主要是调整国家与自然人或法人之间因地下资源利用所产生的法律关系，该法规定了对地下资源利用申请人的要求和主要义务，申请利用地下资源的依据和程序，各类地下资源利用期限，各类地下资源使用权的获取程序及要求，地下资源利用权利的暂停和终止以及与地下资源利用相关的争议解决方式等。

第一节 地下资源使用权授予的依据和程序

吉尔吉斯斯坦《地下资源法》规定，自然人或法人想要使用吉尔吉斯斯坦境内的地下资源，需要按照法律规定的程序，提出资源利用申请，并通过法律规定的程序获取使用许可。

一、法律明确规定了申请利用地下资源的程序①

（一）许可程序

吉尔吉斯斯坦政府主管部门根据当事人的申请向其颁发资源勘探、开发利用许可证。

为了加强对本国贵金属矿的控制，2020 年 11 月 12 日吉尔吉斯斯坦政府发布命令，要求：（1）暂停发放金（含金土和金砂）银铜矿的寻矿许可证、勘探许可证和加工许可证，但与矿山技术构造相关的许可证不受该命令限制。（2）地下矿产使用权人的许可证延期，许可证转换，以及向 100% 由吉尔吉斯斯坦国有控股的经济主体或国有企业发放地下资源使用权许可证不受该命令限制。②

（二）国家登记程序

采用国家登记方式授予地下资源使用权应该符合下列条件：（1）为完成项

① 吉尔吉斯斯坦《地下资源法》第 18 条和第 22 条，法律文本参见吉尔吉斯斯坦司法部官方网站。

② 吉尔吉斯斯坦政府 2020 年 11 月 12 日第 368 – P 号命令第 1 条和第 2 条，法律文本参见吉尔吉斯斯坦司法部官方网站。

目进行科学研究。对科学研究进行的地下资源使用权进行国家登记由国家地下资源使用主管部门负责实施。(2) 进行某些战略性活动。(3) 基于开采建筑用砂石料的权利，但不属于招投标项目或拍卖项目。对前述第 2 和 3 项进行国家登记由地方国家行政机关负责实施，按照吉尔吉斯斯坦政府确定的程序执行。

(三) 特许权合同

政府通过特许方式授予投资者开发地下资源的权利，具体程序和要求见本书第六章内容。

(四) 产品分成协议

政府通过产品分成协议方式授予投资者开发地下资源的权利，具体程序和要求见本书第七章内容。

对按照特许权合同和产品分成协议提供的地下资源使用权按照吉尔吉斯斯坦《特许经营和特许协议法》《地下资源产品分成协议法》等特别法律规定执行。

二、政府向投资者提供地下资源使用权的方式

1. 竞标方式。国家级地下资源的竞标程序按照吉尔吉斯斯坦政府内阁办公室的决定进行。详细要求见本章第四节内容。

2. 拍卖方式。拍卖地下资源清单由相关国家机构按照吉尔吉斯斯坦政府内阁办公室确定的标准制定和确认。拍卖未成交的地下资源与下一次拍卖间隔不得少于 1 年。详细要求见本章第五节内容。

3. 最先申请规则。对于按照招投标程序和拍卖程序之外授予许可的其他地下资源按照最先申请规则提供。

4. 政府内阁办公室决定。根据吉尔吉斯斯坦政府内阁办公室决定只能将地下资源使用权授予国家持股 100% 的国有企业和经济主体。以这种方式授予地下资源使用权时，无须进行招投标和听证程序。具体程序由吉尔吉斯斯坦政府内阁办公室决定。①

---

① 吉尔吉斯斯坦《地下资源法》第 25－1 条，法律文本参见吉尔吉斯斯坦司法部官方网站。

吉尔吉斯斯坦政府确定授予地下资源使用权程序的具体要求如下：（1）以这种方式只能将地下资源使用权授予经济主体或国家持股不低于2/3的国有企业；（2）以这种方式授予地下资源使用权不需要进行竞标或拍卖程序；（3）具体授权程序按吉尔吉斯斯坦政府内阁办公室决定的程序执行。

三、地下资源使用权期限①

1. 探矿许可有效期最长3年，最多可延长2年。
2. 地质勘探许可有效期最长4年，最多可延长3年。
3. 采矿许可有效期最长20年，最多可延长至相应矿藏开采完毕。

按照特许权合同和产品分成协议获得的地下资源使用权期限按照相关法律规定执行。

四、地下资源使用权的暂停或终止条件②

（一）地下资源使用权的暂停

1. 在下列情况下，国家机关可暂停地下资源使用权3个月：（1）违反环保要求、生态和工业安全要求；（2）未按期提交生态工作报告、地下资源开采工作报告和地下资源储量动态报告；（3）所提交的生态工作、地下资源开采工作报告和地下资源储量动态报告中包含不实信息的；（4）未履行土地复垦资金储备要求；（5）未按时支付地下资源使用费用和许可证持有费；（6）在法人股东变更按照税法规定应依法缴纳税费的情况下，法人型地下资源使用权人（被许可人）变更股东未依法向政府主管机关报备；（7）国家级地下资源使用权人（被许可人）未完成或未适当完成许可义务的。③

2. 如果地下资源使用权人在1年暂停期内仍无法消除违法情况，可向政府主管机关申请延长期限以消除违法情况，但应在不迟于地下资源使用权许可暂停期满前5天提出延期申请。

（二）地下资源使用权的终止

下列情况下地下资源使用权许可终止：（1）地下资源使用人放弃地下资源

---

① 吉尔吉斯斯坦《地下资源法》第21条，法律文本参见吉尔吉斯斯坦司法部官方网站。
② 吉尔吉斯斯坦《地下资源法》第26条，法律文本参见吉尔吉斯斯坦司法部官方网站。
③ 吉尔吉斯斯坦《地下资源法》第26条第1项，法律文本参见吉尔吉斯斯坦司法部官方网站。

使用权；(2) 地下资源使用权许可证到期；(3) 没有技术方案或无许可协议就开展工作；(4) 未在指定期限内消除导致许可暂停的情况；(5) 在地下资源许可暂停区间内实施地下资源开发工作；(6) 没有提供或提供了地下资源使用权许可权利义务继受人的不实信息；(7) 未完成许可协议关于设计工作的要求且期限超过 2 年，但通过招标投标方式确定国家级地下资源使用权许可的除外；(8) 地下资源使用权人的经营活动违反吉尔吉斯斯坦有关地质研究的法律规定；(9) 存在国家级地下资源使用权终止的补充原因：①未支付或未及时支付使用权费和罚金；②在延期 1 次后未按时提交技术方案等。

第二节　地下资源使用权许可程序

为了规范吉尔吉斯斯坦地下资源许可流程和要求，专门制定了《地下资源使用权许可条例》，保证地下资源使用权许可办理流程的统一和简化许可流程和规则。但在吉尔吉斯斯坦从事进出口贸易和与智力活动成果相关的许可不受该条例管辖。

一、地下资源使用权许可[①]

1. 所有的地下资源使用都需获得许可，但如下情况除外：(1) 通过特许权合同获得地下资源使用权的；(2) 以国家登记方式获得地下资源使用的。

2. 地下资源使用者为获得许可应支付费用：(1) 税法规定的费用；(2) 第一年的持有费（按年缴纳）。

3. 地下资源使用权被许可人应在获得许可后向国家机构提交技术方案，以及关于工业、生态安全和地下资源保护的肯定性鉴定意见。国家级地下资源矿区技术方案提交时间由招标文件规定。

4. 没有技术方案或没有许可协议的，禁止开展生产。

二、地下资源使用权许可方式

吉尔吉斯斯坦政府通过以下四种方式颁发地下资源使用权许可：招标程

① 吉尔吉斯斯坦《地下资源法》第 29 条，法律文本参见吉尔吉斯斯坦司法部官方网站。

序、拍卖程序、按照“先申请原则”决定和按照吉尔吉斯斯坦内阁决议授予地下资源使用权许可。① 具体许可程序由吉尔吉斯斯坦政府内阁制定的单独条例规定。

按照先申请原则获取地下资源使用权许可的要求如下。

申请人需提交如下文件：②（1）许可申请书；（2）经公证的法人或个体工商户国家登记证；（3）法人的负责人任命书或其他执行机构设立文件，需盖章确认；（4）提交许可申请的代理人授权书；（5）申请人不欠税证明；（6）关于申请人的受益人信息；（7）地下资源利用流程图；（8）卫生机关的意见；（9）吉尔吉斯斯坦自然资源、生态和技术监督部下属吉尔吉斯斯坦地质企业出具的意见。

吉尔吉斯斯坦自然资源、生态和技术监督部在收到申请书 10 个工作日内决定是否授予申请人地下资源使用权许可。若决定授予地下资源使用权许可证，则相关政府部门将与申请人签订许可协议并颁发许可证。

三、被许可人提供报告的义务

（一）提交报告

自然资源使用权被许可人应该按照许可协议的要求，在次年 1 月 31 日前向吉尔吉斯斯坦自然资源、生态和技术监督部门提交授权区域每年的地质和矿山开采报告，在次年 3 月 31 日前提交上年地下资源储量变化报告等。

（二）地质信息所有权

地下资源使用权人在开采资源过程中获得的地质信息归地下资源使用权人所有，自地下资源使用权许可有效期满后就转归国家所有，并应在有效期结束后 6 个月内移交给国家地质信息库。③

---

① 吉尔吉斯斯坦《地下资源使用权许可程序条例》第 4 条，法律文本参见吉尔吉斯斯坦司法部官方网站。

② 吉尔吉斯斯坦《地下资源使用权许可程序条例》第 14 条，法律文本参见吉尔吉斯斯坦司法部官方网站。

③ 吉尔吉斯斯坦《地下资源使用权许可程序条例》第 53 条，法律文本参见吉尔吉斯斯坦司法部官方网站。

（三）技术方案鉴定

地下资源使用权人在开发地下资源时应提供技术方案进行鉴定，以确定是否符合工业生态安全和环境保护要求。鉴定由国家鉴定机构和独立第三方鉴定机构进行，但涉及国家级地下资源矿区和石油天然气矿区的工业安全工程方案只能由国家鉴定机构进行鉴定。

四、地下资源使用权的暂停和终止

如果地下资源使用权人出现吉尔吉斯斯坦《地下资源法》第26条规定的违法行为或违约行为时，如使用权人不提供工程报告，不支付补偿金和/或许可费用等情况，吉尔吉斯斯坦自然资源、生态和技术监督部有权暂停和终止其使用权。①

矿区发生不可抗力的，在不可抗力期间，地下资源使用权人可在发生不可抗力后申请暂停使用权。

是否暂停或终止地下资源使用权的决议由吉尔吉斯斯坦地下资源主管机关按照地下资源管理委员会的决定作出。

五、地下资源使用权转让和设立担保

地下资源使用权人可以在经地下资源监督和管理委员会同意后将使用权转让给第三人。

使用权人可以将其持有的地下资源使用权向第三人设立财产担保。但应在其与第三人签订担保合同之日起30天内向吉尔吉斯斯坦申请财产担保登记，向地下资源管理机关书面告知担保情况，包括担保合同的签订情况、担保权人的姓名、住所、担保合同复印件、担保所担保的债务情况等。② 管理机关应在收到登记申请之日30天内审查收到的财产担保材料，并在许可协议书上记录和在财产担保登记簿上作相应担保记载。③

---

① 吉尔吉斯斯坦《地下资源使用权许可程序条例》第61条，法律文本参见吉尔吉斯斯坦司法部官方网站。

② 吉尔吉斯斯坦《地下资源使用权许可程序条例》第72条，法律文本参见吉尔吉斯斯坦司法部官方网站。

③ 吉尔吉斯斯坦《地下资源使用权许可程序条例》第73条，法律文本参见吉尔吉斯斯坦司法部官方网站。

发生债权人对已担保的地下资源使用权行使担保权的，债权人应向吉尔吉斯斯坦地下资源管理机关提交法院判决书和经法院确定地下资源使用权拍卖证书，或者经法院确认的转让地下资源使用权的和解协议（如果是通过司法程序追偿债权的情况下），或者关于非司法程序清偿抵押权人债权协议书和转让地下资源使用权的证明文件，或者让步协议（соглашение об отступном）（如果通过非司法程序追索担保物）。[①]

以这种方式获得作为担保物的地下资源使用权的，担保权人应在获得地下资源使用权30天内向吉尔吉斯斯坦地下资源管理机关提交吉尔吉斯斯坦《地下资源使用权许可程序条例》第74条所列的文件，以及下列文件：（1）获得使用权的法人的设立文件，需要盖章和公证；（2）法人或个体企业主的国家登记文件，需要公证；（3）若是自然人，则提交护照。

国家主管机关在收到全套材料后30天内进行审查，如无异议，则对所追索的地下资源使用权重新估价并向新的使用权人颁发新的地下资源使用权许可证。[②] 但此种情况下，新的权利人应补缴地下资源使用权许可证持有费，并且应该履行地下资源使用权许可协议中所列明的许可条件。

地下资源使用权的解除担保。若财产担保合同终止，当事人并未追索被担保的地下资源使用权，则财产担保合同当事人应通知主管机关解除担保的情况，主管机关应在收到通知30天内在许可协议和财产担保登记簿上作解除担保的记录。

六、地下资源使用权的承继

若权利人进行重组，则其持有的地下资源使用权和相应的义务由其继承人按照吉尔吉斯斯坦《民法典》的规则概括承继（в порядке универсального правопреемства）。法人分立时或因剥离形成新的法人时，所许可使用的地下资源使用权面积不因此而被分割。

若地下资源使用权人的股东发生变更，使用权人应书面通知国家主管机关

---

① 吉尔吉斯斯坦《地下资源使用权许可程序条例》第74条，法律文本参见吉尔吉斯斯坦司法部官方网站。

② 吉尔吉斯斯坦《地下资源使用权许可程序条例》第76条，法律文本参见吉尔吉斯斯坦司法部官方网站。

并提供相应的文件。[①] 主管机关收到通知后对地下资源使用权许可协议中有关被许可人的股东变更作相应记载。被许可人的银行信息、地址、法律形式等要素发生变化的，被许可人也应通知主管机关并提供相应的材料，主管机关应将该变化记载于地下资源使用权许可证书和/或地下资源使用权许可协议中。

七、外国人取得地下资源使用权的办理程序

外国法人或自然人在吉尔吉斯斯坦从事需要取得许可才能从事的业务，应该与吉尔吉斯斯坦本国法人或自然人一样按照法律规定的条件和程序取得业务许可，[②] 但法律另有规定的除外。

任何自然人、法人或组织在国外取得的许可，按照吉尔吉斯斯坦参加的国际条约规定的条件进行承认后才能在吉尔吉斯斯坦境内有效。

第三节 对地下资源使用权人的要求

一、对地下资源使用权人的要求

无论是吉尔吉斯斯坦本国个体企业主、法人，还是外国投资者，在申请使用吉尔吉斯斯坦地下资源时，都应符合如下条件：

1. 地下资源使用权人可以是按照吉尔吉斯斯坦法律成立的法人和自然人，包括按照吉尔吉斯斯坦法律成立个体企业主的外国人。外国法人有权通过竞标程序和拍卖程序获取地下资源使用权，或者按照最先申请原则以申请方式获取地下资源使用权。[③]

2. 外国法人通过竞标程序或拍卖程序获取地下资源使用权的，应在吉尔吉斯斯坦设立全资子公司，并获取地下资源使用权许可。

---

① 吉尔吉斯斯坦《地下资源使用权许可程序条例》第 83 条，法律文本参见吉尔吉斯斯坦司法部官方网站。

② 吉尔吉斯斯坦《特定业务许可条例》第 1 章第 7 条，法律文本参见吉尔吉斯斯坦司法部官方网站。

③ 吉尔吉斯斯坦《地下资源法》第 18 条和第 25 条，法律文本参见吉尔吉斯斯坦司法部官方网站。

3. 法人或自然人，包括外国法人或自然人，通过竞标程序或拍卖程序获取大型或中型金矿和银矿地下资源使用权的，吉尔吉斯斯坦国家持有该法人或自然人在吉尔吉斯斯坦设立的法人公司中持有的份额不得低于30%，① 但以竞标程序签署特许权合同或地下资源产品分成协议时，不适用前述要求。

4. 投资者通过吉尔吉斯斯坦政府内阁决定的方式被授予地下资源使用权的，被授权地下资源使用权许可的主体只能是国家持有注册资本不低于2/3份额的经济主体或国有企业。②

二、地下资源使用权人的主要义务

地下资源使用权人应履行如下义务：

1. 必须在吉尔吉斯斯坦采购不低于80%的商品或服务，但吉尔吉斯斯坦参加的国际条约另有规定或在吉尔吉斯斯坦不生产此类商品或服务的除外。只有在吉尔吉斯斯坦采购的商品或服务不能完全满足需求的，地下资源使用权人才可以向地下资源使用管理机构申请，并经批准同意后才可以向境外采购。③

2. 在吉尔吉斯斯坦境内雇佣吉尔吉斯斯坦本国籍的雇员比例不低于90%，但吉尔吉斯斯坦参加的国际条约另有规定的除外。④

3. 支付地下资源红利税和地下资源使用费。

4. 遵守法律法规和可行性研究和技术资料进行资源开发。

5. 每年向主管机关提交年度报告，汇报地下资源使用情况和地质情况；且该年度报告必须包含地下资源使用权人促进当地社区经济社会综合发展计划的实施情况。

6. 保护和合理利用地下水。

7. 在地下资源开发过程中和开发完成后按法律规定履行土地复垦义务。

8. 履行社会责任。针对具有国家战略重要性的矿产资源的勘探和开发，地

---

① 吉尔吉斯斯坦《地下资源法》第19条第4-1项，法律文本参见吉尔吉斯斯坦司法部官方网站。

② 吉尔吉斯斯坦《地下资源法》第18条和第25-1条，法律文本参见吉尔吉斯斯坦司法部官方网站。

③ 吉尔吉斯斯坦《地下资源法》第20条第19项和第20项，法律文本参见吉尔吉斯斯坦司法部官方网站。

④ 吉尔吉斯斯坦《地下资源法》第20条第19项和第20项，法律文本参见吉尔吉斯斯坦司法部官方网站。

下资源使用权人应与相关行政机构签订社区发展促进协议，促进地下资源所在社区的经济社会综合发展计划和社会经济发展方案，为当地人员提供职业培训，实施居民就业计划，协助社区基础设施建设和提供其他支持等。

三、依法获取与地下资源使用相关的土地使用权

在吉尔吉斯斯坦法律下，地下资源使用权与相关范围内的土地使用权是相分离的。进行地下资源项目的开发建设，投资者在取得地下资源使用权许可后，还需依法获取与地下资源相关的临时土地使用权。

如果地下资源开发需占用国有土地或市政用地，地下资源使用权人应向当地土地主管机关申请临时土地使用权，如涉及其他主体的私人土地，地下资源使用权人应与相关土地权利人签订书面土地使用协议，并支付土地使用费，以取得地下资源占用区域的土地使用权，以免影响地下资源开发。

第四节　地下资源使用权竞标程序

2018 年 11 月 29 日，吉尔吉斯斯坦政府颁布《地下资源使用权竞标条件和程序的规定》,① 规定了通过招投标程序获取地下资源使用权的程序和条件等问题。

一、地下资源使用权招标程序要求

1. 成立不少于 7 人的竞标委员会，委员会主席由政府内阁办公室指定，秘书代表地下资源使用主管机关，不具有投票权。委员会成员包括：议员代表、政府机关和机构代表、地下资源所在地的地方代表机构和自治机关以及地方管理机构的代表。②

2. 竞标条件和程序、中标人标准由竞标委员会制定，报政府内阁办公室确认。具体竞标条件如下：（1）公布招标信息不少于 60 天。（2）需提交的文件。

① 吉尔吉斯斯坦《地下资源使用权竞标条件和程序的规定》第 3 条和第 4 条，法律文本参见吉尔吉斯斯坦司法部官方网站。

② 吉尔吉斯斯坦《地下资源法》第 23 条，法律文本参见吉尔吉斯斯坦司法部官方网站。

（3）投标人标准。（4）底价。（5）保证金。（6）其他条件：①基础设施建设期限，投产期限，开采期限；②征地义务；③吉尔吉斯斯坦《地下资源法》第19条关于地下资源使用者的身份要求和第20条关于地下资源使用权人的义务的要求；④为促进地下资源经济社会发展的最低投资金额；⑤地下资源的工业、生态安全等综合措施；⑥中标价支付期限；⑦违约金；⑧招标人标准等。

3. 国家级地下资源使用权的竞标由吉尔吉斯斯坦内阁办公室决定进行。地下资源使用权竞标程序只适用于政府已列入地下资源拍卖清单的地下资源区块。

4. 关于国家级地下资源矿区使用权招标的规定。吉尔吉斯斯坦《地下资源法》规定国家级地下资源矿藏按区块单独进行招标，招标工作由吉尔吉斯斯坦内阁办公室组织。吉尔吉斯斯坦内阁办公室负责制定应该按照招投标程序授予地下资源使用权许可的国家级矿区清单，具体应纳入清单的地下资源矿藏矿区由《地下资源使用权竞标规定》附件规定。

5. 大中型金银矿区使用权招标条件中应该列入关于中标人必须在吉尔吉斯斯坦设立由吉尔吉斯斯坦政府持股不低于30%的法人的条款，并已为该法人办理地下资源使用权许可证。① 吉尔吉斯斯坦内阁办公室可授权100%国有持股的经济主体代行国家对大中型金银矿区使用权许可中标人的股东权利。②

二、竞标委员会

1. 竞标委员会负责制定招标条件、竞标程序和确定中标的标准，并报吉尔吉斯斯坦政府内阁办公室批准。在对国家级矿区使用权许可进行招标时应成立不少于7人的招标委员会，由主席、副主席、委员和秘书长组成。主席由吉尔吉斯斯坦政府内阁办公室指定，秘书长由主席指定，秘书长没有投票权。

2. 竞标委员会成员应来自吉尔吉斯斯坦议会党团代表、政府机关代表和矿区所在地的自治地方代表机构和执行机构的负责人或副职。③ 但承担刑事责任的人，或与投标人有亲属关系或是投标人或其分公司的领导，以及与投标人或其创始人有劳动合同关系的人不得担任竞标委员会委员。竞标委员会以公开投票

① 吉尔吉斯斯坦《地下资源使用权竞标条件和程序的规定》第18条第3款，法律文本参见吉尔吉斯斯坦司法部官方网站。

② 吉尔吉斯斯坦《地下资源使用权竞标条件和程序的规定》第18条第4款，法律文本参见吉尔吉斯斯坦司法部官方网站。

③ 吉尔吉斯斯坦《地下资源使用权竞标条件和程序的规定》第8条，法律文本参见吉尔吉斯斯坦司法部官方网站。

方式作出决议，半数以上的委员出席并获得多数票的决议视为通过。

3. 竞标委员会的工作机构是吉尔吉斯斯坦地下资源利用主管机关，主要负责组织地下资源使用权许可招标；发布地质信息；发布招标公告；接受和登记地下资源使用权许可投标申请；向中标人颁发资源利用许可证（但根据特许权协议和地下资源产品分成协议授予许可的除外）等。

三、评标程序

（一）竞标阶段

地下资源使用权许可招标分为两个阶段：第一阶段为投标人资信书面筛选。第二阶段审查项目、建议、经济、财务可行性和内阁办公室确定的其他条件。

（二）投标申请

投标人参加竞标必须提出申请，申请书应包括申请人名称、地下资源使用地段和利用方式。

投标人还应提交如下文件：（1）设立文件和法人登记证复印件；（2）投标人的执行机构/管理人员任命文件；（3）外国法人还应提交其国家注册登记簿摘要或该法人在其本国处于存续状态的证明文件，应进行公证；（4）自然人应提交其身份证和登记为个体企业主的证明复印件；（5）外国自然人应提交其护照，应翻译为吉尔吉斯语或其他官方语言并公证；（6）投标人通过代表投标的，应按照吉尔吉斯斯坦法律规定提交代表的授权委托书；（7）缴纳投标保证金和手续费的证明；（8）关于已购买地质材料的证明文件；（9）税务机关出具的投标人不欠税证明；（10）按照吉尔吉斯斯坦《地下资源使用权许可程序条例》的要求提供受益人信息。[①] 外国机构提供的上述文件应进行翻译、认证并进行公证。

竞标申请书和其他文件应在不晚于竞标开始前 1 个工作日向竞标委员会提交，一式两份，并注明正本。竞标人可以委托代理人提交竞标文件，但不接受邮寄递交竞标文件。竞标申请书应以吉尔吉斯斯坦语言或官方语言电脑打印。竞标申请期结束后提交的竞标申请书不再接收，申请人也可随时撤回竞标申请。

---

① 吉尔吉斯斯坦《地下资源使用权竞标条件和程序的规定》第 21 条，法律文本参见吉尔吉斯斯坦司法部官方网站。

但竞标委员会有权在不迟于竞标程序开始前 30 天内取消招标，此时吉尔吉斯斯坦政府内阁办公室有权重新组建竞标委员会或保留原竞标委员会并宣布进行新的竞标程序。

（三）第一阶段竞标

竞标委员会审查所有申请人提交的竞标文件后作出同意或拒绝申请人进入第二阶段竞标的决定。在下列情况下，竞标委员会拒绝申请人进入第二阶段竞标：（1）竞标申请书内容不符合竞标条件；（2）没有提交完整的竞标文件或所提交文件不符合吉尔吉斯斯坦《地下资源使用权竞标条件和程序的规定》的要求。竞标委员会在作出决定后 3 个工作日内通知所有参与竞标的申请人。

（四）第二阶段竞标

进入第二阶段竞标的申请人应向竞标委员会以密封卷形式提交如下文件：①（1）地下资源矿区开发计划，应列明资本金投入、投产费用和方案可行性；（2）地下资源矿产勘探计划；（3）进行勘探和开采的财务可行性方案；（4）获取许可证后企业投产开采矿产的期限和方案；（5）关于项目采用现代勘探、开采和加工技术的方案；（6）关于工业和生态安全保障、地下资源保护与合理利用的措施；（7）土地修复措施方案；（8）外国法人和自然人参与竞标的，还需提交有关聘用吉尔吉斯斯坦专家和工人的方案；（9）按照吉尔吉斯斯坦《地下资源法》提供的社会福利；（10）地下资源使用权报价方案，投标人提出的地下资源使用权报价可以比规定的最低价格更高；（11）可向吉尔吉斯斯坦国有资产主管机关或 100% 国有经济主体移交的地下资源开发的份额（股权/股份）。其中大中型金银矿区使用权竞标中，投标人无偿向国家转让的法人注册资本份额不得低于 30% 。

所竞标的地下资源使用权许可费用按照地下资源使用权许可费总额、红利税奖金和地下资源地质信息包价格之间的差额来确定，并应在 5 个银行工作日内缴入国库。

---

① 吉尔吉斯斯坦《地下资源使用权竞标条件和程序的规定》第 30 条，法律文本参见吉尔吉斯斯坦司法部官方网站。

（五）中标保证金

中标人缴纳的投标保证金冲抵其应缴纳的地下资源使用权费用，未中标投标人缴纳的保证金应予以返还，但法律规定的情形除外。

（六）开标

竞标委员会确定开标程序，审查投标文件，决定中标人和地质信息包的价格等。竞标委员会应在委员会会议上开示投标人提交的密封投标文件，投标人或其代表、社会代表和大众媒体可以出席开标会。竞标委员会也可以委托独立专家参与开标。

（七）中标

竞标委员会对各投标人进行打分，得分最高且无偿向吉尔吉斯斯坦国家转让地下资源开发项目法人的注册资本份额最多的投标人为中标人。① 出席开标会的委员应签署开标会议纪要，作出确定中标人的决议。竞标委员会的会议纪要是地下资源主管机关颁发地下资源使用权许可的依据。

（八）竞标无效

如果任何一项方案不符合竞标要求或缺少竞标申请书（只有一份竞标申请）时，本次竞标无效。②

四、国家强制持股制度

大中型金银矿区使用权竞标的中标人应该与地下资源使用权主管机关或100% 国家持股的经济主体签订协议，无偿转让其为开发地下资源所设立法人不低于 30% 的注册资本份额并获取地下资源开发许可。除授予大中型金银矿使用权许可之外，地下资源使用权的中标人应与国有全资经济主体签订协议，按照中标书中指定的比例无偿转让其为开发地下资源项目在吉尔吉斯斯坦所设立法

① 吉尔吉斯斯坦《地下资源使用权竞标条件和程序的规定》第 36 条，法律文本参见吉尔吉斯斯坦司法部官方网站。

② 吉尔吉斯斯坦《地下资源使用权竞标条件和程序的规定》第 37 条，法律文本参见吉尔吉斯斯坦司法部官方网站。

人的注册资本份额。[①]

五、法人出资时间

中标人在吉尔吉斯斯坦设立股份公司的，应在签订无偿转让股份协议前完成股份公司的发起设立国家登记，并应在协议中指明无偿向国家转让股份的数量、类型和票面价值。若中标人设立的法人为有限责任公司，则应在签订无偿转让协议前全额缴纳有限责任公司设立文件中规定的注册资本金，协议中应列明所转让该股权的比例。[②]

六、颁发地下资源使用权许可

吉尔吉斯斯坦地下资源主管机关向中标人颁发地下资源使用权许可证，签订许可协议。

中标人在领取许可证时需要提交如下文件：（1）地下资源开发项目公司为股份公司的，其股东应提交已经按照协议约定向国有资产主管部门或100%国有经济主体转让了相应股份的登记证明；（2）地下资源开发项目公司为其他商事主体的，则提供能证明在吉尔吉斯斯坦设立的法人、分公司或代表处已经将国有资产主管部门或授权的100%国有经济主体纳入创始股东成员的国家登记摘要和股东变更后的公司章程复印件。[③] 在整个许可证有效期内被许可人应保持国有资产主管部门或100%国有经济主体持有的地下资源开发公司的股份/股权份额不变，并应列入许可协议条款中。

第五节　地下资源使用权拍卖程序

吉尔吉斯斯坦《地下资源使用权拍卖条件和程序的规定》规定了向投资者

① 吉尔吉斯斯坦《地下资源使用权竞标条件和程序的规定》第41条，法律文本参见吉尔吉斯斯坦司法部官方网站。

② 吉尔吉斯斯坦《地下资源使用权竞标条件和程序的规定》第42条，法律文本参见吉尔吉斯斯坦司法部官方网站。

③ 吉尔吉斯斯坦《地下资源使用权竞标条件和程序的规定》第43条，法律文本参见吉尔吉斯斯坦司法部官方网站。

授予地下资源开发权利的流程，投资者参加竞拍的条件要求，以及地下资源使用权授予和使用费的支付等事宜。该条例自 2018 年 11 月 29 日起颁布施行，历经 2020 年 8 月 7 日、2020 年 9 月 15 日、2022 年 12 月 30 日和 2024 年 7 月 4 日数次修订。

一、地下资源使用权拍卖程序[①]

1. 地下资源使用权拍卖机构按照内阁办公室的决定进行地下资源拍卖程序。拍卖委员会由地下资源使用相关国家机构代表、相关的部委、地下资源所在地的地方国家执行机构、自治机构代表组成，不少于 5 人。拍卖委员会主席及秘书由地下资源使用管理机构代表担任。

2. 拍卖标价由地下资源使用红利费和地下资源地质信息包价格组成。

3. 提供最高报价和无偿提供最多国家份额的投标人为中标人。

二、拍卖保证金

地下资源使用权拍卖工作由吉尔吉斯斯坦地下资源主管机关组织进行。

按照法律规定，凡参加地下资源使用权竞拍的投资者（吉尔吉斯斯坦境内外的法人或个体企业主）应该按照竞拍公告要求缴纳竞拍保证金，金额为 1000 美元至 10000 美元。[②] 在拍卖结束确定中标后或拍卖失败的，该保证金应在 30 个银行工作日内退还竞拍人。

三、国家份额

按照吉尔吉斯斯坦《地下资源使用权拍卖条件和程序的规定》规定，吉尔吉斯斯坦所有的地下资源使用权拍卖成交后，投资者应在吉尔吉斯斯坦境内依法成立项目公司。

按照法律规定，在大中型金银矿藏开发项目中，吉尔吉斯斯坦国家必须持有该公司注册资本不低于 30% 的比例，[③] 国家持有公司最终注册资本份额按照

---

① 吉尔吉斯斯坦《地下资源法》第 24 条，法律文本参见吉尔吉斯斯坦司法部官方网站。

② 吉尔吉斯斯坦《地下资源使用权拍卖条件和程序的规定》第 2 条第 4 项，法律文本参见吉尔吉斯斯坦司法部官方网站。

③ 吉尔吉斯斯坦《地下资源使用权拍卖条件和程序的规定》第 56 条第 2 款，法律文本参见吉尔吉斯斯坦司法部官方网站。

拍卖结果确定。国家持有份额确定之后才能办理项目公司的地下资源使用权许可。[①] 政府可委托国有全资公司代表国家持有项目公司中的国有股权/股份。

四、拍卖程序

（一）确定拍卖条件

地下资源使用权拍卖委员会应按照法律规定各所拍卖的地下资源情况确定拍卖条件并在拍卖公告上公布如下内容：（1）地下资源开发项目的基本信息；（2）项目的地质特征；（3）对地下资源使用的基本要求；（4）拍卖底价；（5）保证金和拍卖费用等。

拍卖机构还可规定补充要求，比如对项目开发的投资额、聘用的技术人才、投产期、厂矿建设、开发经验的要求等。

（二）拍卖信息的发布

拍卖机构应在拍卖开始前不少于45天前在官方网站或大众媒体上公布地下资源地块开拍卖公告和拍卖的要求等。

公告内容包括：（1）拍卖机构的名称；（2）地下资源地块的名称、位置、地下资源类别和使用方式；（3）拍卖地点、时间；（4）起拍价，包括地下资源使用红利税和地下资源地质信息包购买费；（5）拍卖材料领取地点等。

（三）提交竞拍材料

投资者参加拍卖的，应提交如下材料：（1）参与竞拍申请；（2）参加竞拍人的注册登记证、设立文件；（3）投标人管理机关的任命文件；（4）委派代表参加的授权书；（5）竞拍保证金和竞拍费用缴费单据；（6）参加竞拍人的受益人信息；（7）参加竞拍人为外国人的，还需提交国家注册登记簿摘要，需要进行翻译并完成公证和认证程序；[②]（8）吉尔吉斯斯坦境内投资者，包括外国公司在吉尔吉斯斯坦的分公司参加竞拍的，还需要提供当地税务机关出具的不存在拖欠税款的证明。

---

① 吉尔吉斯斯坦《地下资源使用权拍卖条件和程序的规定》第10—12条，法律文本参见吉尔吉斯斯坦司法部官方网站。

② 吉尔吉斯斯坦《地下资源使用权拍卖条件和程序的规定》第17条第3款，法律文本参见吉尔吉斯斯坦司法部官方网站。

竞拍参加人递交竞拍申请书视为同意所有的竞拍条件，参加人竞拍成功后不得要求变更地下资源使用条件。

（四）组建拍卖委员会

拍卖委员会由 5 人组成，成员来自拍卖机关的代表、利益相关部门的代表、地下资源矿产所在地的地方政府机关和地方自治机关代表。

拍卖委员会由全体成员召开会议，以公开表决作出决议，所有决议以全体成员多数人同意通过，不同意的有权以书面形式表达意见，并记录在会议纪要中。

（五）拍卖流程

1. 拍卖委员会审查所有的参与拍卖申请书，剔除不符合拍卖规则的申请，并通知所有提交参与拍卖的申请人。

2. 拍卖开始前，委员会秘书登记参加拍卖程序的申请人，申请人应提交如下资料：（1）个体企业主提交其身份证明；（2）持有授权书的代表人提交其身份证件、符合吉尔吉斯斯坦法律要求的授权书等。

3. 登记参加拍卖的申请人登记后将获得一张拍卖登记卡，列明其拍卖登记号，未登记的申请人，不得参加拍卖。

4. 拍卖公开进行。每次拍卖举牌加价额度为起拍价的 10%。而针对国家大中型金银矿藏的地下资源使用权拍卖中，每次加价额度为：（1）项目最低价的 10%；（2）国家持股比例的 0.1%。[①]

拍卖中举牌人的报价可以超过上述规定比例，在大中型金银矿使用权拍卖中，举牌人的每次报价可为如下额度：（1）项目起拍价为小于或等于 5000 美元的，举牌人每次报价为 10 倍起拍价和 5% 的国家持股比例；（2）项目起拍价超过 5000 美元且小于或等于 10000 美元的，举牌人每次报价为 5 倍起拍价和 4% 的国家持股比例；（3）项目起拍价超过 10000 美元且小于或等于 25000 美元的，举牌人每次报价为 2 倍起拍价和 3% 的国家持股比例；（4）项目起拍价超过

---

① 吉尔吉斯斯坦《地下资源使用权拍卖条件和程序的规定》第 56－1 条，法律文本参见吉尔吉斯斯坦司法部官方网站。

25000 美元的，举牌人每次报价为 1 倍起拍价和 2% 的国家持股比例。[①]

若根据拍卖结果，国家持股比例很小，则应该按照如下比例确定国家持股比例：（1）若项目最终成交价小于或等于 5000 美元，则国家持股比例为 10%；（2）若项目最终成交价小于或等于 10000 美元，则国家持股比例为 15%；（3）若项目最终成交价小于或等于 25000 美元，则国家持股比例为 20%；（4）若项目最终成交价超过 25000 美元，则国家持股比例为 25%。

5. 确定拍卖结果。根据拍卖结果，制作拍卖会议纪要，内容包括：（1）地下资源拍卖项目名称；（2）拍卖委员会成员；（3）竞买人名称、法人信息；（4）起拍价和加价金额；（5）每次竞拍人的报价；（6）竞拍人的最终报价等。

6. 流拍。起拍价公布后，3 次重复而无人举牌的，该次拍卖流拍。流拍后与下次重新拍卖时间间隔不少于 1 年。

7. 签订协议。拍卖纪要由竞拍组织者在 5 天内确认，并作为吉尔吉斯斯坦地下资源主管机关在决定颁发地下资源使用权许可证的依据。[②]

（1）竞拍成交人应与吉尔吉斯斯坦国有资产管理机关或全资国有企业签订协议，并约定成交人应向该国有资产管理机构或国有企业无偿转让成交人在成交报价中列明的地下资源开发项目公司注册资本中的国家持股比例。若地下资源开发项目公司为股份公司，则竞拍成交人应在签订无偿转让份额协议前进行股份公司发起设立并完成国家登记。[③] 无偿转让份额协议中应列明转让股份的数量、类型和名义价格。

（2）若竞拍成交人在吉尔吉斯斯坦将要设立地下资源开发项目公司为有限责任公司，则成交人应在确定无偿转让份额协议前全额支付公司章程规定的注册资本金。[④] 无偿转让份额协议中应列明转让股权的百分比。

（3）在许可协议中还可补充关于地下资源使用的要求，列明投资额、聘请的专家、开发期限、矿区建设施工等信息，资金投入、人才引进、限期投产、

---

① 吉尔吉斯斯坦《地下资源使用权拍卖条件和程序的规定》第 63－1 条，法律文本参见吉尔吉斯斯坦司法部官方网站。

② 吉尔吉斯斯坦《地下资源使用权拍卖条件和程序的规定》第 72 条，法律文本参见吉尔吉斯斯坦司法部官方网站。

③ 吉尔吉斯斯坦《地下资源使用权拍卖条件和程序的规定》第 72－1 条，法律文本参见吉尔吉斯斯坦司法部官方网站。

④ 吉尔吉斯斯坦《地下资源使用权拍卖条件和程序的规定》第 72－1 条第 4 款，法律文本参见吉尔吉斯斯坦司法部官方网站。

场站建设和试采等要求。

8. 竞拍结束后，竞拍成交人拒绝在竞拍结束15个银行工作日内签订竞拍纪要、拒绝支付地下资源使用费、拒绝确定无偿转让国家份额协议的，视为拒绝获得地下资源使用权。

此时竞拍组织者有权宣布最后一次报价中位列其后的竞买人为竞拍成交人。若所有的竞买人都拒绝地下资源使用权，则竞拍组织者可决定取消竞拍结果并组织重新竞拍。

五、公布地下资源使用权许可

竞拍组织者应在1个月内于媒体上公布地下资源使用权许可颁发信息。拍成交人为外国法人或外国个体企业主的，则在颁发地下资源使用权许可证之前，成交人应在吉尔吉斯斯坦设立100%持股的子公司，并按照吉尔吉斯斯坦公司法律规定完成国家登记。①

六、缴费和颁发许可证

竞拍成交人缴纳的竞拍保证金应转入地下资源使用权账户，剩余应缴纳的地下资源使用红利税应在15个工作日内支付。提供地下资源使用权手续费应由竞拍成交人在15个银行工作日内交付至国家预算账户。

地下资源主管机关在竞拍成交人全部缴纳地下资源使用红利税和地下资源地质信息包购买费并提供如下文件后5个工作日内向成交人颁发地下资源使用权许可证。②

1. 地下资源开发项目公司为股份公司的，已将符合协议规定数量的股份登记在相应国家机关或国有企业名下的股东名册摘要。

2. 地下资源开发项目公司为其他商事主体的，已将相应国家机关或国有企业列入公司创立人名册和公司新章程的复印件。且上述国家机关或国有企业在公司注册资本中的份额和比例在整个地下资源使用权许可证有效期内不得变更。

---

① 吉尔吉斯斯坦《地下资源使用权拍卖条件和程序的规定》第78条，法律文本参见吉尔吉斯斯坦司法部官方网站。

② 吉尔吉斯斯坦《地下资源使用权拍卖条件和程序的规定》第79条，法律文本参见吉尔吉斯斯坦司法部官方网站。

七、拍卖成交人的违约责任

若拍卖成交人未完成地下资源使用相关的义务和要求，则每延迟 1 天应按照地下资源使用权人支付的地下资源使用费（包括地下资源红利税和地下资源地质信息包购买费用）的 0.1% 支付罚金。[①]

第六节　地下资源使用权登记

“吉尔吉斯斯坦许可和证照统一登记簿”[②] 是吉尔吉斯斯坦财政和经济部开发的许可和资质统一申请和登记管理系统，汇集了所有在吉尔吉斯斯坦从事需要办理许可和证照文件的义务活动，列明了办理文件的要求、期限、费用和许可证等内容。该统一登记簿记载了吉尔吉斯斯坦法律规定的 190 多种许可文件，详细规定了从提交许可申请、申请审查至颁发许可文件全流程。

一、地下资源使用权登记条件和要求

符合法律规定条件的自然人、个体工商户或法人等商事主体申请地下资源使用权时，由吉尔吉斯斯坦自然资源、生态和技术监督部对申请文件进行审查，如果符合吉尔吉斯斯坦《地下资源法》《土地法典》《不动产权利和限制以及与不动产交易相关的国家登记规则》[③] 等法律法规要求和条件，对地下资源使用权进行统一电子登记，批准申请人的地下资源使用权，同时确认国家对申请人所申请的地下资源享有使用权。

二、登记所需文件

申请人为个体工商户的，需要提交个体工商户的国家登记证复印件。若申请人为法人，则需要提交法人的国家登记证原件和复印件（未在吉尔吉斯斯坦

---

① 吉尔吉斯斯坦《地下资源使用权拍卖条件和程序的规定》第 81 条，法律文本参见吉尔吉斯斯坦司法部官方网站。

② 吉尔吉斯斯坦财政和经济部网址：https：//elicense. gov. kg/license/id/1044。

③ 吉尔吉斯斯坦《不动产权利和限制以及与不动产交易相关的国家登记规则》，法律文本参见吉尔吉斯斯坦司法部官方网站。

司法部登记的，则提交地方行政机关关于主体的决议文件正本和复印件或法人的统计卡）、法人的设立文件、经办代表的身份证和授权书等。

三、登记费用

申请人应该按照吉尔吉斯斯坦反垄断管理局所批准的价目表规定的金额支付许可费。

吉尔吉斯斯坦《税法典》对开展矿业活动的过程中需要缴纳的各种税费作出了明确规定。在吉尔吉斯斯坦进行地下资源开发，需要缴纳的地下资源使用税包括两种，即红利税和特许权使用费（地下资源使用费）。

（一）红利税

红利税是为调查、勘探和开发矿床而一次性支付的地下资源使用权费用。红利税的税基根据不同的课税对象而定：如涉及找矿和探矿，税基为许可区域的面积；如涉及矿床开发，税基为国家矿产储量表中记录的矿产储量；如涉及地下使用权的转让，税基为与转让份额成比例的剩余未开采的矿产储量或许可区域的面积。

红利税的税率由吉尔吉斯斯坦政府内阁根据开发矿产的储量、矿产调查和勘探的许可区域面积并按矿产类型分类表确定。

（二）特许权使用费（地下资源使用费）

特许权使用费是为开发矿床而使用地下资源应缴纳的费用。

1. 税基

特许权使用费的税基为矿产销售产生的收益或矿物加工前的成本，但金、银和铂金除外。若涉及金属矿产的销售，则为销售的精矿中所含化学纯金属的价值，该价值低于销售收益的，按销售收益计算。

2. 税率

特许权使用费的税率按照矿产类型而定。金、银和铂金，以及含金属矿石和金、银和铂金的精矿为5%；金属、含金属矿石和金属精矿（金、银和铂金除外）为3%；石膏为6%；用于生产饰面材料的天然石材为12%；煤、褐煤为1%；其他矿物为3%。

第七节　地下资源投资开发风险

一、环保风险

在吉尔吉斯斯坦进行矿业开发的过程中，投资者必须遵守环境保护法律法规，如吉尔吉斯斯坦《环境保护法》（经2020年3月23日第29号法律修订）和《环境影响评价法》（经2015年2月13日第60号法律通过）。在吉尔吉斯斯坦从事矿产资源的调查、勘探、开采、加工前均应进行环境影响评价。

案例5－7－1　中资企业在吉尔吉斯斯坦金矿投资项目遭遇环保风险①

2017年7月，中资投资商与吉尔吉斯斯坦本国投资者合资成立吉尔吉斯广隆发展有限公司，中资企业投资1000万美元在吉尔吉斯斯坦贾拉拉巴德州共同投资黄金冶炼工厂。2017年合资公司先后获得了吉尔吉斯斯坦司法部审批和自然资源、生态和技术监督部的许可。2018年2月因未获得当地政府的项目环保许可暂停。当地居民担心金矿冶炼污染环境，要求政府关闭企业，之前多次与吉尔吉斯斯坦相关部门交涉未果。4月11日事发时，吉尔吉斯斯坦地方政府相关部门组成30余人的专门委员会向当地居民进行协调解释，但民众在调解开始前向调解和执法人员投掷石块，警方为保护政府调解人员，与民众发生冲突。部分居民冲进工厂闹事，部分厂房、设施遭纵火损毁。项目现场没有中方施工人员，只有一名中方管理者，无中国公民伤亡。中国驻奥什总领馆获悉情况后，第一时间向吉尔吉斯斯坦外交部、内务部交涉，敦促吉尔吉斯斯坦相关部门对事件进行公正调查和处置，要求吉尔吉斯斯坦切实保护中国投资者正当合法利益。

笔者未查询到官方对该起争议的后续处理结果。但我们可从中总结出对计划在吉尔吉斯斯坦进行矿业领域投资的中资企业一些有益建议。一定要严格遵守东道国的环保法律要求，依法依规获得当地政府的项目环保许可文件。合资

① 中华人民共和国驻吉尔吉斯斯坦共和国大使馆官网，http：//osh. china－consulate. gov. cn/lsqws/lsfw/201804/t20180412_ 1364878. htm，2024年11月3日登录。

企业在未依法获得吉尔吉斯斯坦当地政府环保审批许可手续的情况下，提前进场并就将大量工程设备和物资运往施工场区，招致当地居民抵触。

我们在本书第五章第四节中讲到投资者参加吉尔吉斯斯坦地下资源使用权招竞标时，应按照国家法律和竞标文件的要求，在项目实施方案中提交项目地下资源的工业、生态安全等综合措施，并在第五章第一节中讲到，在吉尔吉斯斯坦开采地下资源包括矿产需要符合国家的环保要求和生态及工业安全要求等，否则吉尔吉斯斯坦能源和地下资源部将有权处以停业整顿3个月的行政处罚。使用权人在暂停营业1年期内仍未整改完善符合吉尔吉斯斯坦环保法律要求的，吉尔吉斯斯坦政府可以提前终止地下资源使用权。这些要求都是吉尔吉斯斯坦法律对矿产开采领域投资者的强制性要求，任何投资者包括吉尔吉斯斯坦本国企业都必须一体遵循，没有任何模糊空间。

另外，企业应直面和重视项目当地居民对环境保护和改善生存状态的诉求，对这项工作要安排既懂法律又懂合规和管理，甚至精通社区沟通和公共关系的专业人士参与企业经营管理，不能完全将此项工作甩给当地合作方，撒手不管，哪怕是合资/合作协议明确约定了合作方有义务妥善处理与当地政府/社区/居民的公共关系。

所以，无论在国内还是在国际矿业投资市场上，依法合规办理开发资质，合法持有资质和环保批文，是企业在当地持续经营和稳定发展的基础条件，政府手续的不完备将给企业和项目带来诸多不确定性，存在巨大的政策和经营风险。

二、国有化风险

案例5-7-2

吉尔吉斯斯坦政府于2021年5月宣布将加拿大圣特扎黄金公司运营的该国最大金矿库姆托尔金矿收归国有。同时加拿大圣特扎黄金公司在美国、瑞典和加拿大对吉尔吉斯斯坦政府提起了投资仲裁，而吉尔吉斯斯坦政府也在国内提起了针对该公司破坏当地冰川的环境侵权诉讼和偷漏税款追偿诉讼，比什凯克第十地区法院判决库姆托尔黄金公司应支付2617亿索姆赔偿金，补充缴纳税款13.08亿索姆，总索赔金额达42亿美元等。[①] 但库姆托尔黄金公司的母公司加拿

① 《接管！吉国最大金矿将易主？加外交部回应……》，载微信公众号“吉尔吉斯斯坦新观察”2021年5月18日，https://mp.weixin.qq.com/s/DTEw_5rsi2CdrfFi3npZ_g。

大圣特扎黄金公司否认这些指控，认为吉尔吉斯斯坦政府的行为违反了双方签订的投资协议相关义务，政府意图对库姆托金矿采取国有化行为。①

2022 年，吉尔吉斯斯坦新政府公布了与加拿大圣特扎黄金公司达成和平解决库姆托尔金矿一系列诉讼争议的协议，库姆托尔金矿正式收归国有，双方各自撤回对对方的诉讼案件和国际仲裁案件。②

该案件涉及了东道国对外国投资者投资的国有化问题。国有化风险是外国投资者在东道国直接投资面临的主要风险之一，已成为跨国公司对外直接投资活动中面临的最为突出的问题。此种争议一般涉及索赔金额巨大，争议问题涉及广泛，国际仲裁争议解决程序复杂，当事人为进行仲裁将耗时费力，最终的处理结果也未必能够达到当事人各方的预期。虽然我们不了解案件具体的解决方案，但当事人能够以和解方式和平解决案件争议，也算是结果圆满。

所以，我们建议，中资投资者在考虑跨境投资前，应当对东道国的政治环境、环境保护法律要求、针对外国投资者的营商环境以及当地政府和政策对外国投资者的保护力度进行充分的调研和风险评估。为了应对风险，建议国内投资者可考虑向中国出口信用保险公司投保海外投资保险，通过投保将政府征收的风险转移至保险机构。

三、劳动用工风险

案例 5－7－3　中资矿业企业在吉尔吉斯斯坦用工违规

中方投资者与吉尔吉斯斯坦当地企业合资成立了中吉阿尔滕肯矿山开采联合公司，中方持股 60%，吉尔吉斯斯坦政府 100% 持股的国有公司持股 40%，双方共同投资吉尔吉斯斯坦最大的道迪布拉克左岸金矿。根据吉尔吉斯斯坦楚河州内务总局新闻处报道，2012 年 10 月 21 日，该合资企业与当地居民发生冲突，当地居民阻断矿场道路并要求禁止外籍工人在矿场工作，并发起数百人参加的静坐示威，公司不得不将在矿场工作的 300 名中国籍工人转移至邻近的阿

① 加布威尔·嘉文：《Kyrgyzstan is going to war with a Canadian gold giant over vast profits, torture claims & a ‘poisoned’ glacier》，载今日俄罗斯网 2021 年 5 月 26 日，https://www.rt.com/russia/524754－kyrgyzstan－canada－gold－war/。

② 《一座金矿，为何对吉国而言意义重大?》，载腾讯网 2023 年 3 月 15 日，https://news.qq.com/rain/a/20230315A07RSU00。

金斯科区。① 当地政府为此成立了跨部门联合工作委员会处理这起当地居民与该合资企业之间的冲突。该矿场原本计划在2014年开工投产，但当地政府要求该合资企业在事件调查期间暂停项目基础设施和冶炼工厂的建设。

根据吉尔吉斯斯坦当地报纸《比什凯克晚报》的报道，② 事情起因是该合资企业没有完全履行吉尔吉斯斯坦《劳动法》和项目投资协议所规定的公司所聘用员工中应有90%的吉尔吉斯斯坦籍员工的条件。按照该合资公司与吉尔吉斯斯坦政府的项目投资协议规定，该合资企业雇佣了260名吉尔吉斯斯坦籍员工，但该合资企业引入的另一中资分包商又雇佣了近300名中国籍工人在矿场工作。该合资企业没有为雇佣的当地工作人员建立工作卡，存在未完全遵守吉尔吉斯斯坦劳动法规范的不合规行为。

在本书第五章第三节第二点投资者的权利和义务部分讲到，外国投资者在吉尔吉斯斯坦投资开发矿产资源的，应该完全履行其与吉尔吉斯斯坦政府签订的投资协议，对外国投资者最主要的义务包括两项：（1）完成本地成分要求，即外国投资者必须在吉尔吉斯斯坦完成采购不低于80%的商品或服务，只有在吉尔吉斯斯坦当地不生产所需商品或服务或吉尔吉斯斯坦采购的商品或服务不能完全满足需求情况下，外国投资者才可向吉尔吉斯斯坦能源和地下资源主管部门提出申请且被批准后向境外采购。（2）聘用本地雇员，即外国投资者或其外国投资者在吉尔吉斯斯坦设立的矿产资源经营实体在吉尔吉斯斯坦境内雇佣吉尔吉斯斯坦籍员工比例不应低于90%。该案例中，按照当地媒体报道情况看，该合资企业雇佣当地员工比例不足50%，远未达到吉尔吉斯斯坦《地下资源法》对外国投资者的义务要求和与当地政府签订的投资协议要求。

该案还有个争议问题是该合资企业的中资分包商雇佣人员是否应纳入该合资企业所雇佣的人员基数。就与当地政府签订投资协议的角度来讲，外国投资者获取当地地下资源开采权，同时完成促进当地就业，协助政府解决当地民生问题，所以当地雇员比例要求应由包括直接与政府签订协议的外国投资者，也包括外国投资者所雇佣的分包商共同遵守。不然，通过合同分包的安排很容易

---

① 参见德米特里·丹尼森科：《中国人被指责殴打在道迪布拉克左岸金矿工作的吉尔吉斯斯坦籍工人》，载吉尔吉斯斯坦《比什凯克晚报》2012年10月23日，https：//www. vb. kg/doc/203723_ grajdan_ kitaia_ vyvezli_ s_ mestorojdeniia_ taldy_ bylak_ levoberejnyy. html。

② 参见德米特里·丹尼森科：《在道迪布拉克左岸金矿工作的中国公民被运走》，载吉尔吉斯斯坦《比什凯克晚报》2012年10月23日，https：//www. vb. kg/doc/203549_ ，kitaycev_ obviniaut_ v_ izbienii_ rabochih_ kyrgyzstancev_ na_ taldy_ bylake_ levoberejnom. html。

就规避了吉尔吉斯斯坦《地下资源法》第20条第20项规定。①

因此，建议国内投资者在项目立项之初就按照吉尔吉斯斯坦法律要求做好项目劳务规划，提高本地雇员比例，提升对多元文化背景雇员的管理能力。此外，吉尔吉斯斯坦当地员工也不如国内员工能接受工作日、节假日的加班安排，如果要安排加班，除了需按劳动法规定支付加班报酬外，还应事先取得雇员的同意。所以，国内企业在制定开发投产计划时更应充分考虑雇员每日工作时间，避免不尊重当地工作文化和习惯而引发劳资纠纷，延缓项目开发计划。

① 吉尔吉斯斯坦《地下资源法》第20条第20项，法律文本参见吉尔吉斯斯坦司法部官方网站。

第六章　吉尔吉斯斯坦特许经营与特许企业法律制度

吉尔吉斯斯坦政府向投资者提供一定的财产、土地和土地下资源，并许可投资者以此为基础从事特定的经营活动，以促进国家和社会经济的发展，这就是吉尔吉斯斯坦特许经营和特许企业法律制度。该法于 1992 年颁发生效，并历经 2003 年、2004 年、2008 年和 2013 年四次修订，本章内容根据最新修订的法律规定进行介绍。特许权协议可授予投资者占有和使用地下资源的权利，但特许权人无法对特许经营的地下资源使用权进行处分，通过特许权形式授予的地下资源使用权清单由主管机关编制并经政府批准。

关于特许经营领域的法律规制除了吉尔吉斯斯坦《特许经营和特许企业法》，中资企业赴吉尔吉斯斯坦投资特许经营领域的，还要熟悉吉尔吉斯斯坦《民法典》《投资法》《非国有化私有化和企业经营法一般规则》等其他投资和经营相关法律。

吉尔吉斯斯坦参加的国际条约关于特许经营领域相关规定与吉尔吉斯斯坦特许经营相关法律规定不一致的，应优先适用国际条约规定。①

---

① 吉尔吉斯斯坦《特许经营和特许企业法》第 2 条，法律文本参见吉尔吉斯斯坦司法部官方网站。

第一节　特许经营法律关系

为吸引投资，发展经济，吉尔吉斯斯坦专门制定了《特许经营和特许企业法》，规定了特许经营的经济和组织实施要求，在吉尔吉斯斯坦从事特许经营需要遵守的法律条件、特许经营期限等。

一、特许经营主体

吉尔吉斯斯坦政府为发展经济和改善民生，特别授予符合法律规定条件的投资者一定的土地、财产和地下资源等，准许其按照特许经营法律和与政府签订的特许经营合同条件从事经营管理，实现特许经营目的并获取相应利益。

按照法律规定，代表政府的特许机关可以是吉尔吉斯斯坦政府或者特别机构，地方国家行政机关、人民议员地方委员会等。向政府申请从事特许经营业务的主体可以是法人、自然人以及合资企业（按照吉尔吉斯斯坦法律设立的），既可以是本国的自然人或法人投资者，也包含外国自然人和法人投资者。

二、特许经营权客体

吉尔吉斯斯坦政府定期公布可以作为特许权标的的明细清单，投资者应关注政府官方网站和司法部官方网站信息。在实施特许时，当地政府只向特许权人让渡特许资产的控制权和使用权，保留对资产的最终处置权。①

目前吉尔吉斯斯坦政府向投资者提供特许经营的资产范围如下：（1）特定的财产；（2）土地和地下资源；（3）特定种类的经营业务；（4）登记在国家持有不低于 2/3 股份的股份公司名下的财产。

交付给特许经营者的特许经营资产可以是国家控股股份公司名下的财产。政府也可将其持股不低于 2/3 且具有战略意义的股份公司名下的资产提交特许经营，但需经吉尔吉斯斯坦政府决议和议会批准同意。

在特许经营期间，与该资产相关的权利将受到如下限制：（1）特许经营者

---

① 吉尔吉斯斯坦《特许经营和特许企业法》第 6 条第 1 款，法律文本参见吉尔吉斯斯坦司法部官方网站。

有权使用和经营管理该资产，吉尔吉斯斯坦政府控制该股份公司对该项特许经营资产的表决权和最终的处置权。（2）未经吉尔吉斯斯坦议会的批准同意，特许经营者无权出售、转让该股份公司名下的资产。（3）特许经营者不得出租、抵押该特许资产，或者作为对商事公司注册资本的出资及以其他方式处分该财产。

特许经营者可于政府特许经营合同中明确约定有权处置的资产和财产名称或类别。①

第二节 特许经营的实施

一、在吉尔吉斯斯坦实施特许经营项目的基本要求

吉尔吉斯斯坦《特许经营和特许企业法》第5条明确规定，在吉尔吉斯斯坦实施特许经营应遵守以下几项基本原则：

1. 特许经营合约关系具有长期性。纳入特许经营范围的项目通常为投资金额大、实施期限长，投资收益回收期长等特点，这决定了特许经营合同一般为长期合同，通常为5年至50年期不等。

2. 按照通常惯例，特许经营者通过公开竞标方式确定。在后面将会论述，在吉尔吉斯斯坦特许经营者一般通过招投标方式确定。

3. 应遵守吉尔吉斯斯坦劳动保护、自然资源使用和环境保护方面的法律法规。吉尔吉斯斯坦近年来不断推进国家管理和经济发展改革，越来越注重保护本国劳动者，解决民生问题，同时也逐步重视自然资源和生态环境的保护，追求人与自然的和谐发展。所以，中资企业在吉尔吉斯斯坦实施特许经营项目，更要严格遵守当地法律法规，切不可忽视相关生态环保要求。

4. 综合利用特许经营项目。这是对特许经营项目的投资者提出的最高要求，不仅要求投资者通过特许项目的实施，给各方带来经济利益和增加政府税收，同时还应增加当地就业，提高当地劳动者工作技能，促进和改善项目当地的经济和社会发展等，这些都将在特许经营合同中明确约定，并由吉尔吉斯斯坦当

① 吉尔吉斯斯坦《特许经营和特许企业法》第6条第2款第2项，法律文本参见吉尔吉斯斯坦司法部官方网站。

地政府在项目实施中进行年度考核。

二、如何在吉尔吉斯斯坦获取特许权和特许经营项目

（一）特许经营项目的确定

法律规定了特许经营项目实施的程序。政府主管机关会制定提交特许经营的项目清单并报吉尔吉斯斯坦政府批准。每个特许项目应明确规定项目四至边界，资产组成，生产性和非生产性地下资源和自然资源矿的清查和评估等内容。

（二）竞标程序

1. 提交竞标申请

投资者应向政府特许机关提交参与特许经营项目竞标的申请，并附随提供项目投标所必需的文件资料。竞标程序应按照吉尔吉斯斯坦法律规定展开。

2. 政府批准同意

吉尔吉斯斯坦政府根据招投标结果和特许项目要求作出将特许项目交由中标投资者进行特许经营的决议，中标投资者转变为特许经营者。

特许经营者按照法定程序与国家特许经营机关签订特许经营合同。[①] 特许经营合同草案必须按照法定程序交由政府指定的专家委员会进行综合鉴定和评估。专家委员会的鉴定意见必须提交吉尔吉斯斯坦政府审核确认。

需要注意的是，如果发现投标人提交的竞标材料不符合招标要求，或特许合同条款有违吉尔吉斯斯坦国家利益，吉尔吉斯斯坦政府可以在签订特许权合同前的任何时候撤回已列入特许清单的特许项目。[②]

3. 签订特许经营合同

经专业委员会出具肯定性评估意见，吉尔吉斯斯坦政府对评估意见、特经营合同审核无异议后，特许机关将与中标的投资者签订特许经营合同。

特许经营合同是特许经营关系中的主要合同文件。依据投资者向特许项目投入资金的大小不同，特许经营合同相应的由吉尔吉斯斯坦人民议员委员会和地方国家机关或吉尔吉斯斯坦政府，或政府授权代表机构与投资者签订。

---

① 吉尔吉斯斯坦《特许经营和特许企业法》第 10 条第 2 款，法律文本参见吉尔吉斯斯坦司法部官方网站。

② 吉尔吉斯斯坦《特许经营和特许企业法》第 10 条第 5 款，法律文本参见吉尔吉斯斯坦司法部官方网站。

如果按照吉尔吉斯斯坦有关特许经营财产相关的法律法规，从事该特许经营需要事先获取资质和许可的，特许经营者应按照法定程序获得相应资质和许可后才可以实施特许经营项目。

4. 特许经营者登记

按照法律规定，中标的投资者在招标和与特许机关确定特许经营合同后，应在国家特许经营管理系统完成特许经营企业的国家登记。

三、特许经营合同内容

（一）特许经营合同主要内容[①]

特许经营合同主要内容：合同主体；特许项目；投资者支付的项目、条件、金额和程序；最低投资金额和投资期限；生产产品配额；环保要求；变更特许经营合同条件的法律事实清单；特许企业注销的程序；合同期限；双方责任等。

（二）合同期限

法律规定，吉尔吉斯斯坦的特许经营合同有效期为 5 年至 50 年不等。

（三）特许经营合同的展期及解除

双方当事人协商一致可对特许经营合同展期，在展期时如有必要还可对特许经营合同条件进行变更。当然，特许经营合同可依据法院判决或仲裁机构的裁决进行变更或解除。

四、特许经营者付费

按照法律规定，特许经营者应向特许机关支付各种直接费用和间接费用。[②]其中应支付的直接费用包括：（1）特许经营费。（2）租金。其标准应按照吉尔吉斯斯坦法律规定执行。（3）税金。其标准应按照吉尔吉斯斯坦税法规定执行。

---

① 吉尔吉斯斯坦《特许经营和特许企业法》第 12 条，法律文本参见吉尔吉斯斯坦司法部官方网站。

② 吉尔吉斯斯坦《特许经营和特许企业法》第 11 条，法律文本参见吉尔吉斯斯坦司法部官方网站。

应支付的间接费用包括：[①]（1）对当地经济进行附加投资。（2）提供优惠贷款。（3）向吉尔吉斯斯坦籍的法人或自然人提供交易折扣，以促进经济贸易合作。

特许经营者支付特许费用可使用自由兑换货币或同等货币，其额度是根据特许项目评估价在竞标过程中确定。这些费用只需缴纳一次，并在特许经营者完成国家登记后特许项目开始运营前缴纳。

五、特许经营收益的分配

特许权人利用特许资产获得的产品和收入属于特许权人所有。吉尔吉斯斯坦政府有权在满足特许权人和按照特许合同约定条件优先获得其中的产品份额。特许权人还可依据吉尔吉斯斯坦现行法律规定获得其他财产和价值。

特许权人对特许标的物进行改良且该改良部分与标的物不可分的，该所有权属于吉尔吉斯斯坦国家，特许权人有权按照特许权合同获得改良部分对应的价值补偿。

六、特许权标的转让

特许权人转让特许权标的，无论是全部转让，还是部分转让，都应该遵守该特许权人最初获得该特许权时一样的程序。[②] 任何单方转让特许权行为无效，并将导致特许权合同被提前解除。

七、国家控股公司财产特许经营

以国家持股不低于2/3的股份公司所有并具有战略意义的财产设定特许经营的，应由吉尔吉斯斯坦议会批准后由吉尔吉斯斯坦政府作出决议后实施。[③] 此类特许权合同的延期、变更或解除应根据吉尔吉斯斯坦议会同意后实施。

具有战略意义的财产清单由吉尔吉斯斯坦议会根据政府制定的吉尔吉斯斯坦国有资产非国有化和私有化纲要确认。

---

① 吉尔吉斯斯坦《特许经营和特许企业法》第11条第3款，法律文本参见吉尔吉斯斯坦司法部官方网站。

② 吉尔吉斯斯坦《特经营许和特许企业法》第7条，法律文本参见吉尔吉斯斯坦司法部官方网站。

③ 吉尔吉斯斯坦《特许经营和特许企业法》第7－1条，法律文本参见吉尔吉斯斯坦司法部官方网站。

八、特许经营各方的权限

（一）政府在特许经营项目中的审批权限

法律规定，有关特许经营合同相关的事宜是吉尔吉斯斯坦政府及其委托机关或特别机构，以及地方管理机关和地方人民议员委员会的权限，具体如下：[①]

1. 投资额不超过30万美元或以其他可自由兑换货币折算的等值特许项目由区级和市级国家行政机关和相应的人民议员委员会审批；

2. 投资额不超过80万美元或以其他可自由兑换货币折算的等值特许项目由州级和比什凯克市国家行政机关和相应的人民议员委员会审批；

3. 投资额超过80万美元或以其他可自由兑换货币折算的等值特许项目，以及由吉尔吉斯斯坦政府直接经营管理的项目由吉尔吉斯斯坦政府和其授权机构或特别机构审批。

（二）特许实施机构的职权

1. 对特许经营者的活动进行监督，保证合法经营；

2. 在特许企业注销时，优先购买特许经营者在吉尔吉斯斯坦境内销售的财产；

3. 聘请第三方专业机构对特许经营者的财务经营进行审计检查等。

九、特许经营者的权责[②]

1. 特许经营者有权：

（1）根据吉尔吉斯斯坦法律设立代表处、分公司、分部和联合体；

（2）独立开展经营活动；

（3）按照与政府协议约定聘用吉尔吉斯斯坦籍和约定国籍的员工；

（4）独立处置生产的产品和获取的利润，包括无须获得许可可自由出口产品。

---

① 吉尔吉斯斯坦《特许经营和特许企业法》第15条，法律文本参见吉尔吉斯斯坦司法部官方网站。

② 吉尔吉斯斯坦《特许经营和特许企业法》第16条，法律文本参见吉尔吉斯斯坦司法部官方网站。

2. 特许经营者有义务：

（1）遵守当地法律法规；

（2）按照法律要求对经营活动进行财务管理合同统计；

（3）在合同终止或提前解除后 6 个月内注销企业，向特许机关移交租赁或使用的财产，并处置企业所有的其他财产。

第三节　特许经营管理

一、特许经营者收益支配

特许经营收入在支付国家税费和其他费用后归特许经营者所有，可以根据法律规定自由支配和使用，并可汇出境外。[①] 经营者将收益汇出境外需要符合吉尔吉斯斯坦《投资法》的规定和要求。

特许企业纳税应按照吉尔吉斯斯坦《税法典》和税务法规执行。

二、特许企业的人员和财产保险

特许企业的财产保险，包括经营保险等事宜按照特许经营合同的约定和法律规定执行。

特许企业人员保险：吉尔吉斯斯坦籍员工应按照吉尔吉斯斯坦法律执行，外国籍员工则按照其常驻地国的法律法规执行。

三、人员管理

吉尔吉斯斯坦籍员工的聘用应由特许经营双方按照特许经营合同的约定执行。企业员工的工作条件、工作制度和休息制度、社会保险和劳动保护等事宜应执行国际劳动组织的规则。[②]

---

① 吉尔吉斯斯坦《特许经营和特许企业法》第 17 条，法律文本参见吉尔吉斯斯坦司法部官方网站。

② 吉尔吉斯斯坦《特许经营和特许企业法》第 21 条，法律文本参见吉尔吉斯斯坦司法部官方网站。

第四节 特许经营权利保障和争议解决

一、特许经营者权益的担保

特许经营者享受吉尔吉斯斯坦投资法规定的所有担保和权益保障措施。[①]

国家机关不得干涉特许企业的经营活动，但特许企业的行为严重威胁吉尔吉斯斯坦公民的生命健康和生态环境且不采取措施消除影响的，国家机关有权介入处理。

二、争议解决

特许经营合同当事人应严格履行合同，任何一方违反合同约定和吉尔吉斯斯坦法律的，或单方解除合同的，过错方应赔偿对方的损失，包括预期利润损失。[②]

特许经营者与特许机关、国家机关、其他法人或自然人双边或多边之间发生的因经营活动发生的争议，包括国际争议，可以提交吉尔吉斯斯坦法院判决，也可以根据双方协议的约定提交国际仲裁机构裁决处理。[③]

---

① 吉尔吉斯斯坦《特许经营和特许企业法》第 22 条，法律文本参见吉尔吉斯斯坦司法部官方网站。

② 吉尔吉斯斯坦《特许经营和特许企业法》第 23 条，法律文本参见吉尔吉斯斯坦司法部官方网站。

③ 吉尔吉斯斯坦《特许经营和特许企业法》第 24 条，法律文本参见吉尔吉斯斯坦司法部官方网站。

第七章 吉尔吉斯斯坦地下资源产品分成协议法律制度

第一节 地下资源产品分成协议内容

吉尔吉斯斯坦《地下资源产品分成协议法》主要是规定自然人、法人在吉尔吉斯斯坦申请探寻、勘探和开采矿产资源产品，签订、履行和终止矿产资源产品分成协议，以及确定矿产资源产品分成协议主要条件的法律制度。但土地和其他自然资源利用与管理不受《地下资源产品分成协议法》管辖。

投资者和吉尔吉斯斯坦主管机关应签订产品分成协议，以有偿的方式授予投资者在一定期限内在吉尔吉斯斯坦境内从事矿产资源的探寻、勘探和加工业务，有权对矿产产品运输、提炼、存储、再加工、利用、销售和进行其他相关事宜。① 各方还应遵守吉尔吉斯斯坦《地下资源法》《民法典》等相关法律法规。

一、矿产资源产品分成协议

（一）定义

矿产资源产品分成协议是吉尔吉斯斯坦政府有偿向经营主体（投资者）提供一定期限内在协议约定的矿区进行排他性的

---

① 吉尔吉斯斯坦《地下资源产品分成协议法》第 2 条，法律文本参见吉尔吉斯斯坦司法部官方网站。

寻矿、探矿和炼矿作业，由投资者出资并承担相应风险的协议。这种协议确定了投资者在吉尔吉斯斯坦开发地下资源和利用矿产资源产品，包括所开采的矿产原料进行加工和相关方对加工产品分成的条件和程序的必要条件，吉尔吉斯斯坦政府和投资者都必须严格遵守该协议和相关法律法规。

投资者与政府主管机关签订的矿产资源产品分成协议必须符合吉尔吉斯斯坦《地下资源产品分成协议法》和其他相关法律规定。

（二）矿产资源产品分成协议主体

法律规定，协议一方是吉尔吉斯斯坦政府或政府授权管理机关代表国家与投资者签订矿产资源产品分成协议。

参与矿产资源开发的投资者可以是吉尔吉斯斯坦的自然人和法人，也可以是外国自然人和法人。[①]

（三）矿产资源产品分成协议的主要内容

该协议一般还会明确规定，一定份额的地下资源开发将由吉尔吉斯斯坦政府确定的特定经济主体参与实施。若涉及传统自然资源开发区的矿区开发，则招标或拍卖或议标的条件中会要求中标人支付一定金额的自然资源开发区补偿金。

（四）矿产资源产品分成协议有效期

按照吉尔吉斯斯坦《地下资源产品分成协议法》第5条[②]的规定，投资者与吉尔吉斯斯坦政府主管机关签署的矿产资源产品分成协议有效期不得超过10年，但如果投资者完全履行了协议全部义务，该产品分成协议有效期可按照原定协议条件予以延长，以更好地履行开发地下资源矿藏义务，合理利用和保护地下资源。此时国家机关将相应延长投资者的矿产资源使用许可证有效期。

二、地下资源使用权许可

在投资者与吉尔吉斯斯坦政府相关主管机关签订地下资源产品分成协议后，

---

① 吉尔吉斯斯坦《地下资源产品分成协议法》第3条，法律文本参见吉尔吉斯斯坦司法部官方网站。

② 吉尔吉斯斯坦《地下资源产品分成协议法》第5条，法律文本参见吉尔吉斯斯坦司法部官方网站。

主管机关应向投资者授予矿产资源使用许可证。许可证有效期与矿产资源产品分成协议有效期一致,[①] 并按照矿产资源产品分成协议约定的条件给予延长、暂停，或重新签订协议和终止效力。

若投资者是不具有法人资格的法人联合体，则矿产资源使用许可证可以授予联合体成员之一，由该成员代表联合体并按照全体联合体成员的一致决议和指示从事地下资源开发经营活动。[②]

第二节 地下资源产品分成协议的授予

一、矿产资源开发权的获取

（一）招标方式

在吉尔吉斯斯坦，政府主管机关会针对特定矿产资源开发权进行招标，根据招标结果确定中标人。

一般情况下，主管机关会在招标结束和确定中标人之日起 6 个月内与中标人签订矿产资源产品分成协议。[③]

（二）拍卖方式

按照吉尔吉斯斯坦法律规定，吉尔吉斯斯坦政府地下资源主管机关也可对地下资源开发权授予举行拍卖，根据拍卖结果向中标投资者授予地下资源开发权。同样，该主管机关应在确定投资者 6 个月内与其签订矿产资源产品分成协议，约定各方权利义务等。

（三）政府指定方式

法律规定的特殊情况下，吉尔吉斯斯坦政府地下资源主管机关也会与投资

---

① 吉尔吉斯斯坦《地下资源产品分成协议法》第 4 条第 2 项，法律文本参见吉尔吉斯斯坦司法部官方网站。

② 吉尔吉斯斯坦《地下资源产品分成协议法》第 4 条第 3 项，法律文本参见吉尔吉斯斯坦司法部官方网站。

③ 吉尔吉斯斯坦《地下资源产品分成协议法》第 6 条第 1 项，法律文本参见吉尔吉斯斯坦司法部官方网站。

者协商，直接确定特定地下资源的开发者。

在下列情况下，吉尔吉斯斯坦地下资源主管部门直接确定矿产资源开发权利人，无须进行招标或拍卖：(1) 因国防和国家安全需要将矿区交给特定投资者开发。(2) 只有一个投标人参与投标或拍卖导致投标或拍卖无法举行（此种情况下，矿产资源产品分成协议将按照招标或拍卖条件签订）。(3) 在《地下资源产品分成协议法》生效时，投资者已经按照与矿产资源产品分成协议约定的不同条件勘探和开发地下矿产。在上述情况下，吉尔吉斯斯坦政府地下资源主管部门可与该投资者直接签订矿产资源产品分成协议，也可以与包括该投资者在内的法人联合体签订产品分成协议。(4) 投资者在《地下资源产品分成协议法》生效之前已经获得吉尔吉斯斯坦政府同意，制定矿产资源产品分成协议方案。直接与投资者确定矿产资源产品分成协议时，投资者应在吉尔吉斯斯坦政府作出相应决议 6 个月内签订矿产资源产品分成协议,[①] 代表政府方签署该协议的是吉尔吉斯斯坦政府或其授权的主管部门。

二、地下资源开发条件和要求的确定程序

矿产资源产品分成协议中规定的地下资源开发条件和要求应由吉尔吉斯斯坦政府组建的委员会按照规定程序制定，并报吉尔吉斯斯坦政府批准后执行。

该委员会成员应由吉尔吉斯斯坦政府机关代表组成，包括自然资源主管机关代表、地方自治政府机关代表、地方行政机关代表，以及吉尔吉斯斯坦议会燃料能源和地下资源委员会代表。如有必要，该委员会还会召集生产和科技领域机构以及专家和咨询人员参加。

任何矿产资源产品分成协议的内容和条件都不得违反地下资源开发招标、听证和议标中所确立的招标条件及要求。

第三节　地下资源产品分成协议的履行

投资者与吉尔吉斯斯坦政府签订矿产资源产品分成协议后，应该按照地下

---

① 吉尔吉斯斯坦《地下资源产品分成协议法》第 6 条第 2 项，法律文本参见吉尔吉斯斯坦司法部官方网站。

资源的开发规划、实施方案、工作计划和开发预算实施资源开发工作和经营活动。投资者在开发地下资源时，还应严格遵守吉尔吉斯斯坦有关工程安全生产、资源保护、环境保护和居民健康防护等方面的法律法规。

一、投资者应履行的强制性义务

投资者应采用自然资源开发方面通行且符合吉尔吉斯斯坦法律规定的安全生产、资源保护、环境保护和人体健康的标准。具体而言，投资者在执行产品分成协议时还应履行如下具体义务：①

1. 与来自吉尔吉斯斯坦本地的主体优先签约。在履行产品分析协议内容时应优先向吉尔吉斯斯坦的法人提供承包工程、供应货物、运输货物或其他方式权利。

2. 优先雇佣吉尔吉斯斯坦本地籍员工。雇佣本地公民数量应不低于总工作人员数量的80%，而且雇佣外国工人和专家应仅限于履行协议的初始阶段工作或在吉尔吉斯斯坦劳动力市场中紧缺的工作岗位。

3. 应采购指定领域的本地供应商的货物。投资者向在吉尔吉斯斯坦注册和经营的本地法人所采购的有关地质研究、矿藏开发和开采矿物原料加工所需的设备、技术工具和材料的比例不应低于总采购金额的50%。

4. 应通过市场获取新技术和采用先进工艺（设备、技术资料和材料）来执行矿产资源产品分成协议项下工作，其可靠性、安全性、质量和供货期应与同类外国产品相比具有竞争性。

5. 采取措施预防因履行矿产资源产品分成协议对环境产生的有害影响，并消除不利后果。若地下资源位于吉尔吉斯斯坦传统的自然资源开发区内，则投资者应采取法律规定的环保措施，并承诺按照法定条件和程序支付相应补偿金。

6. 购买环境损害赔偿责任保险。

7. 在完成开发时应清除所有的设施、设备和其他财产，并清洁所有被污染的区域。

8. 在协议中还应规定，应在吉尔吉斯斯坦境内生产为履行协议所需要的一定比例的采矿和加工工艺设备。

---

① 吉尔吉斯斯坦《地下资源产品分成协议法》第7条，法律文本参见吉尔吉斯斯坦司法部官方网站。

9. 依法纳税。投资者履行矿产资源产品分成协议应按照吉尔吉斯斯坦《税法典》规定缴纳相应税费。

10. 资金保障。投资者应在吉尔吉斯斯坦境内开立银行账户，并将履行矿产资源产品分成协议所需的资金优先存入该银行账户或存入吉尔吉斯斯坦国家银行在外国境内开设的分行外币账户，这些资金应优先用于履行矿产资源产品分成协议。

外国投资者有权以外币形式获取和存储通过销售产品份额所获得的收入，并存储于该银行专用账户，从该账户支付任何协议开发成本，有权自由处置该账户的剩余资金。

二、投资者应履行的其他工作

1. 投资者应定期完成工程统计和报送报表。投资者除了履行协议项下各项工作外，还应按照吉尔吉斯斯坦政府相应部门和《地下资源产品分成协议法》第 14 条的要求，对自然资源开采和加工等相关要素进行统计，向政府部门提交统计报表。进行统计和计量的机构只能是在吉尔吉斯斯坦境内设立的普通合伙和有限合伙组织。

2. 恢复地貌原状。投资者在完成预定阶段的探矿和采矿工作后，应按照矿产资源产品分成协议要求及时将矿区恢复原状。

3. 矿区开发项目相关的生态信息和技术经济信息及其他信息应按照吉尔吉斯斯坦法律规定提交给当地的国家鉴定机构。

4. 各方应在矿产资源产品分成协议中明确规定地下资源开发管理委员会。委员会成员人数应为单数，明确规定委员会成员的权利和义务等。

第四节　地下资源产品的分配

地下资源开发所获得的商品形式的产品应按照矿产资源产品分成协议的规定在投资者和吉尔吉斯斯坦之间分配。

一、地下资源产品分配规则

矿产资源产品分成协议应明确规定：①

（1）矿产开发的产品总量。（2）应分配给投资者的产品份额（补偿类产品）。投资者在项目开发中的资本性成本和运营性成本通过补偿类产品弥补。（3）利润类产品由投资者和国家进行分配。利润类产品是在扣除了矿产利用补偿和补偿类产品后剩余的矿产开发产品。（4）将归属于吉尔吉斯斯坦的产品份额移交给国家，分给国家的产品份额不应低于30%。（5）投资者获得自己应得的产品份额。

补偿性产品份额、利润性产品份额在整个协议履行期间不变。

二、投资者对地下资源开发产品的权益

（一）对矿产开采产品的份额所有权

补偿性矿产开发产品和协议规定份额的矿产开发产品归投资者所有。原矿石和其加工产品归投资者所有，可以按照矿产开发协议和吉尔吉斯斯坦法律规定运离吉尔吉斯斯坦境内，没有数量限制，② 但吉尔吉斯斯坦《外贸活动法》规定的情况除外。

投资者出口贵金属原矿或精矿石的，应遵守吉尔吉斯斯坦政府《关于含贵重金属及伴生金属矿、精矿和废料进出口程序的规定》关于向在吉尔吉斯斯坦境外出口含贵金属、有色金属和黑色金属的矿石、精矿和废料的程序。比如在出口前，出口方必须履行相关备案手续，其中包括确定和核算矿石、精矿和废料中贵金属和伴生金属的种类和含量。③

但吉尔吉斯斯坦政府在2023年5月1日发布了《关于临时禁止金矿石和金精矿出口的总统令》。该总统令规定，自2023年12月31日起，对在吉尔吉斯斯坦境内开采和生产的金矿石和金精矿实施为期6个月的临时出口禁令，并授予

---

① 吉尔吉斯斯坦《地下资源产品分成协议法》第8条，法律文本参见吉尔吉斯斯坦司法部官方网站。

② 吉尔吉斯斯坦《地下资源产品分成协议法》第9条，法律文本参见吉尔吉斯斯坦司法部官方网站。

③ 吉尔吉斯斯坦政府《关于含贵重金属及伴生金属矿、精矿和废料进出口程序的规定》，2017年9月14日570号。

国有企业“卡拉－巴尔塔矿业联合体”开放式股份公司负责加工吉尔吉斯斯坦境内开采和生产的金矿石和金精矿的专有权利。该通知还规定，自2024年6月30日起，吉尔吉斯斯坦内阁将根据具体形式每6个月宣布延长一次临时出口禁令。

除上述针对金矿石和金精矿的出口实施的禁令外，吉尔吉斯斯坦目前未针对其他矿产品实施出口禁令。

（二）对财产和信息所有权

一般来说，投资者在地下资源开采中所开采和获得的财产和信息享有所有权，但矿产资源产品分成协议另有规定的除外。如果国家已对该财产和信息支付了补偿费，那么该财产和信息归国家所有，但在矿产资源产品分成协议有效期内，投资者对该财产和信息享有排他性无偿使用权，但需承担财产和信息的正常维护费用，并承担相应风险。

三、国家对地下资源开发产品的权利

1. 按照矿产资源产品分成协议的约定，约定份额的利润型地下资源开发产品归吉尔吉斯斯坦所有，应列入国家预算收入部分。

2. 地下资源开发过程中获得的所有原始地质、地球物理、地球化学等信息、解释数据及其衍生物数据、岩石样品，包括岩心在内的岩石样品、投资者根据协议完成工作获得的地层液体属于国家所有。在遵守协议规定的保密条件下，投资者有权免费自由使用所获得的信息、数据和样品，以履行矿产资源产品分成协议。

投资者使用上述信息、数据和样品的程序以及将其携带出境的程序按照矿产资源产品分成协议和吉尔吉斯共和国法律确定执行。

第五节　地下资源投资者权益保护

一、投资者享有地下资源产品分成协议权利和义务转让权

投资者可以在获得吉尔吉斯斯坦政府的同意后，将其在矿产资源产品分成

协议下的权利和义务全部或部分地转让给任何法人或自然人，但受让人必须具备履行协议的资金、技术和管理经验。①

投资者转让其在矿产资源产品分成协议中的权利和义务时，应签署书面协议，制定转让专用证书，作为转让协议不可分割之一部分，并在双方签订专用证书 30 日内由受让人办理新的地下资源使用权许可。②

二、以地下资源开发权设立担保

投资者可以在征得吉尔吉斯斯坦政府同意后，将其享有的财产和财产性权利设立担保，作为其履行矿产资源产品分成协议项下工作所签署的债务协议的担保。③

三、投资者权益的特别保障

（一）地下资源产品分成协议稳定性保证

矿产资源产品分成协议的效力在整个协议履行期内保持不变。矿产资源产品分成协议只有在发生客观情况变化后并经过协议双方协商同意后按照吉尔吉斯斯坦《民法典》的规定才能进行变更。

若在协议履行期内，吉尔吉斯斯坦法律法规发生了不利于投资者的变更，则投资者有权要求按照吉尔吉斯斯坦法律变更之前的条款履行矿产资源产品分成协议，但法律变更涉及安全生产标准、资源保护、环境保护和人身安全方面的标准和规则除外。④

（二）投资者权益的国家担保

吉尔吉斯斯坦政府将保障投资者在履行矿产资源产品分成协议中获得的和履行的财产权利和其他权利。政府机关颁布的规范性法律文件规定了限制投资

---

① 吉尔吉斯斯坦《地下资源产品分成协议法》第 16 条第 1 项，法律文本参见吉尔吉斯斯坦司法部官方网站。

② 吉尔吉斯斯坦《地下资源产品分成协议法》第 16 条第 2 项，法律文本参见吉尔吉斯斯坦司法部官方网站。

③ 吉尔吉斯斯坦《地下资源产品分成协议法》第 16 条第 3 项，法律文本参见吉尔吉斯斯坦司法部官方网站。

④ 吉尔吉斯斯坦《地下资源产品分成协议法》第 17 条第 2 项，法律文本参见吉尔吉斯斯坦司法部官方网站。

者通过实施和履行协议获得的权利的，该法律文件不得适用于已经签订矿产资源产品分成协议的投资者，但该对投资者权利的限制是为了监督机关根据法律规定保证生产安全、资源保护和环境保护、居民健康保护，以及为社会安全和国家安全所实施的除外。①

四、矿产资源产品分成协议的履行监督

国家监督机关将对投资者履行矿产资源产品分成协议的情况进行实施监督，监督代表有权随时进入矿产开发项目进行例行检查，不受阻碍检查履行协议中形成的所有工程资料。

第六节　地下资源产品分成协议终止和争议解决

一、地下资源产品分成协议的终止

地下资源产品分成协议可以在有效期届满、双方协商提前终止，以及按照协议约定的其他事由时按照吉尔吉斯斯坦《民法典》及其他法律规定情况下予以解除。

双方协商解除合同的，应按照协议签订方式履行合同解除程序，但按照招标方式签订协议的除外。

二、争议解决

（一）向有管辖权法院起诉解决

投资者和吉尔吉斯斯坦政府之间关于履行、终止协议及协议无效相关的问题而产生的争议，应按照协议约定的方式向法院起诉解决。② 双方也可在协议中约定在争议起诉到法院之前进行争议调解处理。吉尔吉斯斯坦与外国自然人或法人签订矿产资源产品分成协议时，可以约定吉尔吉斯斯坦政府在涉及诉前诉

① 吉尔吉斯斯坦《地下资源产品分成协议法》第18条，法律文本参见吉尔吉斯斯坦司法部官方网站。

② 吉尔吉斯斯坦《地下资源产品分成协议法》第22条，法律文本参见吉尔吉斯斯坦司法部官方网站。

讼保证和法院判决的执行方面放弃国家豁免权。[①]

（二）按照当事人约定进行国际仲裁

按照吉尔吉斯斯坦《投资法》的规定，外国投资者与吉尔吉斯斯坦政府之间的投资争议将按照双方之间的协议约定方式进行解决。若双方协议并未约定争议解决方式，则双方应按照以下程序和方式解决争议：首先，由双方协商解决，若在启动协商后3个月内争议未能得到解决的，则双方可将争议提交至吉尔吉斯斯坦司法机关按照吉尔吉斯斯坦国内法律程序裁判解决。但在提交至吉尔吉斯斯坦国内司法机关解决前，外国投资者和政府双方协商一致将争议提交国际投资争端解决中心或者按照联合国国际贸易法委员会仲裁规则设立的国际仲裁庭或国际临时仲裁庭进行裁决的除外。

（三）按照中国政府与吉尔吉斯斯坦政府双边投资协定约定方式进行仲裁

根据中国政府和吉尔吉斯斯坦政府于1992年签订的《关于鼓励和相互保护投资协定》，对于中国投资者与吉尔吉斯斯坦政府之间就有关征收款项的任何争议可提交至双方设立的仲裁庭，该仲裁庭逐案设立，由双方各任命一名仲裁员，然后该两名仲裁员再推选一名与缔约双方均有外交关系的第三国国民为首席仲裁员。仲裁庭应自行制定其程序规则，可以参照斯德哥尔摩商会仲裁院仲裁规则。该仲裁庭的裁决是终局的，对争议双方均有法律拘束力。

三、外国投资者投资吉尔吉斯斯坦地下资源开发的争议案例分析

案例7-6-1　加拿大投资者与吉尔吉斯斯坦政府关于库姆托尔金矿开发争议

加拿大圣特扎黄金公司早在1992年就与吉尔吉斯斯坦政府签署库姆托尔金矿投资开发协议，投资方投资开发吉尔吉斯斯坦东北部的库姆托尔金矿。后来因吉尔吉斯斯坦国内政治出现动荡，库姆托尔金矿开发协议受到民众指责，吉尔吉斯斯坦当地人认为库姆托尔金矿中吉尔吉斯斯坦持有的股份仅为33.3%，国家持股比例太低，该协议损害了吉尔吉斯斯坦人民的利益。

---

① 吉尔吉斯斯坦《地下资源产品分成协议法》第23条，法律文本参见吉尔吉斯斯坦司法部官方网站。

吉尔吉斯斯坦总统扎帕罗夫签署法案，要求对加拿大圣特扎黄金公司经营的库姆托尔金矿项目展开调查。2021 年 3 月，吉尔吉斯斯坦国家安全委员会、吉尔吉斯斯坦总检察长组成联合调查组通过调查，确认在库姆托尔金矿项目协议签署和投资开采中存在加拿大公司偷税漏税、违反安全生产、环境保护和滥用农业耕地等违法行为。① 2021 年 5 月 17 日，吉尔吉斯斯坦总统根据吉尔吉斯斯坦《宪法》第 10 条和第 17 条，以及吉尔吉斯斯坦《股份公司法》第 65－1 条②的规定签署内阁决议，批准任命库姆托尔黄金公司外部管理人，并接管库姆托尔金矿。吉尔吉斯斯坦政府对加拿大投资者开出 30 亿美元的罚单和 1.7 亿美元的税款补缴单。③ 2021 年 11 月 20 日，吉尔吉斯斯坦政府收回了库姆托尔的金矿所有权。④

吉尔吉斯斯坦国家调查委员会确认，加拿大投资者存在如下违法行为：（1）违反吉尔吉斯斯坦《自然保护法》第 20 条规定，向水体中倾倒废物。（2）违反吉尔吉斯斯坦《水法》（1994 年）第 44 条规定共和国境内的水资源应受到保护，不受污染和耗竭；第 46 条规定，禁止向水体排放生产、生活和其他类型的废物；第 47 条规定，水资源用户有义务防止生产、生活和其他废物和排放物污染流域、河道、河水体、冰川和雪花表面的冰盖等。（3）违反吉尔吉斯斯坦《水法》第 67 条规定，禁止工业废物和其他废物污染水体、冰川和雪花的冰盖以及其他有害物质的污染等。⑤

从上述案例分析，我们提出如下建议。

1. 东道国政府对环保管理趋于严格。外国投资者应严格遵守东道国环保法律法规，注重矿业开发的环境保护风险。随着经济的发展和民众环保意识的提高，矿业活动对环境的影响越来越受到重视。东道国政府对矿业开发领域的环境保护要求越来越严格，这对外国投资者投资吉尔吉斯斯坦矿产开发领域提出

---

① 摘自“吉尔吉斯斯坦新观察”公众号，2024 年 3 月 21 日登录。

② 吉尔吉斯斯坦《股份公司法》第 65－1 条第 1 款规定，如公司违反矿产资源开发环保要求、安全生产要求或其生产活动对生产地区人员生命健康安全构成直接威胁，且未能采取必要措施解决上述问题时，公司原有矿产资源使用权可被暂停，其间，公司管理权力同时被暂停。

③ 摘自《今日俄罗斯报》（RT）《吉尔吉斯斯坦将向加拿大黄金巨头的巨额利润、严格索赔和有毒冰川开战》，2021 年 5 月 26 日发表。

④ 参见吉尔吉斯斯坦比什凯克晚报网 2021 年 11 月 20 日，https：//www. vb. kg/doc/409610_ centerra_ gold_ inc. _ priznala_ chto_ ey_ bolshe_ ne_ prinadlejit_ kymtor. html。

⑤ 参见吉尔吉斯斯坦晚报网 2021 年 5 月 17 日，https：//www. vb. kg/doc/401134_ y_ kr_ est_ vse_ osnovaniia_ rastorgnyt_ soglashenie_ s_ kanadskim_ investorom. html。

了更高的要求。中资企业应严格按照当地环保法律要求，采取具体的环保措施，并且落实企业内部的环保合规管理，建立体系化的内部环保规章制度、规范化的企业管理，应对东道国更高的环保要求和外部环境的变化。

2. 积极承担社会责任，积极和广泛参与社区沟通。海外矿业项目常常涉及项目所在地社区关系的处理，项目开发对当地社会生活和环境生态的影响可能引发社区居民的不满和抗议，特别是在劳工待遇和社区发展方面，库姆托尔金矿项目最初也是因为环保不达标，项目开发未能相应提升当地居民福祉招致当地民众的激烈反对形成了群体事件。

这就需要外国投资者不仅需要规范自身经营行为，还要积极承担社会责任，举办就业培训，录用当地居民，协助改善当地居民生活环境，主动与当地社区合作，尽可能减少阻碍因素。

第八章　吉尔吉斯斯坦资质许可法律制度

第一节　需要办理资质和许可的行为和活动种类

一、需要办理资质和许可的经济活动

吉尔吉斯斯坦对特定经济活动实行资质和许可管理，在吉尔吉斯斯坦从事下列业务需要办理资质和许可证：[①] （1）生产、转移、分配、出售、进出口电力，但利用可再生能源获得的电能和利用其他能源生产电力自用且功率不超过 1000 千瓦的除外；（2）生产、转移、分配、出售热能，但利用可再生能源获得热能和利用其他能源生产热能自用的除外；（3）开采石油和天然气，但利用植物原料生产和销售生物乙醇的除外；（4）生产、转移、调配和销售天然气；（5）生产和销售乙醇；（6）生产和流转酒精产品（为生产和销售而存储、零售、批发）；（7）私营机构或个体户开展医疗行为，但医疗工作者或工人根据医疗机构的劳动合同或个体户从事的活动除外；（8）制药行为；（9）生产或销售兽药；（10）从事二级致病性微生物相关的工作；（11）邮政业务；（12）数据传输，但建筑内部或封闭电子通讯生产者或服务的除外；（13）住宅、公共和生产建筑和设施（一、二和三类工程）的城市规划、勘察设计；（14）建筑安装（一、二和三类工程），但个人住宅除外；（15）旅客汽车运

---

① 吉尔吉斯斯坦《资质许可法》第 15 条，法律文本参见吉尔吉斯斯坦司法部官方网站。

输，但出租车除外；（16）跨国汽车运输；（17）水路客运；（18）银行业务；（19）小微金融业务；（20）外汇交易；（21）律师业务；（22）公证业务；（23）保险和再保险业务；（24）有价证券业务；（25）投资基金业务；（26）投资资产信托管理；（27）破产管理业务；（28）消防自动化设备的设计、安装、调试和维修，木质结构和易燃剧院展览设备的防火处理；（29）进口和出口需要单方面获得临时许可证的货物；（30）虚拟资产供应商业务等。

关于吉尔吉斯斯坦建设工程相关的施工资质和许可证办理参见本书第九章第一、二节的相关内容，在此不再赘述。

二、需要办理资质和许可的地下资源开发活动

利用下列受国家限制的资源也应获得许可：① 地下资源使用权（进行地质勘探工作的地下资源使用权、进行地质勘探工作的地下资源使用权、开发矿产资源的地下资源使用权，包括地下水的抽取和使用权、地质测绘和区域地质、地球物理和其他科学研究、建筑和电算）；拆除非矿物地下结构，采集矿物和古生物学收藏品供商业使用；采集用于装饰目的的石材、用作石材和建筑材料，以及利用地下资源的权利等。

三、需要办理资质和许可的其他行为

在吉尔吉斯斯坦从事如下业务也需要事先获取资质和许可：②（1）从事爆破业务；（2）矿山开采；（3）为分析研究目的从吉尔吉斯斯坦进出口矿石和岩石样品、精矿、生产废料和实验室样品；（4）购买金粉和金矿石；（5）向外国人或无国籍人发放工作许可；（6）派遣吉尔吉斯斯坦公民赴境外工作；（7）堆放污染环境的废物；（8）处理污染环境的费用；（9）固定污染源向大气排放污染物；（10）工业爆破物质存储；（11）获取爆破物质等。

四、资质和许可办理手续

按照吉尔吉斯斯坦法律规定，自然人或法人申请资质和许可需要提供如下材料。

---

① 吉尔吉斯斯坦《资质许可法》第16条，法律文本参见吉尔吉斯斯坦司法部官方网站。

② 吉尔吉斯斯坦《资质许可法》第17条，法律文本参见吉尔吉斯斯坦司法部官方网站。

（1）取得资质和许可需要准备的文件：[1] ①申请书；②身份证件复印件；③法人或个体户的国家登记证复印件；④费用缴费单；⑤国家登记条例要求的其他文件。（2）缴纳费用。

除了提交上述材料外，申请人申请资质和许可时，还应该缴纳许可费。如果是外国自然人或法人向吉尔吉斯斯坦相关国家机关申请承认外国政府颁发的资质和许可时，申请人应该按照吉尔吉斯斯坦《非税收入法》第 5 章的相关规定[2]缴纳许可费。

五、资质和许可办理期限

许可机关应在收到全套申请材料之日起 30 天内向申请人颁发资质和许可。[3]申请不符合许可或资质颁发条件的，许可机关应及时书面通知申请人。许可机关逾期未颁发资质和许可的，自期满次日起，申请人视为已经获得相应的资质和许可。

第二节　对外国政府颁发资质和许可的承认

一、外国政府颁发的资质和许可在吉尔吉斯斯坦的承认机制

关于外国政府颁发的资质和许可（以下简称外国资质）在吉尔吉斯斯坦的承认和效力问题，吉尔吉斯斯坦政府现在采用两种机制处理：（1）按照吉尔吉斯斯坦缔结或参加的国际条约对等承认外国资质；（2）吉尔吉斯斯坦政府单方面承认外国资质。

（一）基于国际条约的对等承认

按照吉尔吉斯斯坦《许可执照法》和《特种业务资质许可条例》规定[4]，若按照吉尔吉斯斯坦参见或缔结的国际条约规定，吉尔吉斯斯坦政府颁发的资

---

① 吉尔吉斯斯坦《资质许可法》第 18 条，法律文本参见吉尔吉斯斯坦司法部官方网站。

② 吉尔吉斯斯坦《非税收入法》第 136—140 条，法律文本参见吉尔吉斯斯坦司法部官方网站。

③ 吉尔吉斯斯坦《资质许可法》第 20 条，法律文本参见吉尔吉斯斯坦司法部官方网站。

④ 吉尔吉斯斯坦《特征业务资质许可条例》第 91 条，法律文本参见吉尔吉斯斯坦司法部官方网站。

质和许可在其他国家领域内被承认有效，那么其他国家颁发的资质和许可在吉尔吉斯斯坦领域内也被承认有效。[①]

（二）吉尔吉斯斯坦政府单方承认

吉尔吉斯斯坦《特定业务资质许可条例》第93条规定，外国政府颁发资质和许可的要求等同或高于吉尔吉斯斯坦资质许可主管机关授予资质要求的，吉尔吉斯斯坦资质许可主管机关可单方承认该外国资质和许可，并直接将其列入资质和许可统一登记簿的资质名单中。[②]

二、外国政府颁发的资质和许可在吉尔吉斯斯坦的承认程序

（一）外国企业需要提供的材料

《特定业务资质许可条例》第31条[③]规定了外国资质在吉尔吉斯斯坦的承认程序。外国企业已在本国获得资质的，向吉尔吉斯斯坦资质许可主管机关申请资质承认时，应提交如下文件和信息：（1）申请书、法人名称的全称和简称、住所地、电子邮件、开户行名称和账号，申请业务种类；（2）外国政府颁发资质原件和复印件；（3）业务合法性证明，即外国企业在本国的登记证明文件。上述文件应按照吉尔吉斯斯坦法律规定进行翻译为吉尔吉斯语或其他官方语言并完成外国使领馆认证手续。

（二）审查内容

吉尔吉斯斯坦资质许可主管机关审查外国申请人关于承认外国资质的申请时，主要审查该外国资质和吉尔吉斯斯坦《特定业务资质许可条例》第31条规定的相关申请材料的真实性，审查期限为收到相关材料后3个工作日。

---

① 吉尔吉斯斯坦《资质许可法》第10条第3项，法律文本参见吉尔吉斯斯坦司法部官方网站。

② 吉尔吉斯斯坦《特征业务资质许可条例》第93条，法律文本参见吉尔吉斯斯坦司法部官方网站。

③ 吉尔吉斯斯坦《特定业务资质许可条例》第31条，法律文本参见吉尔吉斯斯坦司法部官方网站。

（三）被承认的资质在吉尔吉斯斯坦的限制

1. 有效期

若外国颁发的资质许可有期限，则吉尔吉斯斯坦资质许可主管机关对该外国资质许可的承认也是有期限的。①

2. 资质暂停和取消

若申请人在其资质和许可被吉尔吉斯斯坦承认后，在吉尔吉斯斯坦实施违法行为，则资质许可主管机关可暂停该被承认的资质效力或以司法程序取消对该资质的承认。②

三、我国资质在吉尔吉斯斯坦的承认

如果我国境内的建筑企业法人已经在国内具有相应级别的施工资质，要想进入吉尔吉斯斯坦承揽建设工程业务，无须重新申请资质许可，可以按照中国与吉尔吉斯斯坦都加入的国际条约相互承认或单方认可程序承认国内资质。③ 吉尔吉斯斯坦资质许可主管机关根据条约承认外国颁发的资质时，只需将外国资质信息登记到同意登记簿即可，无须重新进行授予资质程序。

第三节　资质和许可有效期和持有费用

一、资质和许可有效期

（一）有效期

根据《特定业务资质许可条例》第 14 条的规定，资质和许可到期后可以依法申请并提交申请资质时同样的材料进行延期，但申请人应在资质和许可到期

① 吉尔吉斯斯坦《特定业务资质许可条例》第 98 条，法律文本参见吉尔吉斯斯坦司法部官方网站。

② 吉尔吉斯斯坦《特定业务资质许可条例》第 99 条，法律文本参见吉尔吉斯斯坦司法部官方网站。

③ 吉尔吉斯斯坦《特定业务资质许可条例》第 91 条，法律文本参见吉尔吉斯斯坦司法部官方网站。

90 日前且不晚于到期 30 日后提交延期申请。

（二）公示和查询

吉尔吉斯斯坦资质许可主管机关对颁发的资质和许可实行国家登记管理，所有吉尔吉斯斯坦资质许可主管机关颁发的资质和许可，以及外国政府颁发但在吉尔吉斯斯坦获得承认的外国资质和许可进行统一登记，并被列入国家资质和许可统一登记簿，在政府官网上对外公布，供市场主体查询和监督。在统一登记簿上可以查询到资质许可持有人的名称和姓名，所许可从事的业务活动，资质许可效力范围，有效期，纳税人登记号，颁证日期，资质许可效力暂停、恢复和终止的原因和期限。

（三）资质和许可的失效

资质和许可的失效情况：（1）资质持有人可申请撤销有效期内的主张；（2）作为个体企业主的自然人申请终止资质；（3）自然人的专利有效期届满，这是指自然人因为持有专利获得资质的情况；（4）作为资质持有人的法人注销；（5）资质和许可有效期届满；（6）资质和许可的内容已经完全完成；（7）法院判决撤销资质和许可；（8）纳入资质和许可制度的业务和活动不再实施资质和许可管制等。

二、资质和许可持有费用

吉尔吉斯斯坦《资质许可法》第 19 条规定，在吉尔吉斯斯坦申请、变更资质和许可，领取资质和许可证书原件和申请承认外国资质和许可等都需要缴纳手续费，缴费依据和收费标准由吉尔吉斯斯坦《非税收入法》规定。

吉尔吉斯斯坦政府颁布的《国家费用标准》第 17 条和第 17 – 1 条规定，自然人在吉尔吉斯斯坦申请和变更资质，领取资质原件和承认外国资质的，自然人需要缴纳相当于 5 倍的结算指数（吉尔吉斯斯坦政府公布的一种费用标准，1 个结算指标为 100 索姆），法人需要缴纳相当于 10 倍的结算指数。

市场主体需要在吉尔吉斯斯坦获取建筑业资质，以及申请承认外国资质的，自然人需要缴纳相当于 500 倍结算指数的费用。法人申请建筑业三级责任资质的，需要缴纳相当于 1500 倍结算指标的费用，申请建筑业二级责任资质的，需要缴纳相当于 7000 倍结算指标的费用，申请建筑业一级责任资质的，需要缴纳相当于15000倍结算指数的费用；领取建筑业资质正本的，需要缴纳相当于50倍结算指标的费用。①

三、资质和许可的转让

吉尔吉斯斯坦法律并不禁止转让资质或许可，但必须依据法律规定可以转让的资质或许可类别和要求。法律规定不可转让的资质和许可不得非法转让或出借给他人使用。②

---

① 吉尔吉斯斯坦《国家费用标准》第4章第17－1条，法律文本参见吉尔吉斯斯坦司法部官方网站。

② 吉尔吉斯斯坦《资质许可法》第10.1条，法律文本参见吉尔吉斯斯坦司法部官方网站。

第九章　吉尔吉斯斯坦建筑施工法律制度

第一节　建筑施工许可程序

在吉尔吉斯斯坦，对工程项目享有所有权、租赁权，对土地享有临时或长期使用权的自然人和法人都可以申请对占有的不动产项目进行施工或者改建扩建。吉尔吉斯斯坦《土地法典》、《城建立法原则法》、《城市建设和规划法》以及《个人住宅建设法》规定了在吉尔吉斯斯坦进行项目设计和施工应按照法定程序获得相应的许可，并接受主管机关在施工质量、建设安全、环境保护等方面的监督管理。

一、城市建设和规划领域的主要概念

设计监督（авторский надзор）是指不动产项目的设计人在不动产项目施工和竣工交付运营期间的建筑设计方案、工艺方案和其他技术方案与该不动产项目的设计方案是否相符方面履行监督职责。

空间规划方案（объемно－планировочное решение），是对城市区域未来发展方向和空间布局进行系统安排的活动，旨在提高空间的效率、安全性和可持续性。

城市建设规划意见（архитектурно－градостроительное заключение）系指确定不动产项目的主要城市建设功能参数、设计条件和要求的法定文件，该文件由国家城市建设和规划部门领导签字生效，城市建设规划意见不作为项目开工的依据。

技术规划意见（архитектурно – техническое заключение）系指国家城市建设和规划主管部门针对按照缩略图施工、改建和重新设计的项目所签发的法定文件，包括文本文件和图纸材料等。

建筑施工监督（государственный архитектурно – строительный надзор）系指国家机关对施工工作进行的监督。

城市建设文件（градостроительная документация）包括居民区的区域规划方案、总平图、示意图、测绘方案、住宅开发方案、小区及城市建设连接点和居民区的其他规划布局方案。

城市建设规程（градостроительный регламент）系指由城市建设文件确定的土地开发参数和利用类别的综合信息。

设计文件的综合鉴定（комплексная экспертиза проектной документации）系指由国家主管机关或者社会鉴定机构按照"一站式服务窗口"对设计文件进行的所有类别的必要鉴定。

工程技术条件（инженерно – технические условия）系指不动产项目与城市的工程管网连接的条件和方案图。

规范性技术文件（нормативные технические документы）系指按照规定程序确认的涉及不同施工活动或其工作成果的标准、规则、一般原则和性能的文件。

竣工项目投产运营符合性评价（оценка соответствия вводимого в эксплуатацию завершенного строительством объекта）系指确认已竣工项目符合技术规程和涉及文件的要求。

施工方案（проект строительства）系指为施工、实施区域工程和配套工作提供的设计文件（设计预算文件），主要包含城市建设方案、建筑艺术方案、空间规划方案、结构方案、工艺方案、工程技术方案、环境保护方案（如果必要）、经济方案（如果必要）和其他方案。

设计文件的批准（согласование проектной документации）系指对设计文件符合用于设计的文件和其他规范文件要求的评价。

技术监督（технический надзор）系指为了保证施工活动符合工艺要求、竣工工程和施工材料设备和结构符合施工设计和国家规范性文件的要求，由独立的工程咨询公司对施工按照要求进行的全程质量监督工作，即国内所称的施工监理。

技术规程（технический регламент）系指吉尔吉斯斯坦加入的国际条约通过的文件、吉尔吉斯斯坦的法律和政府规定，这些文件规定了产品和与产品的设计（包括勘探）、生产、施工、按照、组装、保存、运输、销售、使用、销毁相关的强制性适用和应用要求，以及评价这些活动符合强制性要求的形式和流程。

设计文件鉴定（экспертиза проектной документации）系指评估设计文件各章节的技术设计方案是否符合规范性技术文件和技术规程的要求。

二、城市建设施工许可与施工资质的区别

建筑行业的建筑施工许可与建筑施工资质存在区别。建筑施工许可应由业主，即施工项目的所有人或使用权人或其他有权管理人向建设项目所在地的吉尔吉斯斯坦建设施工许可主管部门——区域建筑施工监督局提出申请，证明申请人可以具体投资和实施建筑项目的文件。施工许可有法定有效期限，但可以延长，许可有效期满而又未申请延期的，该施工许可失效。

而建筑施工资质应由承包商，遵守吉尔吉斯斯坦法律规定条件，具备相应施工技术人员和机械设备，能完成施工组织管理并具有相应施工业绩的建筑单位向吉尔吉斯斯坦施工资质主管部门，即城市规划建设和公共住房署申请获得，证明施工人有能力和资格完成相应的项目建设工作。

三、城市建设和规划领域的政府主管部门

（一）城市规划建设和公共住房署

在吉尔吉斯斯坦，工程规划和建筑行业的政府主管部门是吉尔吉斯斯坦城市规划建设和公共住房署和在全国各州市设立的地方分支机构，负责对建筑规划和施工活动进行管理，制定和颁发工程项目设计条件文件，批准设计文件，对设计文件进行审查鉴定和对完工项目投入使用前进行相符性验收。[①]

（二）历史文化遗产保护机关

国家城市建设和规划主管机关在制定和批准不动产项目的设计条件时，针

① 吉尔吉斯斯坦《不动产设计、施工和改建以及竣工验收和投产文件颁发程序的条例》（以下简称《评估文件颁发条例》）第1条第2项，法律文本参见吉尔吉斯斯坦司法部官方网站。

对可能影响历史文化遗产保护和传承、生态环境及其保护区的项目，应该在项目实施前和实施过程中取得国家历史文化遗产保护机关的同意。

（三）建筑规划设计审批和鉴定相关机关

不动产开发建设和投产运营全过程中，有权颁发工程设计、施工和已完工程相符性评价文件的主管机关分工如下：

1. 颁发用于项目设计的文件和批准设计文件由地方城市建设和规划机关基于城市建设文件和城市建设规划领域的相关法律规定审查批准。

2. 设计文件的国家鉴定由国家鉴定机关进行，但《评估文件颁发条例》第33条规定之外的设计文件鉴定可由非国家鉴定机构（社会鉴定机构）在其期限范围内进行认证。

3. 对已完工程投入使用进行相符性评价工作由地方工程质量控制和监督机关实施并出具评估报告。

4. 已竣工工程投入使用由开发商（业主）根据已完工程相符性评估报告进行。

四、办理城市建设施工许可的工作流程

根据吉尔吉斯斯坦《建筑法典》的规定，在吉尔吉斯斯坦进行建筑物施工的单位或个人，无论建筑规模大小，都应先获得设计文件许可，即向城市规划建设和公共住房署申请获得设计文件的批准，除非法律另有规定。

施工许可由工程项目的所有者或投资者在工程开工前向吉尔吉斯斯坦建设施工主管机关申请办理。城市规划建设和公共住房署审批设计文件的法律依据是吉尔吉斯斯坦《评估文件颁发条例》。①

在吉尔吉斯斯坦的本国企业或外国投资者申请施工许可的主要工作流程如下：（1）向吉尔吉斯斯坦区域设计施工主管机关申请取得项目的规划设计条件（表现为城市建设规划文件）；（2）项目所有人或投资者根据城市建设规划文件完成项目设计并提交区域设计施工主管机关审批和确认设计文件；（3）负责建设施工许可的主管机关的区域分支机构对项目施工方案（内容见本节第一项“施工方案”概念）进行鉴定并出具鉴定意见；（4）从负责设计施工监督的区

① 吉尔吉斯斯坦《评估文件颁发条例》，法律文本参见吉尔吉斯斯坦司法部官方网站。

域分支机构申请获得项目施工许可等。

申请人在提交全套材料后10天内取得施工许可，申请施工许可不收费用。

五、需要取得城市建设设计文件的施工项目

（一）需要获取城市建设规划意见和设计文件鉴定意见书的建设项目

吉尔吉斯斯坦《评估文件颁发条例》规定，居民住宅和居民小区的设计改造和新小区的开发建设需要依法制定开发方案等城市建设文件。

在现有项目上规划建设下列独立工程的，应依法办理城市建设规划意见：（1）进行基础设施建设的；（2）工程改建、重新进行功能定位和重新规划设计且改变空间规划方案和结构方案的；（3）施工面积超300平方米或地上建设高度超过2层的公共建筑。[①]

在上述工程施工前，项目所有者或投资者还应向项目所在地城市建设规划机关申请对项目设计文件进行技术鉴定并办理技术鉴定意见书。

（二）需要依据国家城市建设规划地区机构出具的技术规划意见进行施工的不动产项目

1. 需要制作设计文件进行审批，但无须进行技术鉴定的建设项目，包括以下三类：（1）300平方米以内或高度不超过2层的公共建筑；（2）高度不超过地上2层（不计算阁楼），附带经济用途的独立住宅；（3）建设满足农业用途的住宅或农业项目。

2. 不需要提供设计文件也无须获得地区城市建设和规划部门批准的建设项目，包括以下两类：（1）没有改变承重结构和没有增加市政工程系统负荷的改建和重建工程；（2）安装简易类型项目和小型工程设施。

（三）不需要取得用于设计的文件，也不需要制作设计文件的建设项目

（1）在许可利用范围内未改变空间规划方案和承重结构，不增加现有负荷和改变市政基础设施的场所改建工程；（2）所有类别的装修和装饰工程，包括大修工程；（3）在现有独立住宅中增加阳台和住宅区的施工工程，但不得影响历史文化遗迹的保护区域。

---

① 吉尔吉斯斯坦《评估文件颁发条例》第7条，法律文本参见吉尔吉斯斯坦司法部官方网站。

经批准的城市建设规划意见有效期为3年。在城市建设规划意见有效期内，业主变更工程的功能用途、层数、面积的，此前颁发的城市建设规划意见应向地方城市建设规划机关申请增补意见，① 并延长意见书的有效期至3年。

六、设计和施工文件的审批流程

设计和施工证件由地方城市建设和规划机关依据土地的法定文件和国家鉴定机关依据审批通过的项目文件按照以下程序颁发。②

（一）单体工程的规划和施工

第一步：制定和颁发城市建设规划意见，并指明在施工地段增加市政强制性便利设施等内容。

第二步：（1）批准城市建设规划意见方案各章节内容和总平图。（2）根据吉尔吉斯斯坦《评估文件颁发条例》第七章规定对设计文件是否符合规范要求进行鉴定。

第三步：批准外部市政工程管网接驳方案。

（二）现有地段上已有依据法定程序确认的开发方案

第一步：制定和颁发城市建设规划意见中的工程技术意见，并指明市政工程管网接入条件。

第二步：批准城市建设规划意见中的设计文件各章节，列明应增加的强制性市政设施，并鉴定设计文件是否符合根据吉尔吉斯斯坦《评估文件颁发条例》第七章规定的规范要求。

第三步：批准市政并网方案。

文件审核和颁发期限：第一阶段不超过20个工作日，其中10个工作日用于取得设计条件。第二阶段不超过30个工作日内，其中审批城市建设规划意见方案各章节和总平图的时间不超过10个工作日，设计文件鉴定不超过20个工作日。第三阶段不超过10个工作日。

---

① 吉尔吉斯斯坦《评估文件颁发条例》第10条，法律文本参见吉尔吉斯斯坦司法部官方网站。

② 吉尔吉斯斯坦《评估文件颁发条例》第14条，法律文本参见吉尔吉斯斯坦司法部官方网站。

七、建筑意向的审批

（一）确定设计机构

如果业主（开发商）没有自己的设计机构，那么应选择具有设计资质的设计机构，与其签订项目总体设计和设计监督合同，在本项目设计批准和鉴定过程中提供支持。

（二）了解地段的设计规划信息

业主（开发商）或设计机构向地方城市建设和规划局了解目标地块信息，确保建设意向符合城市建设文件。地方城市建设和规划局应在 3 个工作日内提供相应信息。

（三）完成设计草图

1. 建设意向审查

若建设意向符合城市建设文件，则业主（开发商）聘请的设计机构就可以开始工程的草图设计，并与业主（开发商）共同提交给地方城市建设和规划局审核。若建设意向不符，则设计机构可向业主建议符合城市建设文件的其他工程类型设计。

2. 相关文件准备和提交

申请人向地方城市建设和规划局提交申请时，应同时提交如下文件：① （1）土地所有权或使用权证书复印件，以及地段上不动产工程的技术证书复印件。（2）包含空间规划的设计草图，以 1∶500 比例尺的地形图为基础。设计草图还应附上工程管网的载荷计算式。

3. 城市建设委员会审核

若拟建工程具有城市特色，对城市形象和基础配套有重大影响，则设计草图还应交城市建设委员会审核。审核期不超过 14 个工作日，逾期未出具结论的，视为审核通过。② 审核未通过的设计草图应重新设计。城市建设委员会对设计草图进行审查并提出意见对所有的城市建设是强制性的。

---

① 吉尔吉斯斯坦《评估文件颁发条例》第 20 条，法律文本参见吉尔吉斯斯坦司法部官方网站。
② 吉尔吉斯斯坦《评估文件颁发条例》第 20 条，法律文本参见吉尔吉斯斯坦司法部官方网站。

4. 设计草图的补充和确认

地方城市建设和规划局在职权范围内补充设计草图的城市建设要求和条件、外部管网平面图，制定城市建设规划意见并由总建筑师签字确认后提交给业主或开发商。

5. 地段用途确认

地段用途由城市建设文件规定并反映在城市建设规划意见中。地段用途的变更应由地方城市规划建设机关出具的城市建设规划意见确认。

6. 城市建设规划意见

经过确认的城市建设规划意见是工程施工准备并开展如下工作的依据：（1）设计总图；（2）工程勘察；（3）建筑和工程管网拆除；（4）绿地拆除和拆迁；（5）工地围挡；（6）临时道路和永久性道路施工；（7）临时建筑和设施的施工；（8）连接市政工程管网临时性设施等。

八、设计文件的审批

设计文件由地方城市建设和规划机关在收到申请后10个工作日内审批。经地方城市规划建设机关按照本节第六点“设计和施工文件的审批流程”审批同意的设计文件中的城市建设规划意见、总平图和外部管网章节内容，不再需要进行设计鉴定。①

主管机关审查设计文件时的审查内容：（1）审查设计文件是否符合城市建设文件和城市建设规划意见；（2）审查外部工程管网是否符合居民区市政基础设施发展方案；（3）审查是否符合吉尔吉斯斯坦历史文化遗迹保护和利用的法律要求；（4）审查设计的项目和邻接区域是否符合设施配备的总体要求和城市建设规划意见的要求。

若项目设计方案不符合用于设计的文件和设计施工领域的规范文件，则地方城市规划建设机关可作出不同意设计文件的决定，指出设计文件不符合规范技术文件和法律法规之处，并通知设计单位和项目业主（或开发商）修订设计文件。

设计文件发回修改不超过一次，修改后的设计文件再次提交审查的，主管

---

① 吉尔吉斯斯坦《评估文件颁发条例》第26条第2款，法律文本参见吉尔吉斯斯坦司法部官方网站。

机关应在 3 个工作日内完成审查。

设计文件的审查属于收费服务，应按照国家主管机关确认的收费价格支付审查费。

九、设计文件的鉴定

（一）鉴定机构

设计文件的鉴定由业主（或开发商）向国家鉴定机关或非国有的社会鉴定机构提出申请，并提供纸质或电子版的设计文件进行鉴定。

（二）鉴定内容

1. 设计文件鉴定时要对设计文件应完成的所有鉴定项目同时进行综合鉴定，并决定设计文件是否能够通过鉴定并获得鉴定意见。项目的设计文件或其部分章节必须进行相应的鉴定。

2. 如果是国家预算投资的工程，还必须对工程的预算文件，尤其是预算标准和计算方法进行鉴定。下列工程的设计预算文件必须进行鉴定：[①]（1）国家预算投资的全部施工工程项目和改建工程项目；（2）任何所有制主体投资的高风险工程项目。

3. 无须进行设计文件鉴定的工程项目：（1）重复利用已取得肯定性鉴定意见的设计文件，且采用设计文件的施工现场具有类似的工程地质条件、土壤条件和地震条件的项目。（2）重复使用的设计方案中有部分变更的，该变更部分的设计文件应进行鉴定。

4. 外国设计机构完成的设计文件鉴定

国外的设计机构根据吉尔吉斯斯坦法律未作规定的技术标准所完成的设计文件应先审查其是否符合吉尔吉斯斯坦法律规范文件、技术标准以及吉尔吉斯斯坦所签订的国际条约和协议规定的要求，然后再依照《评估文件颁发条例》规定的程序进行设计文件鉴定。[②]

5. 边设计边施工的民用项目和公共建筑的设计文件鉴定

在吉尔吉斯斯坦允许工程项目边设计边施工，但在此类“边设计边施工工

---

① 吉尔吉斯斯坦《评估文件颁发条例》第 33 条，法律文本参见吉尔吉斯斯坦司法部官方网站。

② 吉尔吉斯斯坦《评估文件颁发条例》第 36 条，法律文本参见吉尔吉斯斯坦司法部官方网站。

程”中，设计文件的鉴定应注意遵守施工工艺和施工顺序的统筹安排。吉尔吉斯斯坦法律规定，允许边设计边施工的民用建筑和公共建筑，其建筑面积不得低于1000平方米，[①] 建筑面积低于该面积的，不得采取双边模式施工。

上述可采用双边模式施工的民用建筑和公共建筑工程项目的设计文件鉴定流程分为两步：（1）第一阶段：对设计文件中的结构方案、工艺方案（如果设计文件必须包含这些文件）进行鉴定；（2）第二阶段：对设计文件中与内部工程管网连接的建筑方案、结构方案、外部管网章节进行鉴定。

在批准住宅和公共建筑的设计文件时需要确认设计文件是否符合城市建设规划意见的安全标准要求，对所提交的设计文件的所有必要章节应进行消防安全鉴定，生态安全和工业安全鉴定在第二阶段进行。

6. 边设计边施工的工业项目的设计文件鉴定

边设计边施工的工业项目设计和施工工作按照项目开发方案或总平图进行组织鉴定，但要考虑项目的城市建设规划意见或设计任务书中规定的施工顺序和配套设施施工。边设计边施工的线性工程的设计文件的鉴定应参照城市建设规划意见或设计任务书规定的施工顺序和配套设施施工进行。

（三）鉴定结论

1. 设计文件鉴定的结论分为：（1）工程项目技术方案符合或不符合规范要求；（2）工程项目技术方案符合规范要求，但需消除设计文件中不影响项目安全的缺陷和意见；[②]（3）在否定性鉴定意见中，应指出设计文件的具体违规之处和所违反的法律规范文件。

在设计文件的批准和鉴定通过之后，又对设计文件进行修订但不改变空间设计方案和结构方案的，业主（或开发商）应与设计人和地方城市规划建设部门协商；对设计文件进行修订并改变了空间设计方案和结构方案的，业主（或开发商）应对设计文件中变更的章节部分按照法定程序重新提交审批和鉴定。[③]

---

① 吉尔吉斯斯坦《评估文件颁发条例》第37条第2款，法律文本参见吉尔吉斯斯坦司法部官方网站。

② 吉尔吉斯斯坦《评估文件颁发条例》第42条，法律文本参见吉尔吉斯斯坦司法部官方网站。

③ 吉尔吉斯斯坦《评估文件颁发条例》第45条第2款，法律文本参见吉尔吉斯斯坦司法部官方网站。

2. 鉴定不合格的设计文件在消除鉴定意见中所提出的异议后，应再次提交鉴定。在再次提交鉴定的设计文件中应列明按照上次鉴定意见所修订的内容。再次鉴定应针对上次鉴定不合格的设计文件内容进行，再次鉴定应在收到修订后的设计文件之日起 5 个工作日内完成。

（四）鉴定期限和费用

鉴定期限依据设计文件的复杂性和工作量决定，其中设计面积在 500 平方米以内为 10 个工作日，500 平方米—1000 平方米的为 15 个工作日，超过 1000 平方米的，为 20 个工作日。① 设计文件通过鉴定后 3 年内未施工的，在此期间国家技术规范和设计文件方式变更或工程保障要求发生变化的，设计文件应重新进行鉴定。②

对设计文件进行鉴定为有偿服务，具体收费标准按照相关规定执行。

十、市政并网

（一）技术要求

工程的市政并网应根据开发商与市政管网设施的所有人签订的合同、城市建设和规划局批准同意的市政管网施工方案实施。市政管网接驳点距离所开发的不动产项目的连接设施不应超过 100 米。市政并网的技术条件按照不动产项目所在地的市政管网设计规程确定。

（二）建设替代性市政设施

在项目施工区域尚未建设市政管网的，应当建设市政管网替代设施，如打井、建设本地的垃圾消纳和污水处理设施等，这些替代市政设施应单独设计和施工，其设计文件应根据外部工程管网的城市建设规划意见进行设计并作为市政配套工程进行鉴定。如果现有的市政管网容量不足，应修订施工图纸，提高容量，并兼顾本区域未来发展的容量需求。

外部工程管网施工完成后，应拍照录像并提交给市政管网所有人和城市规

---

① 吉尔吉斯斯坦《评估文件颁发条例》第 38 条第 2 款，法律文本参见吉尔吉斯斯坦司法部官方网站。

② 吉尔吉斯斯坦《评估文件颁发条例》第 40 条，法律文本参见吉尔吉斯斯坦司法部官方网站。

划建设机关。

十一、工程开工

（一）工程开工的手续

国家鉴定机关或社会鉴定机构对工程设计文件出具的肯定性鉴定意见是将工程列入《国家在建工程清单》和工程开工的依据。《国家在建工程清单》由地方监管局统计和编制。

工程业主应在取得设计文件的肯定性鉴定意见书之日起5个工作日内分别与设计单位、工程咨询单位（技术监督）签订设计合同、工程监理合同，并通知地方监管局[①]工程正式开工。[②]

（二）利用其他项目的设计文件施工的工程开工

如果规划建设的工程符合《评估文件颁发条例》第35条规定的重复利用已取得肯定性鉴定意见且在工程所在的地质、土壤和抗震条件方面类似的工程项目，工程业主只需要获得经城市建设和规划机关批准的设计文件且工程的设计单位也承诺愿意对设计文件的说明部分依据吉尔吉斯斯坦相关法律承担责任后，工程即可开工。[③]

十二、施工监管

1. 施工技术文件监督。工程项目技术文件的肯定性鉴定意见书复印件、设计文件、施工日志和监理日志等文件应存放在施工现场，以备地方监管局随时检查。若工程项目所有权发生转移，且工程停工或封存，则申请人应在作出工程转让决定之日起10个工作日内通知地方监管局。

2. 所有施工项目应接受国家质量监管监督、设计监督和技术监督。

---

① 在吉尔吉斯斯坦，国家质量监督是对施工全过程和最终的成品进行全过程质量控制的监督，监管机构可随时现场临检，抽查产品质量等。

② 吉尔吉斯斯坦《评估文件颁发条例》第51条第3款，法律文本参见吉尔吉斯斯坦司法部官方网站。

③ 吉尔吉斯斯坦《评估文件颁发条例》第51条第4款，法律文本参见吉尔吉斯斯坦司法部官方网站。

十三、工程竣工验收评价

（一）评价期限

工程竣工后，应接受地方监管局进行合格性评价。工程业主应在工程竣工后10个工作日内向地方监管局提出竣工合规性评估申请，接受工程竣工合格评价。

（二）不需要进行竣工合格性评价的项目

根据《评估文件颁发条例》第8条和第9条的规定，建筑面积在300平方米以内且高度不超过2层的工程，以及用途为个人居住使用且地上不超过2层的住宅等类型的工程不需要竣工合格评价。除上述情况外，其他个人住宅建筑自愿接受竣工合格评价。①

（三）进行评价所需的工程文件

工程业主在申请工程竣工合格性评价时，应提交如下文件：（1）工程和附属设施完工和接收证书、施工日志和监理日志；（2）施工过程文件，如图片、隐蔽工程验收证书等；（3）工程管网连接确认单；（4）电梯验收证书；（5）工程设备验收证书；（6）业主与承包商确认的完工价格证明；（7）消防验收证书等。

（四）颁发工程合格证书

经评价后确认竣工工程符合设计文件和技术规程的，应在10个工作日内颁发工程合格证书。该合格证书应由业主/开发商、设计单位、监理单位、总包单位、地方监管局（五方验收）授权的工作人员签字，并由地方监管局领导签字确认。

工程合格证书是该工程可以投入使用和进行不动产登记的依据。② 地方监管局每个月定期向国家统计局、地方城市建设和规划机关、国家不动产登记机关

---

① 吉尔吉斯斯坦《评估文件颁发条例》第55—57条，法律文本参见吉尔吉斯斯坦司法部官方网站。

② 吉尔吉斯斯坦《评估文件颁发条例》第63条，法律文本参见吉尔吉斯斯坦司法部官方网站。

通报有关已通过竣工验收的工程信息。

十四、外国法人在吉尔吉斯斯坦从事城市建设和规划业务

吉尔吉斯斯坦法律允许外国投资者根据吉尔吉斯斯坦法律法规规定在吉尔吉斯斯坦境内参与城市建设和规划活动。

外国投资者可以在吉尔吉斯斯坦境内研究和实施双边或多边设计和施工工程投资规划以及合作项目，合作进行科研和工艺研发，包括联合投标等形式的合作。外国自然人、法人或其他机构在吉尔吉斯斯坦开展城市建设和规划活动应按照吉尔吉斯斯坦法律规定取得许可批准手续后才能开展业务活动。

我们要提示在吉尔吉斯斯坦从业的中资企业，吉尔吉斯斯坦法律对外国自然人、法人参与当地设计和施工活动有限制：外国自然人、法人或机构不得在没有吉尔吉斯斯坦主体参与下，完全独立实施和履行国际合同。①

法律法规未明确规定国际合同的内容和条件等。一般来讲，此处所指的国际合同是指国际合同项下的工程项目位于吉尔吉斯斯坦境内，但工程项目的投资人及项目投资、项目业主、施工承包人、技术监理或工程咨询机构中一部分或全部来自吉尔吉斯斯坦境外的机构或个人。对此类国际合同的实施，法律规定需要有吉尔吉斯斯坦本地的机构或个人参与，一方面可以保证工程项目能采用一定比例的本地成分，比如采购本地的建筑设备或材料，或聘用本地的专家技术工人等；另一方面可能出于对外资加强监管的需要。至于国际合同下的本地参与比例或参与角色，法律未作详细规定，在该国际合同立项阶段或招投标阶段，投资人就需与政府相关部门沟通了解具体要求。

十五、工程配套设施

工程的市政配套区域由地方城市建设和规划局确定并作为本工程强制性的市政配套面积。关于附属设施方案、访客停车区域布置、人行道等设施由城市建设规划意见设定。

在施工期间，市政配套区域可由开发商（工程业主）依据施工总规划方案进行使用，不需要另行办理该施工区域的审批手续。在建设完成后，市政配套区域由开发商移交给地方自治机构管理和使用。

---

① 吉尔吉斯斯坦《城市建设规划法》第 74 条，法律文本参见吉尔吉斯斯坦司法部官方网站。

十六、违法责任

任何官员或工作人员在工程的设计、施工和竣工验收评价文件的申请和颁发过程中出现违法行为的，将被依法追究行政或刑事责任。

工程技术服务局在市政并网过程中无合法理由拒绝向自然人、法人提供相应市政服务并造成损失的，应承担相应的民事责任。

设计单位、施工单位、项目的负责人和执行人员、施工安装工作的承包人、专家、履行监管职责的工作人员、工程咨询人员和设计监督机构的代表违反工程的设计、施工要求和法律规定的，应依法相应的责任。

第二节　建筑施工资质办理程序

吉尔吉斯斯坦法律规定法人、自然人、个体工商户，包括外国法人和自然人都可以依法申请特定行业从业资质和许可。无论是吉尔吉斯斯坦本国法人、作为个体企业主的自然人，还是外国企业赴吉尔吉斯斯坦承揽道路、桥梁、盖住宅或修厂房，都需要依据吉尔吉斯斯坦法律法规获取建设施工资质，以保证施工活动能够符合吉尔吉斯斯坦相关法律法规要求和安全标准。①

在吉尔吉斯斯坦申请建筑施工资质条件和要求主要规定在吉尔吉斯斯坦《特定业务资质许可条例》中，该法律总共90章，501条。吉尔吉斯斯坦议会根据吉尔吉斯斯坦国内外经济形势发展变化，对该法进行修订，最新一次法律修订是在2024年7月4日。

一、工程施工资质的管理

（一）主管机关

吉尔吉斯斯坦施工资质由资质颁发机构——吉尔吉斯斯坦城市规划建设和公共住房署根据施工单位的申请颁发。外国建筑企业在吉尔吉斯斯坦申请施工

---

① 吉尔吉斯斯坦《特定业务资质许可条例》第14条规定：不论是法人、自然人，还是外国法人、自然人，也不论其所有制形式如何，在吉尔吉斯斯坦从事进行建筑施工业务活动的，都需依法申请获得建筑施工资质后才能开展经营。

资质的程序和要求与吉尔吉斯斯坦本地建筑企业一样，但必须先在吉尔吉斯斯坦注册成立子公司，然后以该公司名义申请资质，或外国公司在吉尔吉斯斯坦设立代表处，以外国公司的名义申请承认外国施工资质。

（二）资质办理期限

施工资质的办理周期为30天，自申请人提交全套申请材料之日起算。施工企业缴纳施工资质费用，每份300索姆。获取规划设计条件和审批设计文件的费用根据施工项目种类和所在地区有所区别。

二、工程施工资质的变革

吉尔吉斯斯坦的建筑业施工资质许可体系有自己的特点。建筑业的国家主管机关——吉尔吉斯斯坦城市规划建设和公共住房署将工程施工资质按照工程性质分为五大类别：（1）工程勘察责任资质（包括两小类：大地测量和工程地质勘察）；（2）城建文件编写责任资质；（3）设计、施工安装、建筑工程责任资质；（4）工程系统、管网和设施的设计、施工安装竣工使用、工艺设备安装的责任等级；（5）结构、建筑和设施的技术状态调查资质。

2023年12月14日之前，吉尔吉斯斯坦执行的是2001年8月30日颁布实施的《特定业务资质许可条例》，共45章。按照该条例要求，城市规划建设和公共住房署将每一类别工程施工资质按照工程施工的组织和技术复杂程度分为四个等级，每一复杂程度等级对应相应级别的工程施工责任资质，其中工程的施工组织和技术复杂程度最高等级为一级，对应一级责任资质，第四级别工程复杂程度最低，对应四级责任资质。施工企业需要获得与工程等级相应级别的施工责任资质，才可承揽该责任等级以及以下等级的工程项目和完成相应的施工工作，但不得实施更高资质等级的工程和建筑工作。

2023年12月14日，吉尔吉斯斯坦议会对吉尔吉斯斯坦《特定业务资质许可条例》进行重大修订，对施工资质许可类别进行大量简化和条文细化，修订后的条例共90章内容，于2023年12月14日正式颁行。新修订的《特定业务资质许可条例》将建筑施工业资质减少为三大类别和三级责任资质，即工程勘察资质、城市建设和设计资质及施工安装资质。每一类别资质根据工程施工组织和技术复杂程度又分为一级责任资质、二级责任资质和三级责任资质，每个责任等级分别对应一级责任资质，每一级别资质下规定了可以从事的工程性质和类别，将此前四级责任资质下各级资质可以施工的工程类别和工作内容整合到三级责任资质项下。

吉尔吉斯斯坦现行的《特定业务资质许可条例》还规定了市场主体获取资质许可的条件、资质和许可的授予程序、申请资质需要提供的文件、施工资质分级分类和对外国资质在吉尔吉斯斯坦境内效力的承认要求等。外国公司企业进入吉尔吉斯斯坦市场之前需认真了解和熟悉建筑工程领域相关法律法规和政府规章、命令等。

三、吉尔吉斯斯坦建筑施工资质类别

按照吉尔吉斯斯坦《特定业务资质许可条例》第 31 章[①]的规定，吉尔吉斯斯坦的建筑施工类资质许可分两大类，即城市规划和勘察设计资质和建筑施工安装资质。

（一）城市规划和勘察设计资质

城市规划和勘察设计资质可从事如下工程和服务[②]（包含一类、二类和三类工程，但个人住宅除外）：

1. 工程勘察，包括：（1）大地测量，即地形测量、线性勘察、地质基础分区；（2）工程地质勘察，即施工项目的工程地质勘察。

2. 城市规划和设计，包括：（1）工程项目的城市规划：区域规划、城市和乡村居民点的总体设计、工程基础设施和区域保护；工程建筑设计；施工设计和结构设计。（2）工程项目建筑设计，即住宅、公共建筑和设施、生产性工程项目。（3）施工设计和结构设计，即住宅、公共建筑和设施、生产性工程项目，桥梁、道路和交通设施、立交桥、水利工程和地形变更设施（大坝、堤坝和运河等）、水电站。（4）内外部工程管网设计，即电站、配电设施和变电站、供电、输电线路、供水和排水管线、锅炉、热力管网和空调、供气。（5）专业设计（包括环境保护）。（6）工艺设计（指定类别）。（7）担任总设计师。

---

① 吉尔吉斯斯坦《特定业务资质许可条例》第 31 章，法律文本参见吉尔吉斯斯坦司法部官方网站，网址 https：//cbd. minjust. gov. kg/，2024 年 9 月 12 日登录。

② 吉尔吉斯斯坦《特定业务资质许可条例》第 216 条，法律文本参见吉尔吉斯斯坦司法部官方网站，网址 https：//cbd. minjust. gov. kg/，2024 年 9 月 12 日登录。

（二）建筑施工安装资质

建筑施工安装资质可从事如下工程和服务[①]（包含一类、二类和三类工程，但个人住宅除外）：（1）土方工程。（2）建筑、设施的承重结构和维护结构、屋顶安装，包括：①钢结构安装；②整浇混凝土结构和钢筋混凝土结构安装；③装配式混凝土结构和钢筋混凝土结构安装，石头、砖、砌体砌筑；④木质承重结构和制品的安装。（3）工程内外工程管网的施工，包括：①电站、配电和变电设施、供电设施、输电线路施工；②给排水施工；③锅炉施工；④暖通空调；⑤供气设施。（4）工艺设备安装（指明种类）。（5）水电站施工，水利工程施工。（6）交通施工（桥、路、设施）。（7）工程总承包。

四、建筑施工资质等级的认定规定

吉尔吉斯斯坦法律对施工资质等级的规定与国内法律规定不完全一样，有自己的特色。在吉尔吉斯斯坦城市建设和公共住房署根据将要实施工程的复杂程度来确定工程的责任等级，再根据工程的责任等级来认定该工程施工主体所需的施工资质等级，授予施工资质的具体要求规定在《特定业务资质许可条例》附件二《建筑业资质责任等级认定规则》[②] 中详细规定。

（一）工程勘察的责任资质等级认定

1. 大地测量资质认定[③]

大地测量责任资质等级分为一级责任资质、二级责任资质和三级责任资质。

（1）大地测量一级责任资质。持有大地测量一级责任资质的施工企业可以完成吉尔吉斯斯坦《特定业务资质许可条例》第 217 条工程清单中规定的所有类别的大地测量工作，可完成 100 亩以上的测量工作面积，不限长度的线性工程测量，以及测量工作质量监督。

（2）大地测量二级责任资质。持有大地测量二级责任资质的施工企业可以

---

① 吉尔吉斯斯坦《特定业务资质许可条例》第 217 条，法律文本参见吉尔吉斯斯坦司法部官方网站，网址 https：//cbd. minjust. gov. kg/，2024 年 9 月 12 日登录。

② 吉尔吉斯斯坦《特定业务资质许可条例》附件二《建筑业资质责任等级认定规则》，法律文本参见吉尔吉斯斯坦司法部官方网站。

③ 吉尔吉斯斯坦《建筑业资质责任等级认定规则》第 4 条，法律文本参见吉尔吉斯斯坦司法部官方网站。

完成比例尺为1∶5000—1∶200、面积100亩以内的测量工作，长度25公里以内的线性工程测量，以及吉尔吉斯斯坦《特定业务资质许可条例》第217条工程清单中个别类别的测量工作。

（3）大地测量三级责任资质。持有大地测量三级责任资质的施工企业可以完成比例尺为1∶2000—1∶500、面积20亩以内的测量工作，长度5公里以内的线性工程测量，以及吉尔吉斯斯坦《特定业务资质许可条例》第217条工程清单中的个别类别的测量工作。

2. 工程地质勘察的责任资质等级认定①

（1）持有一级责任资质的施工企业可完成吉尔吉斯斯坦《特定业务资质许可条例》第217条工程清单规定的所有类别的一级、二级和三级工程责任的地质勘察工作。

（2）持有二级责任资质的施工企业可完成吉尔吉斯斯坦《特定业务资质许可条例》第217条工程清单规定的二级和三级工程责任的地质勘察工作。

（3）持有三级责任资质的施工企业可完成吉尔吉斯斯坦《特定业务资质许可条例》第217条工程清单规定的三级工程责任的地质勘察工作。

（二）编制城市建设规划文件的责任资质等级

编制城市建设规划文件的责任资质等级有三类。

1. 一级责任资质

持有城市建设文件编制一级责任资质的建筑企业可以实施如下工作：（1）编制安置总方案图，自然资源利用，区域产业规划，区域安置方案，交通和基础设施规划，自然气候区，医疗保健和娱乐区域，地区规划图和方案，工业区规划方案和分布；（2）人数超过25000人的居民点总平图，详细规划图，城市规划图，开发方案和城市发展规划；（3）度假区、旅游休闲区、自然资源保护区和历史文化建筑区的居民点总平图。

2. 二级责任资质

二级责任资质可完成如下城市建设文件编制工作：（1）隶属地方自治管理机构的区域总平图；（2）人数在5000—25000人（含）居民点总平图，城市规

---

① 吉尔吉斯斯坦《建筑业资质责任等级认定规则》第5条，法律文本参见吉尔吉斯斯坦司法部官方网站。

划图，详细规划方案，地产开发方案，城市和居民点的发展和绿化方案。

3. 三级责任资质

三级责任资质可完成中等居民点（5000 人以内）的总平图，城镇规划，详细规划方案，开发方案，居民点的完善和绿化工作。

（三）工程设计、施工安装和建筑工程的责任资质等级认定

设计、施工安装和建筑施工责任资质等级包括以下三类。

1. 一级责任资质可以实施具有独特经济和社会意义或者技术特别复杂的建筑和设施的图纸设计、施工安装和建筑施工。包括：（1）热电站主楼、热电厂、大型燃气电站；（2）高度 50—100 米的排烟囱和塔；（3）12 层以上的住宅；（4）跨度超 60 米以上的建筑和设施；（5）高度超 50 米的住宅和设施；（6）具有本国文化价值的主要博物馆、储藏库的建筑；（7）具有历史、文化和城市建设纪念建筑的修复；（8）具有特殊生产、存储和处理需求的工业项目；（9）公共建筑（火车站、机场、汽车站）；（10）容积超 10000 立方米的存储易燃易爆产品的设施。

2. 二级责任资质可以实施具有重要经济和社会意义的建筑和设施的图纸设计、施工安装和建筑施工。包括：（1）生产容积为 5000—10000 立方米的防火防爆产品的设施；（2）高度 5—12 层的住宅楼；（3）跨度为 24—60 米、高度为 15—50 米的建筑和设施；（4）完全装配式建筑、大型模板建筑和整浇建筑；（5）装配起重量超 32 吨的塔吊的工业建筑；（6）铁路；（7）1 级、2 级、3 级公路和山区的 4 级、5 级公路和城市主干道；（8）长度在 18—60 米的桥梁、人行天桥、立交桥；（9）超过 1000 人的学校、医院，座位/床位；（10）能提供 100 个工作岗位的生活服务企业（含本数）；（11）超过 250 床位的宾馆（含本数）；（12）生活区、工业枢纽的生活保障项目；（13）大型防护设施（防泥石流、防滑、防雪崩）；（14）在地震强度超 9 级的地段上或在复杂地质条件下（沉降二级、含水量、软弱土层、滑坡上）的施工作业。

3. 三级责任资质可完成上述一级、二级责任资质以外的工程，以及小型块状建筑材料施工的承重墙施工、围护结构施工、装配式和木质建筑和设施的安装。

（四）工程管网和设施的设计、施工安装和建筑工程的责任资质等级认定①

工程管网设施的设计、施工安装和工艺设备安装的责任资质等级认定：

1. 一级责任资质有权编写下列工程的设计文件，完成相应的施工安装工作：（1）直径600毫米以上、工作压力1.5兆帕以上的干线管道，以及直径小于600毫米和工作压力低于1.5兆帕但管线需要下穿障碍物、铁路、公路；（2）110千伏以上的输电线路、配电站和变电站；（3）电站；（4）高压锅炉；（5）高压输气及设施；（6）产品输送管线和设施。

2. 二级责任资质有权实施下列工程的设计、施工安装和装修工作：（1）长度600毫米以内、工作压强为1500兆帕以内（含本数）的干线管线；（2）电压10—35千伏的输电线、变电和配电站；（3）中等压力的锅炉；（4）中等压强的输气管线和设施；（5）工艺设备和管线。

3. 三级责任资质可完成下列工程的设计、施工安装和装修工作：（1）度假村外部供暖、给排水和设施；（2）电压为10千伏以下的供电线路和变电站；（3）供暖、空调和电力内外部管网；（4）给排水内外部管网；（5）低压锅炉；（6）工艺流程简单的项目的工艺设备（公共食品、商业和农产品加工）。

五、申请建筑工程领域资质等级所需材料和条件

（一）所需基本材料

按照《资质许可体系法》第18条的规定，申请人向资质主管机构申请资质和许可时，应提交如下材料：

1. 按照规定格式提交资质申请书，写明所申请的资质包含的施工业务和工作类别清单。申请书中应写明法人名称的全称和简称，法律组织形式（有限公司、股份公司或两合公司）等。申请人为自然人的，应写明其姓、名和父称，以及住所地、邮箱地址（用于与资质许可人进行沟通）。

2. 申请人的身份证明复印件，如果是自然人应提交其身份证件，如果是法人或个体企业主，应提交其国家注册证明。

---

① 吉尔吉斯斯坦《建筑业资质责任等级认定规则》第5条，法律文本参见吉尔吉斯斯坦司法部官方网站。

3. 申请资质许可的评审费缴费单复印件。具体缴费标准见下文。

4. 申请资质经办人员的授权书。

5. 申请人所申请施工的工程项目清单。

6. 所提交全部文件的清单等材料。

（二）申请人应符合的条件

除提交上文所述文件外，申请人申请勘察设计资质（一级、二级和三级）和建筑施工资质（一级、二级和三级）的，还应符合如下条件：①

1. 针对所申请的每一类工程和施工工作，应具有至少1名持有相应资格证书的专家，申请时应提交该专家的资格证书复印件。

2. 申请人为自然人的，该自然人应持有与其以执业技能可以从事或实施监督的那类工程和工作相应的职业资格证书，申请时应提交相应的证件复印件。

3. 承揽的施工、安装和装修工作由国家预算支付的，申请人还应符合所签订合同的相关条件。

4. 申请人最近3年按照吉尔吉斯斯坦《税法》规定纳税的证明，应提供相应的纳税证明（首次在吉尔吉斯斯坦承揽工程项目的施工单位无须提供）。

5. 建筑施工监督机关未对申请人作出消除威胁群众生命和环境安全危险的指令。吉尔吉斯斯坦《特定业务资质许可条例》第220条规定了属于存在威胁群众生命和环境安全因素的情形：比如违反工程承重结构和围护结构的要求，施工中采用不符合质量标准的建筑材料和不遵守施工技术安全要求等。资质持有人出现危害公民和环境生命和健康安全的，主管机关将给予暂停资质效力或暂停效力并降低责任等级的处罚。②

6. 前述持有资格证书的专家只能在一个单位从事专职工作（不得兼职）。

7. 遵守关于残障人士在建筑、多层住宅、道路、桥梁、人行道和公共场所方面的法律法规、建筑标准和规则要求。

8. 主管机关对申请人给予正面评价，③ 确认其在此前的工程施工中能完全

---

① 吉尔吉斯斯坦《特定业务资质许可条例》第219条，法律文本参见吉尔吉斯斯坦司法部官方网站。

② 吉尔吉斯斯坦《建筑业资质责任等级认定规则》第3-3条，法律文本参见吉尔吉斯斯坦司法部官方网站。

③ 吉尔吉斯斯坦《建筑业资质责任等级认定规则》第3-1条，法律文本参见吉尔吉斯斯坦司法部官方网站。

执行施工、设计和工程勘察领域的法律法规，此前完成的建筑施工中不存在违法违规行为，并具有相关领域的工作经验。

9. 持有国家颁发的资格证书的专家和单位领导的工作卡（按照规定格式提供）复印件，需要进行公证。

10. 持有国家颁发的资格证书的专家和单位领导的职业资格构成（按照规定格式提供）。所谓职业资格构成是指关于申请人单位的领导和专家的职务、姓名、专业，国家职业证书的序列和编号等信息的表格。需要申请人的领导签字及法人盖章。

11. 单位签发的保证生产安全和劳动保护措施的命令等（按照规定格式提供）。需要申请人的领导签字及法人盖章。

12. 机械材料性能证明（按照规定格式提供）。[①] 证明内容分为两类，第一类是自有机械设备，第二类是租赁机械设备。每个类别下都需要填报机械设备名称、生产日期、额定使用期限，技术经验和计量日期，下一次检验和计量日期等。若单位的机器、机械和设备是租赁的，则还应附上相应的租赁合同复印件，以及机器、机械设备和工具的技术说明书和计量调查书复印件。

13. 专家资格证明[②]（按照规定格式提供）。内容包括五栏，第一栏是专家的职务，第二栏是专家姓名和父称，第三栏是教育经历，第四栏是专业工作年限，第五栏是专业进修课程结业情况等。需要申请人的领导签字及法人盖章。

六、资质许可办理期限及资质许可有效期及生效范围

吉尔吉斯斯坦城市规划建设和公共住房署收到市场主体关于请求授予资质许可的申请和法律规定的全套申请材料后，将在 30 个工作日内进行审查并作出同意或拒绝授予资质许可的决定。申请对已经颁发的资质许可进行变更或申请资质延长有期限的，将在收到申请和全套材料后 5 个工作日内作出同意或拒绝变更或延长有效期的决定。

外国建筑施工企业在吉尔吉斯斯坦申请资质许可承认的，吉尔吉斯斯坦城市规划建设和公共住房署将在收到承认外国资质的申请和法律规定的全套材料

---

① 吉尔吉斯斯坦《特定业务资质许可条例》附件三《机械材料性能证明》，法律文本参见吉尔吉斯斯坦司法部官方网站。

② 吉尔吉斯斯坦《特定业务资质许可条例》附件四《专家资格证明》，法律文本参见吉尔吉斯斯坦司法部官方网站。

后5个工作日内按照吉尔吉斯斯坦内阁规定的外国资质许可的单方承认规则作出承认或不予承认的决定。[①]

在吉尔吉斯斯坦依法获取的建筑业施工资质无有效期限制，除了被依法撤销、暂停效力或申请撤销等原因外一直有效。施工资质不可转让，并在吉尔吉斯斯坦全境有效。

七、对资质和许可持有人的违法处罚

若资质许可持有人有违法行为，则将对其处以暂停资质许可的处罚，如果资质持有人：（1）在一年内3次违反资质许可要求；（2）资质持有人未在指定期限内消除违反资质要求；（3）发现资质持有人在申请资质时提供了虚假的信息；（4）资质持有人违反了法律，侵害了生命健康，破坏环境，侵犯所有权，危害社会和国家安全等。

资质持有人违反资质管理要求的，主管机关可对其进行警告、罚款、暂停资质90天等处罚措施。[②] 被处罚人未在指定期限内消除资质违法行为的，主管机关可向法院起诉程序撤销已授予的建筑施工资质。

第三节　城市建设和规划法律制度

一、城市建设法律对工程项目业主、承包商和设计人的要求

吉尔吉斯斯坦《城市建设和规划法》调整城市建设活动和城市建设规划全过程，安排城市区域生产力布局，规划社会基础设施，组织工程技术和交通基础设施和各种居住区和民用住宅的建设施工。在吉尔吉斯斯坦开展城市建设和规划活动必须遵守《城市建设和规划法》，以及城建领域、施工领域和标准、规范和政府命令等文件要求。

（一）对工程业主/开发商的基本要求

在吉尔吉斯斯坦投资建设工程项目应遵守当地相应的城建法律法规和规范，

---

① 吉尔吉斯斯坦《特定业务资质许可条例》第24条，法律文本参见吉尔吉斯斯坦司法部官网。

② 吉尔吉斯斯坦《特定业务资质许可条例》第220－5条和第220－6条，法律文本参见吉尔吉斯斯坦司法部官网。

其中包括：（1）应全面促进和实施已经政府机关审核批准的开发规划和工程项目；（2）工程项目开工应获得主管机关对项目设计和预算文件的审批同意和鉴定意见，未获得设计和预算文件的肯定性鉴定意见不得擅自开工；（3）不得违反国家城市建设、规划和施工方面的规范、规则和标准。① 当然，作为工程项目投资者、业主还应遵守吉尔吉斯斯坦《投资法》和其他相关的规范性法律文件。

（二）对设计文件设计人的基本要求

1. 城市建设设计文件的设计人有权向业主调取工程项目信息和原始资料，有权从国家机关或地方自治机关取得完成设计必须的信息。设计人和开发者在完成设计研发工作时不得违反城市建设法律，不得侵犯其他城市建设主体的权益，对所完成的设计工作成果承担职业责任。如有违反，可被课处取消设计资质和设计资格证书等行政处罚。②

2. 作为城市建设项目设计文件的设计人应对城市建设和规划文件的实施进行监督，工程项目施工中偏离设计规划文件的，应按照法定程序通知开发商/业主停止或暂停施工。③

项目开发商/业主在实施项目中，未经设计人同意不得变更工程的设计规划文件。对正在实施中的工程项目，其设计文件的变更必须经由设计人同意和地方城市建设和规划及施工主管机关的同意。④

（三）在实施城市建设项目时相关方的利益协调

在设计开发工程项目的总平图、区域详图和住宅图时，城建主管机关和地方自治机关必须组织社会听证会，听取开发区域内居民的意见和建议。主管机关应在组织听证会前 2 个月内通过当地大众媒体公布举行听证会的时间和地点，同时在主管机关官方网站上和办公地点公布项目总平图方案、区域详图方案及住宅方案等，⑤ 供大众参阅和了解项目信息。

---

① 吉尔吉斯斯坦《城市建设和规划法》第 29 条，法律文本参见吉尔吉斯斯坦司法部官方网站。

② 吉尔吉斯斯坦《城市建设和规划法》第 32 条，法律文本参见吉尔吉斯斯坦司法部官方网站。

③ 吉尔吉斯斯坦《城市建设和规划法》第 31 条，法律文本参见吉尔吉斯斯坦司法部官方网站。

④ 吉尔吉斯斯坦《城市建设和规划法》第 33 条第 2 款，法律文本参见吉尔吉斯斯坦司法部官方网站。

⑤ 吉尔吉斯斯坦《城市建设和规划法》第 36 条第 2 项，法律文本参见吉尔吉斯斯坦司法部官方网站。

审批通过的居民点开发方案应在地方自治机关和机关所在办公楼公示。在项目施工阶段，项目开发者应向第三人公布有关项目的相关信息，在施工工地现场公布施工类型、项目地址、施工主体信息、开发地段平面图和设计预算文件的肯定性鉴定意见和出具意见的时间等。项目实施侵犯其他自然人或法人合法权益的，被侵权人有权向法院起诉追责。

在多层住宅的土地上进行施工但未确定和标出地块四至坐标点的，必须事先取得建筑物所有人的同意，否则不得开工。

二、设计文件的审核及修改

城建规划项目的施工和改建必须根据建设规划文件进行，城建规划纲要、平面图、计划和方案经过规定程序审批确定后对参与城建活动的各方是强制性的，各方必须执行。变更居民点总体方案规划设计的，必须报城建主管机关和地方自治机关按照规定程序重新审批。①

多层住宅、公共项目、工业项目和水利工程以及线性工程可以按照吉尔吉斯斯坦法律规定程序边设计边施工。

所有的工程项目都应接受设计监督、技术监督和国家规划施工监督，保证所施工项目在竣工交付时符合规划设计文件、技术决议和标准。

三、竣工交付符合性评估

项目完工后，政府设计施工监督主管部门应按照法律规定程序进行已完工程的技术规程符合性评价和竣工交付验收工作。② 城建综合体的竣工验收工作按照每一个单体建筑独立进行。居民个人住宅设计施工文件无须提交国家主管机关审批，在完工后也无须进行竣工验收，但相关责任仍由住宅所有人自己承担。具体的工作流程参见本书第一章内容。

四、违法责任

任何主体在吉尔吉斯斯坦进行工程设计和施工都应遵守相关法律法规，违反经审批的城建文件和整体规划设计方案，未经审批而重复使用设计文件或变

① 吉尔吉斯斯坦《城市建设和规划法》第37条第2项，法律文本参见吉尔吉斯斯坦司法部官方网站。

② 吉尔吉斯斯坦《城市建设和规划法》第41条，法律文本参见吉尔吉斯斯坦司法部官方网站。

更设计规划条件的应接受行政处罚，严重违法的，应承担刑事责任。

五、外国投资项目

外国投资者可以依法参与城建规划业务活动。吉尔吉斯斯坦国内主体可与外国主体在城市建设、规划和设计施工领域进行双边或多边合作，共同设计，共同施工，开展联合科学研究和施工工艺开发，联合投标等合作。

外国公司、组织和公民在遵守吉尔吉斯斯坦法律和资质许可要求的前提下，可以在吉尔吉斯斯坦境内承揽建筑施工工程，但吉尔吉斯斯坦法律规定，不允许外国自然人、外国公司或组织在吉尔吉斯斯坦境内单独完成国际工程项目，此类工程必须在有吉尔吉斯斯坦当地的主体参与下共同实施，以保证工程设计和施工满足吉尔吉斯斯坦具体需求，符合当地法律和规范性文件要求，[①] 以及在项目实施过程中完成一定比例的本地化要求等。所谓的国际工程一般是指一个工程项目从咨询、投资、招投标、承包（包括分包）、设备采购、培训到监理各个阶段的参与者不只来自一个国家，并且按照国际工程项目管理模式进行管理的工程。

第四节　吉尔吉斯斯坦承认中国建筑业诸多标准和规范

2024 年 6 月 6 日中国、吉尔吉斯斯坦和乌兹别克斯坦三国政府在北京正式签署《关于共同推动中国—吉尔吉斯斯坦—乌兹别克斯坦三国铁路项目合作实施的政府间协议》，2024 年 6 月 19 日吉尔吉斯斯坦议会批准了该协议，6 月 28 日吉尔吉斯斯坦总统扎帕罗夫签署公布生效。

2024 年 6 月 5 日吉尔吉斯斯坦国家建筑施工和公共住房署发布第№ 70 – нпа 号命令附件《许可与吉尔吉斯斯坦建筑标准同等适用于吉尔吉斯斯坦的外国建筑规范文件清单》[②]，承认中国、美国、俄罗斯、英国、欧盟等国家和国际组织的建筑业标准可适用于吉尔吉斯斯坦，与其本国建筑标准具有同等法律效力。

---

① 吉尔吉斯斯坦《城市建设和规划法》第 74 条。

② 吉尔吉斯斯坦规划、建设和公共住房署第 70 – нпа 号《许可与吉尔吉斯斯坦建筑标准同等适用于吉尔吉斯斯坦的外国建筑规范文件清单》。

建筑工程是属于保障人民身体健康和生命财产安全、生态环境安全、国家安全和满足经济社会管理基本要求的项目，所以各国政府都会对建筑业的施工、建筑材料、施工方法制定和实施强制性国家标准。

我国的建筑标准包括国家标准、行业标准、地方标准和团体标准、企业标准。根据该吉尔吉斯斯坦建筑、施工和公共住房署的命令所附清单，我国在吉尔吉斯斯坦得到承认的国家建筑标准包括 GB、CJ、JC 和 JG 等标准。

1. 我国发布的建筑国家标准，即编号带有字母 GB 的国家标准，仅限于国家强制性建筑标准，具体包括我国住房和城乡建设部发布的 GB 55001 至 GB 55037等国家建筑标准。

吉尔吉斯斯坦承认的我国建筑规范和标准不包括推荐性的国家建筑标准，即编号带有字母 GB/T 的国家建筑标准。

2. 我国的城镇建设行业标准，即编号带有字母 CJ 的城建行业标准。比如 CJ 131—2001 家用燃气燃烧器具结构通则、CJ 202—2004 建筑排水系统吸气阀、CJ 3062—1996 燃气燃烧器具使用交流电源的安全通用要求等。

吉尔吉斯斯坦承认适用的我国城建标准不包括编号带有 CJ/T 字母的推荐性城建标准。

3. 我国主管部门发布的 JC 标准，即建材行业产品标准，主要涉及建材产品的技术要求和规范。比如 JC 1066—2008 建筑防水涂料中有害物质限量、JC 934—2004 预制钢筋混凝土方桩等行业标准。

吉尔吉斯斯坦承认适用我国建材产品标准不包括编号带有 JC/T 字母的推荐性建筑产品行业标准。

4. 我国制定和发布的 JG 标准，即建筑工程行业建设标准，主要用于规范建筑工程的质量、安全和环保等方面。比如JG 175—2011 建筑用隔热铝合金型材、JG 190—2006 冷轧扭钢筋、JG 3035—1996 建筑幕墙、JG 5071—1996 液压电梯等标准。

同样，吉尔吉斯斯坦承认适用的我国建工行业建筑标准不包括编号带有 JC/T字母的推荐性标准。

谁控制了标准，谁就掌控了话语权。笔者曾经在同属中亚地区国家的哈萨克斯坦工作过几年，那时中亚国家只认俄罗斯标准和西方国家标准，不认可中国标准，导致项目所需建材必须从俄罗斯、德国等国进口，对“made in china”总是敬而远之。这样的态度导致项目大部分材料采购不得不舍近求远，货物价格不仅增涨了 40% 至 60% 不等，而且进口货物的交货周期也远远滞后于施工进度，导致项目工期被极大延误，最终被业主解除合同，结局惨痛。

如今吉尔吉斯斯坦政府承认我国发布的上述标准和规范在吉尔吉斯斯坦的效力，基本上能消除技术差异和认知偏见带来的贸易壁垒和障碍，能推动中国与吉尔吉斯斯坦等中亚地区的经贸合作和技术交流，极大促进我国商品和技术对吉尔吉斯斯坦乃至中亚地区的出口贸易。

另外，随着国内标准的国际化推进，我国标准和规范与美国标准、欧洲标准、英国等国家标准同台竞技，既能促进国内企业参与国际竞争，又能提升和增强我国企业和技术产品的国际竞争力，并进一步推动我国建筑标准和规范在吉尔吉斯斯坦和中亚地区乃至世界的接受和推广。

吉尔吉斯斯坦国家规划、建设和公共住房署在认可中国标准的同时还承认了美国标准、欧洲标准、俄罗斯标准和韩国标准等，显然也是希望各国标准展开竞争，避免某一国标准及其代表的产品、技术一家独大，但只要是公平竞争，任何标准和规范都应该接受市场的检验和评判，被真正认可和接受。

第十章　吉尔吉斯斯坦劳动法律制度

外国企业在吉尔吉斯斯坦设立公司或其他主体，从事经营活动应遵守吉尔吉斯斯坦《劳动法典》。在吉尔吉斯斯坦雇佣工作人员应遵守吉尔吉斯斯坦《宪法》《劳动法典》、其他法律法规和吉尔吉斯斯坦参加的国际条约等，劳动法律还规定，如果机构雇佣吉尔吉斯斯坦籍员工从事与外国员工同样的工作，向吉尔吉斯斯坦籍员工支付待遇报酬应与其他从事同样工作的员工一样，法律禁止在劳动领域采取歧视的不平等待遇等。[①]

吉尔吉斯斯坦《劳动法典》规定，年满16周岁的人可以参加工作，在法律特定情况或特定劳动保护机构同意时，年满15周岁可以参加工作。年满14周岁的未成年人经过其父母书面同意或监护机构同意后可以参加工作。

第一节　劳动法律关系

一、雇主联合会

雇主机构的领导或授权代表作为雇主代表代表雇主与职工工会进行集体谈判，签订和变更集体劳动合同。吉尔吉斯斯坦《劳动法典》规定，雇主需要加入雇主联合会。雇主联合会是雇

① 吉尔吉斯斯坦《劳动法典》第9条，法律文本参见吉尔吉斯斯坦司法部官方网站。

主自愿参加的非商业组织，它对外代表雇主利益，在与职工联合会、国家机关等机构打交道时维护雇主的权益。雇主联合会可以代表雇主进行集体劳动合同协商，签订和变更劳动协议，裁决有关劳动合同签订和变更方面的争议，以及成立劳动关系调解委员会和组织相关活动等。①

二、工会和职工联合会

吉尔吉斯斯坦有专门的工会立法，在吉尔吉斯斯坦劳资关系中，工会和职工联合会有着很大作用。吉尔吉斯斯坦《劳动法典》规定，雇员都应加入工会。职工联合会在每个企业设立，一个企业可以设立多个职工工会。

法律规定，工会和职工联合会是在职职工的代表，可代表职工进行集体谈判、签订和变更集体劳动合同，监督集体合同的执行，裁决职工与雇主之间的劳动争议等，对外维护职工利益。② 工会也有权通过组织管理机构如董事会、监事会等代表和维护职工权益。

此外，工会还有权参与决定组织在经济和社会发展中的问题，参与制定组织内部的规章规范，对组织遵守劳动法律法规进行监督，不受限制地拜访职工的工作地点和获取有关社会监督相关的信息，代表职工个人作为案件原告参加劳动争议案件，对组织领导和其他授权代表提出申诉，宣布罢工开始和结束。

三、雇主义务

雇主应创造条件保障职工代表按照法律法规、集体合同履行职责，包括：（1）在作出涉及职工权益的决定之前应与职工代表协商和咨询；（2）及时审议职工代表提出的建议并主动告知建议是否采纳；（3）向职工代表提供涉及劳动相关的信息；（4）履行其他义务等。雇主提议开除任何职工代表机构的成员必须遵守开除员工的一般程序，并取得职工代表机构上级机构的同意，但雇主机构注销的除外。③

---

① 吉尔吉斯斯坦《劳动法典》第 4 章第 28 条，法律文本参见吉尔吉斯斯坦司法部官方网站。

② 吉尔吉斯斯坦《劳动法典》第 4 章第 29 条，法律文本参见吉尔吉斯斯坦司法部官方网站。

③ 吉尔吉斯斯坦《劳动法典》第 34 条第 3 款，法律文本参见吉尔吉斯斯坦司法部官方网站。

四、集体谈判

职工代表和雇主代表可以参加集体谈判，制定、签订和变更集体合同条款内容，有权提议进行相关的谈判。法律规定，任何一方在收到开始集体谈判的书面通知 7 天内应开始相关谈判，任何一方都无权拒绝进行集体谈判，否则违法。①

集体谈判的程序和流程规定。首先，确定职工代表机构，在一个单位存在多个职工工会情况下，应由参加职工数量超过一半的工会为职工代表机构开展集团谈判工作，制订具体合同方案等。如果都不超过一半，由各个工会通过职工投票选举一个代表机构。其次，在职工代表机构和雇主代表收到集体协商协议 2 周内向对方提供进行集体谈判的相关信息。各方应对收到的相关信息保密，否则应按照法律规定承担行政责任、民事责任或刑事责任。

进行谈判的时间、期限、地点和流程由双方代表共同确定。参加集体谈判的职工代表免于从事基本工作，并保留平均工资待遇，期限不超过 3 个月，参加集体谈判的相关费用由集体合同和协议安排。在参与集体谈判期间，职工代表未经其事先同意，用人单位不得被开除、调岗或进行纪律处分，但该代表过错被解除劳动合同者除外。②

第二节　集体合同

在吉尔吉斯斯坦劳动法领域，集体合同是职工与雇主签的具有规定格式内容的标准劳动协议，有效期通常为 1 年。雇主的分公司、代表处或其他形式的分支机构也可以签订集体合同。如果劳资双方在集体谈判开始 2 个月内未达成集体协议，那么应就已经达成的条件签订集体协议，同时也签订包含分歧条款的附属协议。

集体合同通常包含如下内容：(1) 工资标准、支付形式及安排，以及补助、额外工资的费率等；(2) 社会保险的费率和支付；(3) 雇主支付提前支付退休

① 吉尔吉斯斯坦《劳动法典》第 37 条，法律文本参见吉尔吉斯斯坦司法部官方网站。
② 吉尔吉斯斯坦《劳动法典》第 40 条第 3 款，法律文本参见吉尔吉斯斯坦司法部官方网站。

金的程序；（4）工作时间和休息时间，带薪休假安排；（5）劳动安全、健康防护，医疗保障等；（6）劳动秩序和纪律；（7）岗位、培训和技能提升；（8）在职学习保障和待遇；（9）职工住宅和生活安排；（10）预防劳动冲突和罢工；（11）集体合同履行责任等。

集体合同有效期不超过 3 年，自雇主和职工签订之日起生效。双方可协商续期一次，最长不超过 3 年。雇主单位更名、机构领导人变更的不影响集体合同效力。雇主单位变更组织形式或改制的，集体合同在改制或变更形式 3 个月内保持有效，任何一方可建议在变更形式或改制后延长集体合同有效期至 3 年。

集体合同的法律效力及于以该雇佣单位名义签订合同的分公司、代表处或其他分支机构。

第三节　劳动合同

一、劳动合同的基本内容

雇主与劳动者签订书面劳动合同，应明确约定主体姓名或名称，个人身份证等信息，工作地点、岗位/专业/职业名称，工作起始时间，合同有效期，工作制度，工资奖金津贴及支付条件等内容。如果双方签订有期限劳动合同，那么，应在劳动合同中规定合同有效期和签订有期限劳动合同的事由。

法律规定，劳动合同的变更必须经由劳动者和雇主双方协商一致并签订书面协议，否则属于违约和违反劳动法。与用人单位领导、副职和总会计师签订劳动合同时，可以在合同补充条件中约定解除劳动合同的理由。①

二、劳动合同期限

吉尔吉斯斯坦《劳动法典》规定了两种劳动合同：无固定期限劳动合同和不超过 5 年的规定期限劳动合同。固定期限劳动合同只能在劳动关系根据工作性质无法确定其期限时签订，包括：（1）与用人单位领导、副职和总会计师签

① 吉尔吉斯斯坦《劳动法典》第 54 条，法律文本参见吉尔吉斯斯坦司法部官方网站。

订的劳动合同；（2）代替临时离岗人员签订的劳动合同；（3）为完成2个月内的临时性、季节性工作；（4）为预防事故、灾害及完成事后清理工作；（5）为完成用人单位日常的维修、装修、投产试用和审计，以及临时性扩大生产和服务工作需要；（6）与成立1年内且雇工不超过15人的中小企业主或自然人企业主签订劳动合同的；（7）派遣到海外工作的；（8）与临时性设立完成一定期限内工作的用人单位签订劳动合同的；（9）与那些工作完成期限不确定的用人单位签订的劳动合同；（10）与退休人员签订的劳动合同；（11）与社会工作者签订的劳动合同等。

若劳动合同中未明确规定合同期限，则该法律将该劳动合同视为无固定期限合同。① 若劳动合同到期后任何一方不要求终止劳动合同，则将视为双方签订了无固定期限劳动合同。无固定期限劳动合同未经劳动者同意不得转签为固定期限劳动合同。②

法律规定，禁止雇主无合法理由与劳动者签订固定期限劳动合同。禁止雇主要求劳动者完成劳动合同未约定的工作内容。

劳动合同自雇主与劳动者签署之日起生效。若劳动者未在合同约定期限内到岗工作且无合法理由，则劳动合同可被取消。③

三、劳动合同书面形式要求

吉尔吉斯斯坦《劳动法典》规定，劳动合同必须以书面形式签订，一式两份。但劳动合同也可以电子文件方式签订，双方应进行电子签名。劳动合同生效3天内，雇主应发布命令通知劳动者开始工作。雇主未与劳动者签订劳动合同，但劳动者已实际开始工作的，劳动者依法享有劳动者的相关权利，雇主仍需与劳动者签订书面劳动合同。

只要不违反吉尔吉斯斯坦《劳动法典》规定，劳动者可以同时与几个雇主签订兼职劳动合同。

---

① 吉尔吉斯斯坦《劳动法典》第55条第2款，法律文本参见吉尔吉斯斯坦司法部官方网站。
② 吉尔吉斯斯坦《劳动法典》第55条第3款，法律文本参见吉尔吉斯斯坦司法部官方网站。
③ 吉尔吉斯斯坦《劳动法典》第57条，法律文本参见吉尔吉斯斯坦司法部官方网站。

第四节　劳动工作制度

一、就业限制

吉尔吉斯斯坦《劳动法典》规定，[①] 吉尔吉斯斯坦公职人员在离职2年内入职用人单位和/或在用人单位从事或提供服务获取报酬金额每月不得超过30结算指数（3000索姆），且需取得公职人员行为监管和利益冲突委员会的同意。此类离开公职后在用人单位就职的人员应在签订劳动合同时向雇主披露其此前从事公职的工作地点。

离职公职人员在企业就业时不遵守上述规定将导致其与用人单位签订的劳动合同被终止。雇主不遵守上述规定，将承担民事责任和行政责任。

二、试用期

劳动合同可以约定试用期，试用期不得超过3个月，针对用人单位领导、副职、总会计师、副总会计师，分公司、代表处领导或其他分支机构领导的试用期不得超过6个月。[②] 若劳动合同没有规定试用期，则雇主不得安排劳动者进行试用。对年龄未满18周岁的劳动者通过竞聘或竞赛选拔入职的，不得规定试用期。

试用期不合格的，雇主有权提前3天通知后与劳动者解除劳动合同，并书面指出劳动者试用不合格的理由。[③] 在试用期内劳动者有权提前3天告知雇主后终止劳动合同。

三、工作卡

吉尔吉斯斯坦《劳动法典》的有些规定与我国不尽相同，比如该国劳动者入职时需要向雇主提供工作卡、社保证明、学历证明、无犯罪证明。其中工作卡是证明劳动者工作经历和工龄的指定格式的证明文件。2003年7月24日，吉

① 吉尔吉斯斯坦《劳动法典》第58条，法律文本参见吉尔吉斯斯坦司法部官方网站。
② 吉尔吉斯斯坦《劳动法典》第62条第7款，法律文本参见吉尔吉斯斯坦司法部官方网站。
③ 吉尔吉斯斯坦《劳动法典》第62条第9款，法律文本参见吉尔吉斯斯坦司法部官方网站。

尔吉斯斯坦政府专门发布命令，规定了工作卡的格式、填写要求和程序。[①] 工作卡是与劳动者权利义务密切相关的工作档案性质的文件。

雇主应按照法律要求为其所有工作期限在 5 天以上的雇员填制工作卡。工作卡应记录雇员的录用、转岗、离职，以及劳动合同终止的相关信息，其中应写明劳动合同终止的理由以及相应的法律法规规定条文，并具体到规定的条款项。

在劳动合同终止时，用人单位应在劳动合同终止当天向劳动者发放工作卡或此后邮寄给劳动者，否则用人单位不免除发放工作卡的相关责任。若用人单位拖延发放工作卡，则每延迟 1 天应按照吉尔吉斯斯坦平均日工资标准向劳动者支付工资。[②]

用人单位应在收到劳动者的通知后 15 日内向劳动者提供其工作相关的文件，包括录用通知、转岗证明、离职证明、工作卡、工作证明及工作期限等，用人单位拒绝或拖延发放前述文件将承担行政责任。

四、工作和休息时间

劳动者每周工作时间不超过 40 小时，双方可以在劳动合同中约定更少的每周工作时间。

劳动者休息时间包括周末休息、节假日休息和休假等。劳动者的节假日包括 1 月 1 日新年、2 月 23 日祖国保卫日、3 月 8 日国际劳动妇女节、3 月 21 日纳乌鲁斯节、4 月 7 日四月革命人民日、5 月 1 日国际劳动节、5 月 5 日国家宪法日、5 月 9 日反法西斯战争胜利日、8 月 31 日独立日等。

禁止在休息日或节假日工作。如下情况下在休息日或节假日安排劳动者工作应事先征求劳动者同意：(1) 为预防事故、车祸及消除相应危害；(2) 避免自然灾害等；(3) 完成不可预见的工作等。

在休息日或节假日安排劳动者工作的，应事后安排劳动者调休并支付不低于双倍工资的补偿金。[③]

用人单位每年应向劳动者提供带薪休假安排，支付平均工资待遇。在一个

---

① 吉尔吉斯斯坦政府 2003 年 7 月 24 日第 462 号《关于批准劳动登记簿格式、劳动登记簿录入形式和劳动登记簿管理程序的命令》。

② 吉尔吉斯斯坦《劳动法典》第 65 条第 6 款，法律文本参见吉尔吉斯斯坦司法部官方网站。

③ 吉尔吉斯斯坦《劳动法典》第 115 条，法律文本参见吉尔吉斯斯坦司法部官方网站。

单位连续工作满11个月的劳动者，有权享受带薪休假，劳动合同可约定劳动者在工作未满11个月时也可带薪休假。下列情况也应享受带薪休假：（1）怀孕或生育妇女；（2）劳动者未满18周岁等。

五、工作变更

用人单位因生产工艺、生产安排、工作量缩减等原因可以变更劳动合同条件，包括工作体系、金额、工作制度等，但最迟应在变更1个月前告知劳动者，并应签订劳动合同。如果劳动者不同意变更，用人单位应为劳动者安排其他相应的工作岗位。劳动者不接受新安排的工作岗位的，劳动合同终止。此时劳动者有权按照吉尔吉斯斯坦《劳动法典》第83条规定获得相应的补偿和就业保障金。

六、大规模裁员

用人单位因尽量避免大规模裁员（系指在2个月内雇员50人以内的单位解雇25%以上的员工或在雇员50人以上的单位解雇15%以上的行为），若因客观原因裁员，则用人单位应与工会或其他个人代表机构或国家机关协商采取措施：（1）暂停招录新雇员；（2）取消加班；（3）变更劳动条件；（4）阶段性放假等措施。

七、劳动合同终止

劳动合同终止原因包括：

1. 双方协商终止。劳动者与用人单位协商一致可解除无固定期限劳动合同和固定期限劳动合同。

2. 劳动合同到期终止。

3. 劳动者单方终止。劳动者应在2周（14天）内提前通知用人单位后解除劳动合同，提前通知期结束后劳动者有权停止工作。劳动者提前终止劳动合同且无正当理由的，用人单位有权要求劳动者支付劳动合同约定的赔偿金，但不得超过月平均工资标准。①

4. 雇主终止劳动合同。雇主可以在下列情况下终止无固定期限劳动合同和

① 吉尔吉斯斯坦《劳动法典》第82条第5款，法律文本参见吉尔吉斯斯坦司法部官方网站。

固定期限劳动合同：（1）用人单位注销或停业；（2）裁员或缩编；（3）劳动者与岗位不匹配（健康原因或能力不够）；（4）用人单位所有者变更；（5）劳动者多次不履行职责且无正当理由；（6）工作期间脱岗超过3小时且无正当理由；（7）酗酒后到岗；（8）工作期间故意破坏或偷盗单位财产；（9）违反劳动保护要求；（10）泄露国家、公务、银行或商业秘密；（11）实施破坏行为导致用人单位对其失去信任；（12）单位领导、副职、总会计师等发布无依据的指令导致错误使用单位财产或给造成损失；（13）劳动者提供虚假文件或信息签订劳动合同；（14）公司领导严重违反其劳动义务等。

5. 劳动者请求或同意后转岗。

6. 客观原因终止。

7. 劳动者健康原因拒绝转岗终止。

8. 劳动者因劳动条件变化拒绝继续在该单位工作。

9. 用人单位所有人变更，劳动者拒绝继续在单位工作。

10. 劳动者因用人单位变更地址拒绝继续工作。

11. 试用结果不合格等。

用人单位终止劳动合同应发布终止劳动合同命令并指明合同终止原因等。用人单位可以在事先与工会或其他职工代表机构协商后终止劳动合同。

八、用人单位终止劳动合同的程序①

用人单位解除劳动合同应提前1个月通知劳动者。在通知期内劳动者完成岗位职责的，有权领取相应的工资，用人单位在此期间应允许劳动者每周有1天自由时间寻找工作。

如果用人单位因劳动者健康原因或能力不匹配而解除劳动合同的，应在不少于2周前提前通知劳动者。在公司裁员、缩编时或公司注销时解除劳动合同的，用人单位应向劳动者支付补偿，补偿按照不低于每日平均工资的标准支付，补偿期最长为30天。②

---

① 吉尔吉斯斯坦《劳动法典》第85条，法律文本参见吉尔吉斯斯坦司法部官方网站。

② 吉尔吉斯斯坦《劳动法典》第85条第6款，法律文本参见吉尔吉斯斯坦司法部官方网站。

九、解除劳动合同补偿金[①]

用人单位因注销、停业、公司裁员或缩编而解除劳动合同的，应向劳动者支付补偿金，金额不低于2个月的平均工资。用人单位变更住址导致劳动者解除合同或劳动者身体健康原因或劳动者服兵役或劳动仲裁或法院判决劳动者恢复劳动时，用人单位应向劳动者支付补偿金，补偿金额为1个月的工资。

劳动合同或集体合同可约定其他应支付劳动者补偿金的情况或提出补偿金标准的事由。

十、对劳动者处罚

劳动者未完成工作或完成工作符合劳动合同约定的，用人单位有权对劳动者处罚，措施包括：（1）批评；（2）训斥；（3）按照相关法律规定开除员工。

第五节　工资及社保

一、工资制度

（一）工资标准

劳动者工资应以吉尔吉斯斯坦货币索姆现金支付。劳动者工资不得低于最低工资标准。用人单位应按照集体合同或劳动合同约定每月一次支付工资。

（二）工资违约金

如果延迟支付工资，用人单位每天应按照未支付工资的0.15%补充支付工资，直至实际支付日。[②] 用人单位开除劳动者时拖欠工资的，每延迟1天应向劳动者支付未付工资0.5%的补偿工资。上述两种情况下，用人单位向劳动者支付补偿工资金额最高不得超过未付工资的200%。

---

① 吉尔吉斯斯坦《劳动法典》第86条，法律文本参见吉尔吉斯斯坦司法部官方网站。

② 吉尔吉斯斯坦《劳动法典》第157条，法律文本参见吉尔吉斯斯坦司法部官方网站。

（三）暂扣工资的情况

法律规定，用人单位在法律规定情况下可扣留劳动者工资，但最高不得超过当月应发工资的20%，在法律有规定的情况下不得超过应发工资的50%。[①]

（四）在法定情况下的工资支付

法律规定，劳动者在完成社会义务或参加政府机关组织的抢险救灾、紧急情况救援等履行社会义务期间，用人单位应保留劳动者岗位并支付平均工资。

二、劳动保护

用人单位应向劳动者提供劳动保护设施、防护工具和服装，履行定期对劳动者进行体检等义务。

三、劳动者伤害/死亡补偿

劳动者在工作中受伤害的，用人单位应向劳动者支付补偿金，包括收入损失、其他开支、一次性补偿金、精神损失费和/或丧葬费。[②] 除了补偿收入损失和额外的损害赔偿金外，雇主还向丧失劳动能力的受害者支付一次性补偿金。一次性补偿金按照集体合同确定并要考虑劳动者的伤残等级来确定，但要求：造成劳动者三级伤残的，不得低于劳动者3倍劳动工资标准；二级伤残的，不得低于5倍劳动工资标准；一级伤残的，不得低于10倍劳动工资标准。

劳动合同任何一方给第三方造成损失的，责任方应根据法律赔偿所造成的损失。

第六节　劳动争议

一、劳动监察

吉尔吉斯斯坦法律规定，政府劳动监察机关监督劳动法律的执行情况，同

① 吉尔吉斯斯坦《劳动法典》第161条，法律文本参见吉尔吉斯斯坦司法部官方网站。

② 吉尔吉斯斯坦《劳动法典》第231条，法律文本参见吉尔吉斯斯坦司法部官方网站。

时各级工会和劳动者代表机构维护劳动者权利和合法利益。吉尔吉斯斯坦《劳动法典》第402条规定了劳动监察机关有权对辖区内的用人单位劳动用工情况进行查访，询问雇主或其代表，调查生产事故，作为专家参加劳动违法案件处理等。

二、个人劳动争议

用人单位和劳动者之间发生的劳动争议应尽量通过友好协商处理。协商无法处理争议的，该劳动争议将由本地区劳动监察机关任命的劳动争议委员会裁决。①

劳动者可以自由选择将劳动争议提交劳动争议委员会裁决，或者提交本地区劳动监察机关处理，或者直接向当地有管辖权法院起诉按照吉尔吉斯斯坦《民事诉讼法》规定的程序判决。

劳动者可以在知道其权利受损3个月内向有权处理劳动争议的机关申请裁决，劳动者被开除的，可以自其知道被开除命令或拿到工作卡之日起2个月内向工会、国家检察机关或劳动检察机关等相关机关申请裁决。② 用人单位有权在发现劳动者破坏财产之日起1年内向法院起诉，要求劳动者赔偿损失。劳动者追索工资的案件不适用《民事诉讼法》的诉讼时效制度。

三、集体劳动争议

劳动者与用人单位就集体合同中劳动条件、工资支付、集体合同的签订、变更和履行发生分歧，以及单位在制定内部有关劳动者权利的规章制度时拒绝考虑劳动者的建议，通过调解无法解决分歧时，就会出现集体劳动争议。面对集体劳动争议，劳动者有权采取召开会议、罢工等方式要求用人单位解决劳动争议。

用人单位应向劳动者提供召开组织会议的场所，并不得阻挠劳动者为解决劳动争议所召开的会议。劳动者可以书面形式向用人单位提交其主张或建议，用人单位有义务接收劳动者或其代表机构提出的建议或要求。

发生集体劳动争议后，应在3日内由劳动者和用人单位共同组建和解委员

---

① 吉尔吉斯斯坦《劳动法典》第412条，法律文本参见吉尔吉斯斯坦司法部官方网站。

② 吉尔吉斯斯坦《劳动法典》第414条，法律文本参见吉尔吉斯斯坦司法部官方网站。

会，以调解劳动争议和分歧，这对于解决集体劳动争议是强制性的，任何一方不得拒绝组建和解委员会。[①] 和解委员会成立后应在5日内开始调解劳资分歧和争议。和解委员会组织达成的决议对劳资双方是强制性的，双方都必须履行。

在和解委员会成立3日内，劳资双方可共同邀请调解人介入，继续调解劳动争议。调解人应在介入后7个工作日内审议集体集体劳动争议。在集体劳动争议解决过程中达成的协议具有强制性效力。

吉尔吉斯斯坦《劳动法典》规定，在集体劳动争议解决前，劳动者有权根据劳动者大会决议举行罢工，用人单位不得阻挠会议和罢工。但采取罢工措施应受到诸多限制，比如向居民供热供水供暖的单位，以及国家军事机构等不得采取罢工。

但法律还规定，在法院判决罢工违法，罢工超期或应暂停后罢工，劳动者仍继续罢工的，应给予纪律处分，给雇主造成经济损失的，应承担民事赔偿责任。

第七节　外国劳动力工作许可与配额

为保护本国劳动者就业，吉尔吉斯斯坦政府对外国人在吉尔吉斯斯坦工作实行严格控制。外国人入吉尔吉斯斯坦工作或从事个体工商业必须事先获得吉尔吉斯斯坦移民局颁发的工作许可。

关于在吉尔吉斯斯坦申请外国劳动力入吉尔吉斯斯坦配额和办理工作签证的条件和要求都规定的吉尔吉斯斯坦政府颁布的《关于外国人和无国籍人在吉尔吉斯斯坦从事劳务活动的程序规定》中。[②]

一、工作许可种类

按照吉尔吉斯斯坦移民局的规定，主管外国人在吉尔吉斯斯坦申请工作许可的机构为吉尔吉斯斯坦政府移民局。外国人申请办理工作许可应提出书面申

① 吉尔吉斯斯坦《劳动法典》第432条，法律文本参见吉尔吉斯斯坦司法部官方网站。

② 吉尔吉斯斯坦《关于外国人和无国籍人在吉尔吉斯斯坦从事劳务活动的程序规定》，法律文本参见吉尔吉斯斯坦司法部官方网站。

请及相关材料。

吉尔吉斯斯坦的工作许可有外国劳动力聘用许可和工作许可两类。

（一）外国劳动力聘用许可

1. 外国劳动力聘用许可是授予吉尔吉斯斯坦当地或外国的法人、企业或个体企业主聘用外国劳动力在吉尔吉斯斯坦工作的权利，又称为雇主许可。中资公司、企业或个体企业主在吉尔吉斯斯坦境内从事经营活动，聘用中国籍或第三国籍专家或员工的，就需要先获取此类许可。

2. 数量限制。按照吉尔吉斯斯坦法律规定，一个公司或企业雇佣外国人的比例不得超过该主体全体雇员人数的 20%。① 用人单位超出限额聘用外国人工作的，应该依法向吉尔吉斯斯坦政府缴纳国家税。

3. 拒绝颁发许可和许可撤销。在下列情况下，已颁发的雇主聘用外国劳动力许可将被撤销或暂停或终止：

（1）吉尔吉斯斯坦境内劳动力市场上具有相同专业、相同工种、相同职业资格的本国籍专业人员；

（2）雇主申请许可时提供了虚假信息；

（3）雇主已结束在吉尔吉斯斯坦境内的业务活动；

（4）在吉尔吉斯斯坦境内实施违法活动。

雇主违反吉尔吉斯斯坦法律聘用外国籍劳动力的，移民局可指令雇主在指定期限内纠正违法行为。雇主在指定期间内拒绝纠正违法的，移民局可撤销或暂停外国劳动力聘用许可。

（二）工作许可（разрешение на работу）

工作许可，又称工作卡，持有工作许可的外国人有权在吉尔吉斯斯坦境内从事许可所规定类别的工作，包括作为个体企业主工作。外国人或无国籍人在吉尔吉斯斯坦就业时必须事先申请该工作许可，否则就属于非法务工，用人单位或外籍劳动者都将受到行政处罚或驱逐出境等。

---

① 吉尔吉斯斯坦《关于外国人和无国籍人在吉尔吉斯斯坦从事劳务活动的程序规定》第 1 章第 7 条，法律文本参见吉尔吉斯斯坦司法部官方网站。

二、引进外国劳动力配额（квота на привлечение и использов－ание иностранной рабочей силы в Кыргызской Республике）

吉尔吉斯斯坦本国或外国公司、企业在吉尔吉斯斯坦开展业务活动，计划聘用外国人的，除了事先取得雇主许可外，还需要取得外籍劳动力配额。吉尔吉斯斯坦政府每年都设定全国引进外国劳动力配额的规模，其中包括可引进的外籍劳动力数量、专业类别、工种和职业资格等指标，该配额再细分配至全国各州市。

各州/市政府将分配给本州/市的劳动力引进配额分配本辖区内的外国公司、企业等用人单位。辖区内用人单位在配额给定的指标范围内向移民局提出申请，引进外籍专家或专业工种人员，超专业/工种或超数量引进外籍人员将不被允许。

工作配额在正式授予 3 个月内不使用的，将直接作废。用人单位还需要引进外籍工作人员的，就需要重新申请雇主许可和劳动力配额。

三、外国人工作许可有效期

吉尔吉斯斯坦《移民法》规定，向外国企业、法人或组织的法定代表人、总经理等领导人和外国专家颁发的工作许可有效期为 1 年，且不得超过分配给雇主的聘用外国人工作配额的有效期。①

雇主可突破配额限制聘用外国高级职称专家，可给予该专家有效期为 3 年的工作许可，但有效期最长不得超过雇主与专家之间的劳动合同有效期。② 法律针对外国专家有特定的要求，即该专家的月工资不得少于 1300 个结算指数（不少于 130000 索姆）。③

向从事个体企业主的外国自然人颁发的工作许可有效期为 1 年，且不得超过工作移民配额的有效期。

因政府每年会重新审查引进外国人入吉尔吉斯斯坦工作的管理和技术工种

---

① 吉尔吉斯斯坦《关于外国人和无国籍人在吉尔吉斯斯坦从事劳务活动的程序规定》第 23 条第 1 款，法律文本参见吉尔吉斯斯坦司法部官方网站。

② 吉尔吉斯斯坦《关于外国人和无国籍人在吉尔吉斯斯坦从事劳务活动的程序规定》第 18 条第 3 款，法律文本参见吉尔吉斯斯坦司法部官方网站。

③ 吉尔吉斯斯坦《关于外国人和无国籍人在吉尔吉斯斯坦从事劳务活动的程序规定》第 25 条，法律文本参见吉尔吉斯斯坦司法部官方网站。

配额，并根据配额规定的专业、资格等调整工作许可，所以吉尔吉斯斯坦移民局向外国人实际颁发的工作许可有效期基本上都只有 1 年。

四、工作配额和工作许可的申请程序

申请办理工作许可可由本人或委托代理人代为办理，需要提交纸质版或电子版申请书和配套文件，申请地点为吉尔吉斯斯坦国家电子服务官网。申请文件为外文的，应按照规定翻译为吉尔吉斯语或其他官方语言。申请文件中的外国官方文件应翻译为吉尔吉斯语或俄语并通过吉尔吉斯斯坦驻该国大使馆或领事馆进行认证。①

（一）雇主办理外国劳动力聘用配额需要提交的文件

1. 雇主应提交的申请文件②

（1）聘用外国人申请书；（2）法人或个体企业主的国家注册登记证明，需要进行公证；（3）雇主在吉尔吉斯斯坦境内从事需要办理许可证的经营业务的，还需要提供许可证复印件；（4）雇主现有员工总数和员工信息（姓名、护照号等）的花名册以及员工的简历，需要雇主盖章确认。

2. 申请审查

雇主应在每年指定期限内向吉尔吉斯斯坦移民局提交其当年的外国人岗位需求缺口。移民局汇总全国各州市的申请文件后，将文件提交给政府跨部门许可委员会进行审查，该委员会将根据雇主对本地经济发展、促进本地就业和优先雇佣本地人的贡献大小，以及雇佣本地人和外国人的比例等标准来确定各地区可聘用外国人数量、专业和工种等配额的分配等。③

3. 授予配额

吉尔吉斯斯坦移民局在收到全套申请文件 14 个工作日内在官网上公布政府跨部门许可委员会的审议决定，同意给予雇主申请的配额或者拒绝。雇主在一年内可再次申请引进外国人工作配额，但不得超过 2 次。

---

① 吉尔吉斯斯坦《关于外国人和无国籍人在吉尔吉斯斯坦从事劳务活动的程序规定》第 10 条，法律文本参见吉尔吉斯斯坦司法部官方网站。

② 吉尔吉斯斯坦《关于外国人和无国籍人在吉尔吉斯斯坦从事劳务活动的程序规定》第 12 条，法律文本参见吉尔吉斯斯坦司法部官方网站。

③ 吉尔吉斯斯坦《关于外国人和无国籍人在吉尔吉斯斯坦从事劳务活动的程序规定》第 14 条，法律文本参见吉尔吉斯斯坦司法部官方网站。

申请办理雇主聘用外国劳动力许可应缴纳相应的费用。

（二）外国人工作许可办理程序

外国人办理工作许可证需要提交的文件①：

（1）办理工作许可证申请书；（2）申请人护照，需要公证，并附有 W 字劳务签证②；（3）教育、医学和药剂学专业的外国人还需要提供学历证明复印件，翻译并公证；（4）由吉尔吉斯斯坦艾滋病中心签发的艾滋病毒抗体检测医学报告；（5）2 张彩色白底证件照，30 毫米×40 毫米；（6）针对个体企业主，还需要提供有效专利证复印件；（7）针对高技术工种而言，还需要提供劳动合同并列明工资或奖金待遇标准。

工作证在申请人缴纳签证费用后颁发。

五、工作许可持有人的义务

（一）雇主义务

持有外国劳动力聘用许可的雇主/用人单位不得将该雇主许可转让给其他雇主。③

（二）工作许可持有人的义务

1. 取得工作许可的外国人只能在许可证指明的用人单位里工作，也不得将其许可证转让给其他人，如果要变更工作单位，必须按照法律要求重新申请办理工作许可。④

2. 个体企业主只能按照其在工作许可申请书中列明的地点从事个体户经营活动，需要变更经营地点的，应按照法定程序办理补充许可。

---

① 吉尔吉斯斯坦《关于外国人和无国籍人在吉尔吉斯斯坦从事劳务活动的程序规定》第 20 条，法律文本参见吉尔吉斯斯坦司法部官方网站。

② W 字劳务签证（employment visa），参见《关于吉尔吉斯斯坦调整签证政策的通知》，法律文本参见中国驻吉尔吉斯斯坦大使馆官方网站。

③ 吉尔吉斯斯坦《关于外国人和无国籍人在吉尔吉斯斯坦从事劳务活动的程序规定》第 18 条第 1 款，法律文本参见吉尔吉斯斯坦司法部官方网站。

④ 吉尔吉斯斯坦《关于外国人和无国籍人在吉尔吉斯斯坦从事劳务活动的程序规定》第 18 条第 2 款，法律文本参见吉尔吉斯斯坦司法部官方网站。

六、配额失效

如果雇主在获得配额后 90 天内没有使用，或者从事劳动或移民违法行为的，以及在吉尔吉斯斯坦境内停止营业或个体企业主经营活动的，移民主管机关将撤销已颁发的劳动配额。

第十一章 吉尔吉斯斯坦债权担保制度

第一节 基本规定

在吉尔吉斯斯坦投资经商和从事贸易活动，产生债权债务或应收债权的情况是无法避免的。债权人如何保障债权到期后能顺利得到清偿？为解决此问题，吉尔吉斯斯坦法律专门规定了担保债权实现的类似我国的抵押的担保制度。

在吉尔吉斯斯坦法律下，财产担保就是以财产所有权或他物权设定担保来保障金钱债务或与金钱有关的债务得到履行的手段。设立财产担保后，债权人（担保权人）有权在债务人不履行或不适当履行债务时以担保财产优先于债务人的其他债权人获得债权清偿。①

财产担保可以根据法律规定或债权人与债务人签订的合同产生，双方可单独签订财产担保合同，也可以在交易合同中订立担保条款。

债权人（抵押权人）涉及动产的合同债权履行请求权依照吉尔吉斯斯坦动产债权国家统一登记簿进行登记后，债权人就取得了债务履行的优先权。对不动产担保进行登记是法律规定的不动产担保的强制性程序，担保人应对不动产担保在国家不动产权利统一登记簿登记，登记在先的不动产担保债权人优先

---

① 吉尔吉斯斯坦《担保法》第1条，法律文本参见吉尔吉斯斯坦司法部官方网站。

于登记在后的不动产担保债权人和未设立财产担保的债权人受偿。

基于法律规定的不动产担保（包括按揭贷款担保），是利用银行贷款/信贷机构贷款或其他法人或自然人借款购买不动产产生的担保。担保债券是指证明债券持有人的有价债券，持有人无须提供其他证明就能取得所担保的金钱债权，或者以设立担保的财产价值获得债权清偿。

第二节　担保标的物

按照吉尔吉斯斯坦《抵押法》的规定，可以设定担保的标的物如下：①

1. 任何依法可以转让的动产或不动产、物或权利的所有权或他物权。

2. 任何动产或不动产，包括任何商品、基金和可流通财产、在建工程、建筑、设施，包括未竣工的设备、库存的商品物质和产品、无任何限制的贵重金属、植物、精神文化物品、本币和外币现金、货币借贷工具和它们的衍生品、有价证券证和不被禁止民事流转的其他财产。

3. 属于抵押人所有的财产权，既包括财产使用权、收取金钱的权利，又包括不属于抵押人所有的承租权、孳息收取权，知识产权，可背书的票据，通过合同产生的债权和其他权利。

4. 未来产生的物或权利，包括抵押人的生产库存或没有任何限制的应收账款。

不动产的担保规则同样适用于土地使用权担保、财产租赁中承租人的承租权担保。主物担保效力及于从物。家庭成员的土地份额用作担保应符合吉尔吉斯斯坦《抵押法》第 49 条关于以土地设立担保的规定。工资、退休金和通过个体服务取得的报酬不得用于设立担保。

5. 地下矿产或其他地下资源的开发权和使用权可设立担保，但要符合吉尔吉斯斯坦《宪法》、《民法典》、《土地法典》和《地下资源法》的相关规定。②

① 吉尔吉斯斯坦《担保法》第 4 条，法律文本参见吉尔吉斯斯坦司法部官方网站。

② 吉尔吉斯斯坦《担保法》第 4 条第 8 项，法律文本参见吉尔吉斯斯坦司法部官方网站。

第三节 财产担保规则

一、财产担保规则

（一）建筑物担保的房地一体原则

建筑物、设施或住宅的担保效力及于该建筑物、设施或住宅占用的土地，以及为其合理使用所必需的土地。但根据担保合同约定，担保权效力可及于建筑物、设施或住宅不分割的全部土地。

（二）土地和地上附着物担保

以土地设定担保，但约定地上建筑物、设施或住宅不作为担保标的时，该建筑物、设施或住宅占用范围内的土地以及为该物、设施或住宅使用所必需的土地应该分离出来，不得作为担保标的。①

（三）农用地担保

吉尔吉斯斯坦公民、法人以及外国公民和法人，包括外国银行和专业贷款机构等都可成为财产担保关系的当事人。农业用地担保合同的担保权人是取得吉尔吉斯斯坦央行资质或证明的银行和非银行金融贷款机构，担保人是享有担保土地所有权的吉尔吉斯斯坦公民。

（四）租赁权担保

享有使用权的人可将其使用权用于质押，但如果以租赁权设定质押，需事先取得出租人的同意。对财产享有经济管理权和业务经营权的人可在取得该财产的所有人同意后以该财产设定抵押。法律禁止或限制交易的财产，涉及私有化的财产以及不能被追偿的财产都不得抵押。

---

① 吉尔吉斯斯坦《担保法》第5条，法律文本参见吉尔吉斯斯坦司法部官方网站。

（五）共同共有财产担保

以转让需要取得他人的同意或许可的财产设定担保的，以该财产设定担保时需要取得该第三人的同意。以共同所有的财产设定抵押的，需要取得其他共有人或该共有财产的管理机构的书面同意。①

（六）按份共有财产担保

以按份共有的财产份额设定担保无须其他按份共有人事先同意。在担保权人实现担保的共有份额时，参照吉尔吉斯斯坦《民法典》关于共同共有份额处分时的优先购买权规则执行。合作社成员或共同所有企业的股东可以单独或共同以其对合作社或企业的权利/股权设立担保。企业全部股东仅在全体股东一致同意后才以该企业的全部或部分财产设立担保。② 多层住宅的公寓所有人可以自由决定将其公寓担保，无须其他相邻权人的同意。

二、财产担保的债权范围

1. 担保的主债权种类包括金融机构贷款债权、借款债权或其他金钱债权，如买卖合同债权、租赁债权、侵权损失赔偿债权以及其他分期履行合同债权等。

2. 一般情况下，担保范围包括债权人未获履行的主债权本金、利息（比如金融机构贷款债权的利息、约定利息的借款人的借款债权利息、非法使用他人资金的利息等）、违约金、持有担保物的维护费用（税费、公共服务费等）、保存担保物的必要费用、逾期履行债务所造成的损失赔偿金，以及强制执行担保的支出（诉讼费、执行费、变卖担保物的费用等）。③

三、多重担保权的优先顺位

同一财产上可设定多个担保，各个担保权实现的先后顺位按照该担保在国家统一登记机构登记的先后顺序确定。未办理担保登记的，以担保合同签订的先后顺序确定。④ 担保人应书面告知每一位担保权人其财产上设定的多个担保的

---

① 吉尔吉斯斯坦《担保法》第 7 条第 6 项，法律文本参见吉尔吉斯斯坦司法部官方网站。

② 吉尔吉斯斯坦《担保法》第 8 条第 8 项，法律文本参见吉尔吉斯斯坦司法部官方网站。

③ 吉尔吉斯斯坦《担保法》第 8 条第 1 条，法律文本参见吉尔吉斯斯坦司法部官方网站。

④ 吉尔吉斯斯坦《担保法》第 11 条第 1 项，法律文本参见吉尔吉斯斯坦司法部官方网站。

情况，如果未履行告知义务应赔偿造成的担保权人损失。担保权实现的基本规则是，登记在先的担保权优先于登记在后的担保权受偿。

后顺位的担保权人持有担保财产的，其可根据法定程序实现担保权。此时他应该通知所有同一标的物的担保权人，告知将要出售担保物。按照在先担保权人的要求将担保物移交在先的担保权人。如果担保物已出售变现，负责变现的后顺位担保权人应在满足在先担保权人的债权后才能受偿，否则后顺位的担保权人应承担责任，出售的担保物上的在先担保权也不能消除，并对任何购买担保物的购买人享有追及效力。

在按揭贷款担保情况下，担保财产上的后续担保不产生担保的法律效果。①因吉尔吉斯斯坦法律对金融机构的按揭贷款担保权给予了特殊保护。

在同一物上存在多个担保权的，各担保权人可指定代表参与担保物的管理等。

担保人征求担保权人书面同意后可将担保物出售、出租、赠与、交换、投资入股或进行其他处分。

设定担保的担保物归他人所有的，担保物的真实所有人可通过司法程序消除其上的担保权。此时担保权终止，担保权人有权要求担保人提前履行主合同债务。

第四节　担保合同

一、担保合同的形式要求

法律规定，担保合同应以书面形式签订，并对担保事项明确约定，以免滋生争议，毕竟担保事关当事人的财产权利。另外，特别提醒中资企业注意的是吉尔吉斯斯坦法律明确规定，担保合同须在向吉尔吉斯斯坦国家不动产权利登记机关办理完国家登记之日才视为签订和生效。② 这一制度与我国国内的担保制度规定完全不同。我们在吉尔吉斯斯坦经商交易时需严格按照当地法律要求办

① 吉尔吉斯斯坦《担保法》第 11 条第 9 项，法律文本参见吉尔吉斯斯坦司法部官方网站。

② 吉尔吉斯斯坦《担保法》第 10 条第 2 项，法律文本参见吉尔吉斯斯坦司法部官方网站。

理担保手续。担保合同不登记将导致担保合同不生效，视为没有设定担保。①

二、担保合同的内容要求

担保合同应包括：（1）担保当事人的姓名或名称、住址。（2）担保的债权描述，担保的最大债权金额。（3）担保标的物的描述。（4）担保合同有效期。若担保合同未约定有效期，则该合同有效期视为截至主债务履行最后期限时。（5）担保财产变现时的评估安排，包括不动产担保时聘请第三方专业评估机构进行评估。（6）仲裁条款，在因担保发生争议时将其提交仲裁机构仲裁的条款等。（7）租赁权担保的，应列明租赁财产及租赁期等。

第五节 担保登记

一、不动产担保登记机关②

不动产担保的设立登记和基于担保合同、按揭合同所产生的权利登记由吉尔吉斯斯坦国家不动产登记机关依法办理。不动产担保设立登记在不动产所在地的登记机关登记，若不动产担保没有确定不动产统一编码，则该项不动产担保也可在国家统一登记簿进行登记，但要对担保的不动产描述清楚和明确。

企业作为财产综合体，既包括不动产又包括动产，以该企业设立担保的，应在担保标的物所在地的国家不动产担保主管机关进行登记，担保权人也可以在国家动产统一登记簿上进行补充登记。以企业整体担保时，企业名下的不动产纳入担保物但未单独标注的，应在国家不动产统一登记簿上对每一项不动产进行登记。

办理国家按揭贷款时，在担保贷款债权进行登记的同时对为该债权提供担保的不动产进行国家登记。

① 吉尔吉斯斯坦《担保法》第 10 条第 3 项，法律文本参见吉尔吉斯斯坦司法部官方网站。
② 吉尔吉斯斯坦《担保法》第 20 条，法律文本参见吉尔吉斯斯坦司法部官方网站。

二、涉及动产的合同债权履行请求权登记

（一）登记效力

涉及动产的合同债权履行请求权应在国家动产请求权统一登记簿进行电子登记，以此赋予担保权人（债权人）相较于其他登记在后的担保权人、未登记的债权人以登记的动产价值优先受偿的权利。①

但完成此类登记并不使被登记的无效合同转变为有效合同，所以中资企业在吉尔吉斯斯坦进行交易担保时应自行审查主合同效力。当然，当事人未对涉及债权的合同债权请求权进行登记并不导致该合同无效。

（二）登记内容

担保权人应向登记机构申请动产担保债权登记，登记内容：自然人或法人的姓名、名称、住址或法定地址、税务登记号；担保的债权金额、履行期限、担保标的的动产描述及所有权、动产上已经存在的其他担保信息、申请日期及申请人等。

（三）担保通知

担保权人或登记机构应在办理担保登记后向担保当事人各方发出通知，告知：担保权人、担保人和债务人信息；所担保的债务金额及信息等。登记机构在完成通知后还应进行担保通知记录。

任何人都可依法从国家统一登记簿获取涉及动产的债权请求权登记信息。

第六节　担保种类

一、质押担保（заклад）

质押担保是一种担保方式，设定担保时担保人将担保财产移交给担保权人占有，这是与其他担保方式的最大区别，与我国的质押担保方式类似，但有时

---

① 吉尔吉斯斯坦《担保法》第21条，法律文本参见吉尔吉斯斯坦司法部官方网站。

双方也可协商仍由担保人占有担保财产，但应在担保财产上做担保标志，比如上锁或者贴上封条标签“固定质押”（твердый залог）。

（一）担保权人的权利

担保权人在担保期间有权使用担保物，除非担保合同另有约定。担保权人使用担保物获得收益首先应用于补偿担保权人维护和保管担保物的费用支出，然后支付担保权人的债权利息。①

在占有担保物期间，担保物发生毁损灭失的，担保权人有权要求担保人替换担保物并要求补偿损失。若担保权人导致该毁损灭失，则担保权人应承担责任。

（二）担保权人的义务

担保权人占有担保物期间应履行相应的义务，比如维护担保财产（费用由担保人承担），担保财产受损时及时（注意：在吉尔吉斯斯坦法律下，“及时”是指在3天内）通知担保人，在债权得到清偿后及时返还担保人等。②

二、典当（Ломбард）

吉尔吉斯斯坦《担保法》专门规定了与我国类似的典当制度，确实令人意外。在吉尔吉斯斯坦法律下，典当专指担保财产用于担保借款的偿还，且在债务人不偿还借款时担保权人不得要求担保人承担补充偿还义务。按照吉尔吉斯斯坦《民法典》第341条的规定，典当只能由专门的典当机构——当铺经营。典当机构发放的当票就相当于担保合同。当物必须移交当铺占有，当铺自负费用负责当物的经营管理，但无权处分当物，并对当物毁损灭失承担责任，但不可抗力或非故意或重大过失的除外。借款到期的债务人未偿还借款的，当铺有权在宽限期满后处分当物。③

三、金钱担保（Залог денежных средств）

以金钱设定担保时，担保人应将现金交付给担保权人存于担保权人或公证

---

① 吉尔吉斯斯坦《担保法》第26条第1项，法律文本参见吉尔吉斯斯坦司法部官方网站。

② 吉尔吉斯斯坦《担保法》第25条，法律文本参见吉尔吉斯斯坦司法部官方网站。

③ 吉尔吉斯斯坦《民法典》第341条，法律文本参见吉尔吉斯斯坦司法部官方网站。

机构专门开立的结算账户，存款利息属于担保人所有。银行可直接以客户在该行账户中的存款作为偿还银行贷款的担保。同理，存款人在银行账户中的存款也可以用作对第三人借款偿还的担保。设定银行存款担保后，未经担保权人的同意，任何人不得动用该设定担保的存款。[①] 用现金担保时，结算账户中产生的利息归担保人所有。[②]

四、担保人占有担保物的担保（Залог с оставлением заложенной вещи у залогодателя）

担保人占有担保物的担保是一种担保方式，其特点是担保财产无须移交给担保权人占有，担保标的物可以是动产或不动产，比如交通工具、建筑、设施、公寓、多层住房和土地及其他法律不禁止流转的物。[③]

担保权人有权获得关于担保物的信息，如担保物的尺寸、状况、保存和利用的条件等；要求停止任何危及担保物的行为；要求采取措施妥善保管；要求担保人恢复或替换担保物等。

在此种担保下，担保人有权继续持有、保管和使用担保物等，但应妥善保管担保物，为担保物投保，在担保物毁损灭失时恢复或替换担保物等，在出租担保物时通知担保权人等。

五、以流通中的商品担保（Залог товаров в обороте）

（一）担保标的物

流通中的商品系指库存商品物资，如原料、半成品和成品等。以流通商品设立担保时应对流通商品进行总体描述以便于确定担保物。以企业担保的，视为以该企业所有的流通商品设定担保，无须再单独描述该商品、其价值等信息。[④]

（二）设立担保的流通商品替换

以流通中的商品设立担保时，担保人可以随时替换流通商品，但担保商品

---

① 吉尔吉斯斯坦《担保法》第 29 条，法律文本参见吉尔吉斯斯坦司法部官方网站。
② 吉尔吉斯斯坦《担保法》第 21 条第 8 项，法律文本参见吉尔吉斯斯坦司法部官方网站。
③ 吉尔吉斯斯坦《担保法》第 30 条，法律文本参见吉尔吉斯斯坦司法部官方网站。
④ 吉尔吉斯斯坦《担保法》第 34 条第 1 项，法律文本参见吉尔吉斯斯坦司法部官方网站。

的价值不得少于担保合同中约定的价值。在担保人已经履行部分债务时，可相应减少担保的流通商品。①

流通中的商品担保属于担保人占有担保物的担保，在担保期间，担保人有权依法占有、使用和处分担保物。而担保人购买的流通商品在所有权或他物权移转给担保人时成为流通商品担保的担保物，流通商品自其所有权、经济管理权和集体经营权移转给他人时，不再是流通商品的担保物。②

（三）流通中商品的购买价款优先权

向担保人提供借款购买流通商品的债权人（担保权人）在该商品成为担保物之前就享有对该商品的担保优先权，并优先于已收到流通商品所有权移转通知的担保权人或间接占有流通商品的担保人。③

在担保权人通知担保人偿还债权和启动追债程序后，担保人不得处分任何流通商品。在担保权人将发出追债通知的事实进行登记后，取得流通商品的任何人就可获得有担保负担的担保物的财产权，该权利不得对抗担保物上的担保权利。

作为有价证券的商品所有权证书可以移交给担保权人占有作为担保，此时担保的有价证券通常移交给公证处或银行持有。

六、以持有双重仓储证书的商品担保（Залог товара，принятого на хранение с выдачей двойного складского свидетельства）

在吉尔吉斯斯坦法律下，双重仓储证书是指该证明文件具有两项法律意义：一是表明所有权归属的仓储证明，二是作为财产担保的证明。这两种证明相互独立，都是独立的有价证券。

持有双重仓储证书的商品系指其所有权凭证可以背书转让的商品。持有双重仓储证书的商品自其背书转让之时担保权设立。

① 吉尔吉斯斯坦《担保法》第 34 条第 2 项，法律文本参见吉尔吉斯斯坦司法部官方网站。

② 吉尔吉斯斯坦《担保法》第 34 条第 4 项，法律文本参见吉尔吉斯斯坦司法部官方网站。

③ 吉尔吉斯斯坦《担保法》第 34 条第 5 项，法律文本参见吉尔吉斯斯坦司法部官方网站。

七、按揭贷款担保（ипотека）

（一）定义

按揭贷款担保是以不动产所有权或其他物权对金钱债务或表现为金钱的债务履行提供担保的方式，通常为购买不动产（套房、公寓和住房）或建设住房提供的长期银行贷款提供的担保方式，有时候，担保物也可以是作为财产综合体的企业。

签订此类担保合同应遵循吉尔吉斯斯坦《民法典》、《农村土地管理法》和《担保法》。通常情况下，担保物仍由担保人占有和使用，即便担保物移交给担保权人控制也并不认为该项担保属于担保，但是该类型担保应在国家不动产登记机关进行强制登记。①

（二）可设立按揭贷款担保的财产种类

可设立按揭贷款担保的财产种类包括：土地（包括农业土地）；建筑和设施；住宅、公寓或公寓中的一套房、由一个或多个独立房间组成的公寓；别墅、花园洋房、停车场和其他生活建筑；其他财产，但由国家机关和国有企业或国有参股公司或子公司管理的建筑、设施、水库不得设立抵押。②

同样，在建工程的按揭贷款担保同样可适用吉尔吉斯斯坦《担保法》第35条的相关规则。不动产按揭贷款担保的相关规则相应适用于土地使用权、租赁权的担保规则。

（三）按揭贷款担保单（Ипотечная закладная）

按揭贷款担保单是按揭担保合同和该担保所担保债权的证明文件，一般是由通过按揭担保贷款购买不动产的不动产所有人在所担保的债务终止前的任何时间制定。担保权人的按揭担保权应进行国家登记，否则该按揭担保权无效。③

按揭担保人或担保单的持有人可以根据与担保权人协商协议变更按揭贷款担保单的条件，变更内容自办理国家登记时生效。

---

① 吉尔吉斯斯坦《担保法》第35条第2项第3款，法律文本参见吉尔吉斯斯坦司法部官方网站。

② 吉尔吉斯斯坦《担保法》第35条第3项，法律文本参见吉尔吉斯斯坦司法部官方网站。

③ 吉尔吉斯斯坦《担保法》第36条第3项，法律文本参见吉尔吉斯斯坦司法部官方网站。

（四）按揭担保单内容

按揭担保单应包括如下内容：（1）必须含有“按揭担保单”字样；（2）担保人、担保所担保的债务人的姓名或名称及身份信息；（3）最初的担保权人名称及法人注册信息、担保合同及主债务合同签订时间和地点；（4）主债务金额、利息率；（5）主债务支付期；（6）对担保财产及其所在地的描述；（7）对担保财产的描述；（8）抵押财产产权登记的信息；（9）担保财产由担保人占有，在办理担保登记时财产上无任何第三人的权利；（10）经公证的担保人签字；（11）担保的国家登记信息和担保单国家登记的记录；（12）担保单制作的日期和地点等。

若按揭担保单上缺少上述12项规定的内容，则该担保单不属于法定的担保单，不得签发给原始的担保权人。①

若担保双方在担保合同或按照法律规定担保时约定了将来实现债权和担保权应通过法院诉讼的，该约定也应在担保单中明确标注。

若担保单记载内容不符合担保合同或主债权合同约定的，担保单的制定人应对该不符承担责任，消除该不符合内容或签发新的担保单。

（五）担保权的实现

在实现担保权时，担保单持有人应将担保单提交给担保义务人。担保义务人履行了担保义务后，担保权人应及时将担保单返还给担保义务人并在担保单上背书担保义务人姓名。②

八、企业担保（Залог предприятия）

（一）企业担保权的担保物

以企业设立担保时，该企业名下的所有的动产、不动产、实物资产和非实物资产都属于担保物，包括在担保期间所获得的建筑、设施、设备、库存物资、原料、成品、债权、专有权等。③

---

① 吉尔吉斯斯坦《担保法》第36－2条第2项，法律文本参见吉尔吉斯斯坦司法部官方网站。

② 吉尔吉斯斯坦《担保法》第36－3条第2项，法律文本参见吉尔吉斯斯坦司法部官方网站。

③ 吉尔吉斯斯坦《担保法》第37条第1项，法律文本参见吉尔吉斯斯坦司法部官方网站。

企业担保期间的财产构成和价值评估应进行盘点并制作盘点证书和资产负债表，这些文件必须作为担保合同的附件。

企业担保时，担保权效力不及于企业所占用的无期限土地使用权，企业担保权实现时，购入担保财产的购买人对该幅土地享有与企业担保人同样的无期限使用权。

（二）企业担保权的设立

以企业设定担保的必须取得企业和财产所有者或其授权机构的同意，否则，该企业担保无效。①

（三）担保人与担保权人的权利义务

在以企业设定担保期间，担保人在取得担保权人同意后仍可出售、交换、出资和出借企业的财产，或以其他方式处分财产，但不得减少企业担保确定的财产总价值。

担保人未经担保权人同意不得将企业的财产设立担保，不得转让企业所属不动产。担保人应向担保权人提交经审计的企业损益表和财务报告。担保人未履行主债务的，担保权人有权采取措施改善企业财务状况，可以向企业派驻代表参与企业管理，限制处分企业产品和其他财产的权利。如果效果仍不佳，担保权人有权向担保企业追偿。②

九、住宅和公寓担保（Залог квартир в многоквартирном жилом доме）

1. 可担保的住宅类别。属于公民个人所有的住宅、多层住宅中的公寓可用于担保。属于国家和地方政府所有的住宅和公寓不得用于担保。不用于日常居住使用的宾馆、疗养院、别墅等建筑可以用于担保。

住宅的部分建筑物或多层公寓中的部分房间也可依法设定担保。担保双方无特别约定的，以住宅或正在建设中的住宅设定担保的，该担保效力及于该住宅占用范围内的土地。

2. 住宅和公寓担保的其他规则参照不动产担保的通用规则。

---

① 吉尔吉斯斯坦《担保法》第 37 条第 3 项，法律文本参见吉尔吉斯斯坦司法部官方网站。

② 吉尔吉斯斯坦《担保法》第 38 条第 3 款，法律文本参见吉尔吉斯斯坦司法部官方网站。

十、在建工程担保和土地担保

属于抵押人所有的在建工程以及用于施工的材料和设备可以设定担保。

担保人可以在已经担保的土地上建设建筑和设施，但担保权人对这些新建建筑和设施不享有担保权，除非担保双方在担保合同中有约定。若担保人的行为导致已设立担保的土地价值贬损，则担保人可要求变更担保条件，包括将新建建筑和设施纳入担保范围。①

十一、权利质押（Залог прав）

（一）可质押的权利类别

权利质押是权利担保，类似于我国的权利质押。

1. 金钱债权

质押人可以对第三人的金钱债权设定质押，此时质押人无须通知债务人该债权已设定质押，② 设定质押的债权可以由债务人向质押人履行，也可向质押人指定的第三人（质押权人）履行。

2. 非金钱债权

质押物也可为非金钱债权。如果质押物是质押人对第三人的非金钱债权，在质押权实现时，该合同债权应根据与质押人协商的方式履行，且质押权人应在质押人的债权得到履行后实现质押权。此时质押权人也可以直接从质押人的债务人处获得清偿（质押权实现）。

（二）质押人在权利质押期间的义务

在权利质押期间，质押人不得转让已质押的债权，不得终止该已质押债权或减损其价值，采取有效措施保持债权有效性和避免第三人对该债权的追索，向质押权人告知任何有关该债权的变更情况、第三人（次债务人）的违约情况和其他人对债权的索赔情况。③

---

① 吉尔吉斯斯坦《担保法》第 51 条，法律文本参见吉尔吉斯斯坦司法部官方网站。

② 吉尔吉斯斯坦《担保法》第 52 条第 1 项，法律文本参见吉尔吉斯斯坦司法部官方网站。

③ 吉尔吉斯斯坦《担保法》第 53 条，法律文本参见吉尔吉斯斯坦司法部官方网站。

（三）质押权人在权利质押期间的义务

在抵押人违约时，无论债权是否已经届清偿期，质押权人都可向法院起诉要求获得所质押的权利。在第三人侵害所质押的债权时，质押人不履行保护债权义务，质押权人可采取措施保护该设定质押的债权，并可对侵权的第三人提起诉讼。

第七节　对担保物的追索

债务人不履行或不适当履行债务时，担保权人可对担保物行使追索权利以实现债权，对担保物行使权利的方式由担保双方在担保合同中约定。

一、担保权人可行使担保权的情形

在下列情况下，担保权人有权要求债务人提前履行债务并行使担保权：（1）担保人处分了担保物或对担保物失去占有；（2）担保人未替换担保物或未恢复担保物价值；（3）非担保人原因导致担保物丢失；（4）担保人侵害后续担保权；（5）担保人不履行保护和维持担保物的义务；（6）未向担保权人告知第三人对担保物的权利等。

二、行使担保权的程序

在行使担保权时，担保权人应：（1）制定当事人已启动对担保物的追索程序的通知；（2）担保物属于应登记的，则应将上述通知向国家担保登记机构进行国家登记；（3）将上述通知送达债务人和担保人；（4）将该通知送达给顺位在前和在后的担保权人等。

三、通知内容

通知应包含如下内容：（1）关于担保合同、债务和担保财产的描述；（2）自愿履行债务的建议，确定不超过30天的履行期限；（3）预告对担保物执行的程序；（4）若是登记的担保类型，则告知担保登记号和登记日期；（5）通知日期和抵押权人签字等。

第八节　担保物权的执行

一、对担保物的变现

（一）公开销售或拍卖

一般情况下，担保物权人在担保物权执行程序开始 15 天内有权处分担保物。[①] 处分担保物可以公开销售或拍卖方式。无论是担保人还是担保权人都应善意处分担保物，以平衡各方合法权益。

担保物属于易耗品或丧失价值的风险的，担保权人有权在占有该担保物后及时处分该担保物以实现自己的债权。

（二）公开竞标

担保人也可以通过公开竞标方式出售担保物或在竞标之前销售担保物，并向担保权人清偿债务。进行公开竞标方式销售担保物的，应遵守《担保法》和其他法律法规，否则可能被认定为无效。

二、不动产担保物权实现的规定

担保物为不动产的，可以通过公开竞标方式销售以实现担保权人的债权。若担保物为作为担保人的自然人的唯一住房，则该担保物应按照法院的判决通过公开竞标的方式销售以实现担保权人的权利。[②]

吉尔吉斯斯坦法律规定，通过公开竞标方式购买的抵押土地，购买权人有权根据吉尔吉斯斯坦《土地法典》规定条件变更土地的用途。

三、担保终止事由

担保可因吉尔吉斯斯坦《民法典》《担保法》和担保合同规定的事由全部或部分终止。在担保终止时，担保权人应按照《担保法》规定内容制定通知并告知担保各利益相关人。

---

① 吉尔吉斯斯坦《担保法》第 67 条，法律文本参见吉尔吉斯斯坦司法部官方网站。

② 吉尔吉斯斯坦《担保法》第 72 条第 1 项，法律文本参见吉尔吉斯斯坦司法部官方网站。

第十二章　吉尔吉斯斯坦税收法律制度

第一节　吉尔吉斯斯坦的税收体系

一、吉尔吉斯斯坦的税收体系

吉尔吉斯斯坦有两类税种，全国性税种和地方性税种。全国性税种共6种，由吉尔吉斯斯坦《税法典》制定并在全国通行，具体包括所得税（个人）、利润税（企业）、增值税、消费税、资源使用税和销售税。地方性税种由税收法典、地方议会颁布的法规规定，仅在法规规定的地方行政区域内施行，如财产税等。

吉尔吉斯斯坦特别税收制度有专利税、简化税收机制、自由经济区的税收、高新技术区的税收制度、矿产税、电子商务活动税收制度、博彩业税收和特别贸易区税收制度等。

二、吉尔吉斯斯坦的纳税时效

吉尔吉斯斯坦税法规定，一般情况下，纳税人的纳税义务履行时效为6年，① 从应纳税的最后一日起算。若是延期纳税或分期纳税，则从延期或分期纳税的最后一天起算。若是专利纳税，则纳税缴纳时效是3年。

若纳税人未依法计算税款和不履行纳税义务，则纳税人可

---

① 吉尔吉斯斯坦《税法典》第68条，法律文本参见吉尔吉斯斯坦司法部官方网站。

在纳税时效内主动更正计税错误和违法行为，也可在纳税时效内（6年或3年）要求税务机关计算税款和返还多缴纳的税款，税务机关也可增加或减少税款和追缴税款。纳税人通过民事诉讼程序起诉申请要求税务机关作出税务决定期间或税务机关通过民事诉讼程序追缴税款期间，纳税时效中断。

三、纳税登记

外国组织或无国籍人自在吉尔吉斯斯坦获得对纳税客体所有权5个工作日内应向税务机关进行纳税申报。[①] 外交使团和外交使团代表处应自其在吉尔吉斯斯坦官方认可后5个工作日内向其住所地的税务机关进行纳税申报。外国组织的分公司和代表处应在其机构注册地进行纳税登记。

在吉尔吉斯斯坦开展经营活动的外国组织（非分公司和代表处）在吉尔吉斯斯坦境内有常设机构的，应在其住所地的税务机关进行纳税登记。外国组织或无国籍人在吉尔吉斯斯坦拥有纳税客体的，应在进行注册登记的同时在住所地完成纳税登记。完成纳税登记后，每一个纳税主体将获得纳税登记号（ИНН）。

四、纳税追偿时效

针对纳税人的税务违法行为，税务机关可在向纳税人送达纳税违法责任决定的次日6年内向法院起诉，对纳税人实施税务处罚措施。如果涉嫌税务犯罪，不予刑事起诉或刑事案件终止，但存在税务违法行为的，那么税务机关可自不予刑事起诉或刑事案件终止的次日起6年内向法院起诉纳税人。

五、税收优惠

吉尔吉斯斯坦内阁确定具有特殊税收地位和可享受特别税收优惠的行政区域。凡是在该特别行政管理区域内注册成立并在该区域内开展工业活动的纳税人可以按照吉尔吉斯斯坦法律规定享受税收优惠。[②] 但注册在该特别行政管理区域外的该纳税人的分支机构不得享受该税收优惠。

吉尔吉斯斯坦内阁确定可以享受税率优惠的利润税、增值税、商品服务和

---

① 吉尔吉斯斯坦《税法典》第111条第4款第3项，法律文本参见吉尔吉斯斯坦司法部官方网站。

② 吉尔吉斯斯坦《税法典》第183条第2款，法律文本参见吉尔吉斯斯坦司法部官方网站。

工程销售税的机构名单，税收优惠期为 5 年，内阁可根据税收优惠制度的实施效果决定延长该优惠期。①

六、反避税规定

吉尔吉斯斯坦《税法典》对关联企业之间的交易设定了反避税规则。该规则规定，当关联方之间的交易价格与市场价格差异超过 20% 时，当地税务机关有权要求交易主体提供交易相关资料如商业合同、交易发票和纳税记录等材料供审查，审查认定该笔交易存在避税的，将根据审查结果和市场价格对相关交易进行重新评估和定价，并责令关联交易方重新补缴税款和给予相应的纳税处罚。

第二节　吉尔吉斯斯坦主要税种介绍

一、企业利润税

（一）企业利润税定义

吉尔吉斯斯坦《税法典》规定，企业或个体企业主对其获得利润征收利润税。利润税的税基是纳税人年度总利润扣除纳税期内的免税收入和应扣除的支出后的利润。② 外国组织从吉尔吉斯斯坦获得的与其在吉尔吉斯斯坦设立的常设机构无关的收入的利润税税基不计算扣除的收入。

（二）企业利润税纳税主体

按照吉尔吉斯斯坦《税法典》的规定，利润税的纳税人为吉尔吉斯斯坦的本国企业或组织、在吉尔吉斯斯坦境内设立常设机构并开展业务活动的外国组织、未在吉尔吉斯斯坦境内设立常设机构但从吉尔吉斯斯坦境内获得收入的外国组织和个体企业主。

---

① 吉尔吉斯斯坦《税法典》第 183 条第 5 款，法律文本参见吉尔吉斯斯坦司法部官方网站。

② 吉尔吉斯斯坦《税法典》第 210 条第 1 款，法律文本参见吉尔吉斯斯坦司法部官方网站。

（三）企业利润税纳税客体

利润税的纳税客体是开展经济活动获得的收入：（1）本国组织和个体企业主从吉尔吉斯斯坦境内和/或境外获得的收入。（2）外国组织通过在吉尔吉斯斯坦的常设机构或者登记或应登记为个体企业主的非居民自然人获得来源于从吉尔吉斯斯坦的收入。（3）未在吉尔吉斯斯坦设立常设机构的外国组织从吉尔吉斯斯坦获得的收入等。

（四）企业利润税税率①

1. 一般情况下，企业利润税税率为10%。

2. 外国机构在吉尔吉斯斯坦获得的股息、利息收入（在吉尔吉斯斯坦证券交易所交易的有价证券利息收入除外），以及根据伊斯兰金融服务合同所得收入的利润税税率为10%。②

3. 根据保险合同或再保险合同获得的保险金（国家强制保险除外）的利润税税率为5%，国家强制保险或再保险合同获得的保险金的利润税税率为10%。版税税率为10%，外国机构在吉尔吉斯斯坦境内完成工程或提供服务收入的利润税税率为10%。国际交通运输服务或过境运输服务（包括海运、空运、内河运输、铁路运输和汽车运输）的利润税税率为5%。

4. 下列人员的利润税税率为5%：（1）在边境居民点登记和经营的纳税人；（2）吉尔吉斯斯坦《税法典》第183条第4款规定的纳税人；（3）高科技园区和创意产业园区的居民和管理层，但从事建筑物、场所、土地维护和保护的员工除外；（4）有一级或二级残疾和三级听力残疾的人，由吉尔吉斯斯坦医疗和社会专家委员会确定。

（五）利润税的税收优惠

1. 采矿业

金、银、铜、锑、汞、钨、锡的原矿石和精矿，金合金和精炼金，以及银、铜、锑、钨、锡、锑矿的开采和销售活动的利润税税率为0。③

---

① 吉尔吉斯斯坦《税法典》第240条，法律文本参见吉尔吉斯斯坦司法部官方网站。

② 吉尔吉斯斯坦《税法典》第249条，法律文本参见吉尔吉斯斯坦司法部官方网站。

③ 尔吉斯斯坦《税法典》第240条第2项，法律文本参见吉尔吉斯斯坦司法部官方网站。

2. 工业活动

企业从事可享受税收优惠的工业经营活动，利润税税率为0，但从事矿产资源开采、矿产加工和免税商品的生产和销售活动的除外。①

3. 投资活动

吉尔吉斯斯坦的本国企业在符合吉尔吉斯斯坦《税法典》第32章规定的纳税期内从大型投资活动所得的利润税税率为0，但矿产资源开采、贸易活动和免税商品生产和销售活动除外。②

4. 免缴利润税的情况

下列主体的利润税免缴利润税③：农业生产者，农业集体组织，信贷联盟，学龄前机构，私立教育机构，拖拉机站，新设立的电能和热能、气生产者，农业贸易物流中心，登记并在国家边境优待地区居民点经营的纳税人。

基于气态和液态生物燃料生产的可再生能源生产者自可再生能源装置投入使用起5年内免缴利润税。④

但免缴利润税的纳税人仍应按照法律向税务机关申报有关利润税的材料和信息。

（六）免税收入

按照吉尔吉斯斯坦《税法典》的规定，下列财产免征利润税：（1）股东对公司投入的注册资本金；（2）根据吉尔吉斯斯坦内阁决议无偿取得作为资本性投入的发展基金；（3）无偿获得并作为专业机构所拥有用于保障施工项目生活的工程管网、锅炉站，包括所占用土地，以及水电气热计量仪器，不管该机构的所有制形式如何，自该设施由承包商和/或业主等根据交接证书移交并投入使用的；（4）非商业机构收取的会费和入学费等；（5）赞助费和奖金；（6）多层住宅设施的维修服务费；（7）普通合伙获得的入伙投资款；（8）委托管理机构从委托管理获得的财产；（9）股东根据股东大会决议从公司分得的股票/股份，以及增发股票时股东获得的新股票面价与原始股票面价之间的差额等。

---

① 吉尔吉斯斯坦《税法典》第240条第3项，法律文本参见吉尔吉斯斯坦司法部官方网站。

② 吉尔吉斯斯坦《税法典》第240条第4项，法律文本参见吉尔吉斯斯坦司法部官方网站。

③ 吉尔吉斯斯坦《税法典》第31章第239条，法律文本参见吉尔吉斯斯坦司法部官方网站。

④ 吉尔吉斯斯坦《税法典》第239条第1款第10项，法律文本参见吉尔吉斯斯坦司法部官方网站。

另外，下列财产免征利润税：（1）股东向组织投入作为出资份额或其他投入的财产价值；（2）根据吉尔吉斯斯坦内阁或地方自治机关决定免费获取作为生产资料的主要资产的价值和/或作为资本金的货币资金；（3）无偿获得的如下财产：按照吉尔吉斯斯坦内阁或地方自治机关决议获取的主要资产、水电站、水利设施、水库、矿山开采设备、民防设施、土地使用权，其所有权归属国家持股不低于50%的经营公司或经营管理前述资产的专业机构；（4）根据总承包商和/或建筑业主或业主组织的验收证书，按指定用途使用和运营的为建筑项目提供生活保障的工程管网、变电站和锅炉房价值，包括土地使用权，以及电力、天然气、水、供热和热水供应计量装置的价值，无论其所有权形式如何；（5）专业机构所获得的对新建和/或改建施工项目工程管网工程施工费或已建成但尚未连接工程管网施工费，无论所有制形式如何；（6）非商业机构获得的会员费、人道主义援助和赞助、按照章程目的免费获得的财产、多居室住房和服务性设施维修服务费等；（7）纳税人从其投资的本国公司或外国公司获得的股息；（8）普通合伙获得的作为合伙人出资的财产价值；（9）受托人接受委托管理的财产价值；（10）股票溢价收入；（11）根据股东大会的决定，本机构股东收到分配的额外股权（股份）的价值，或公司增加注册资本时在本公司股东之间配股时股东所获得的替代原始股的新股面值与原始股面值之间的差额，包括以该组织财产增加注册资本的情况；（12）有价证券的利息收入和增值收入；（13）因国家需要赎买土地和/或其他财产所获得的补偿金等。

（七）纳税扣除项

按照吉尔吉斯斯坦《税法典》第235条的规定，利润税的扣除税项包括购买物品的增值税金，印花税税金，购买商品、劳务和工程的销售税金，财产税金，地下资源使用税金等。[①] 但根据第236条的规定，主要资产的市场、购买和安装相关的费用、税务罚金及利息、按照国内外法律规定支付的利润税税金等不得扣除。除了税金扣除项，生产性纳税人在商品生产过程中按照技术标准范围内的原料和材料损耗也可以进行税前扣除。[②]

纳税人的管理人员包括其工作人员、管理委员会成员、董事会成员和监事

---

① 吉尔吉斯斯坦《税法典》第235条第1款，法律文本参见吉尔吉斯斯坦司法部官方网站。

② 吉尔吉斯斯坦《税法典》第30章第217—238条，法律文本参见吉尔吉斯斯坦司法部官方网站。

会成员的差旅费可以扣除。公司股东和管理机构其他成员行使机构章程规定的公司职责时发生的差旅费同样可以扣除。[1]

企业所有的属于吉尔吉斯斯坦《税法典》第 226 条所列类别的主要资产，包括融资租赁物的维修费用、租赁主要资产的企业对资产进行维修的实际费用、企业按照法律要求支付的年度社会保险费等可在税前扣除。

纳税人在一个纳税期内的税前扣除项超过其年度收入总额的，可以在之后的 5 个纳税年度内扣除。

（八）外国机构在吉尔吉斯斯坦纳税要求

外国机构对其在吉尔吉斯斯坦境内获得但与其在吉尔吉斯斯坦的常设机构无关的收入的纳税要求应按照吉尔吉斯斯坦与其母国之间签订的避免双重征税协定执行。若吉尔吉斯斯坦与该机构母国之间未签订避免双重征税协定，则该机构来自吉尔吉斯斯坦境内的收入应按照吉尔吉斯斯坦《税法典》的规定纳税。[2]

二、个人所得税

（一）纳税主体

吉尔吉斯斯坦本国公民和任意连续 12 个月内在吉尔吉斯斯坦境内停留超过 183 天的自然人为居民个人，是个人所得税的纳税主体。

吉尔吉斯斯坦《税法典》规定，所得税的纳税人包括拥有吉尔吉斯斯坦国籍的自然人、没有吉尔吉斯斯坦国籍但持有吉尔吉斯斯坦居住证或属于吉尔吉斯族人并在吉尔吉斯斯坦境内获得收入的居民自然人，没有吉尔吉斯斯坦国籍且没有获得吉尔吉斯斯坦居住证，也不属于吉尔吉斯族人但有来自吉尔吉斯斯坦境内收入的居民自然人，以及没有吉尔吉斯斯坦国籍但有来自吉尔吉斯斯坦境内收入的非居民自然人。税收代理人在向自然人支付收入时应计算、扣缴所得税。个体企业主不是所得税的纳税人。

吉尔吉斯斯坦公民应对其来自吉尔吉斯斯坦境内外的收入支付所得税，没

---

① 吉尔吉斯斯坦《税法典》第 219 条第 3 项，法律文本参见吉尔吉斯斯坦司法部官方网站。

② 吉尔吉斯斯坦《税法典》第 248 条第 2 项和第 3 项，法律文本参见吉尔吉斯斯坦司法部官方网站。

有吉尔吉斯斯坦国籍但持有吉尔吉斯斯坦居住证或属于吉尔吉斯族人并在吉尔吉斯斯坦境内获得收入的居民自然人应对其来自吉尔吉斯斯坦境内和/或境外的收入缴纳所得税。没有吉尔吉斯斯坦国籍且没有获得吉尔吉斯斯坦居住证，也不属于吉尔吉斯族人但有来自吉尔吉斯斯坦境内收入的居民自然人应对其来自吉尔吉斯斯坦境内的所得缴纳所得税。[①] 不具有吉尔吉斯斯坦国籍但有来自吉尔吉斯斯坦境内收入的非居民自然人应对来自吉尔吉斯斯坦境内的所得缴纳所得税，[②] 但该非居民自然人是注册在吉尔吉斯斯坦境外的本国机构的分公司和代表处工作人员除外。

（二）个人所得税税率

居民个人、非居民个人所得的个人所得税税率为10%。下列情况下，受雇佣人员的所得税税率为5%：（1）纳税人登记地点和其经营活动地在享受优惠的边境居民点的；（2）高新区和创意产业园的居民和管理局的工作人员，但对住宅设施和土地提供维护服务的工作人员除外；（3）一级、二级伤残人士等。

三、增值税

从事销售或进口业务的纳税人应该缴纳增值税。外国机构、个体企业主完成工作和提供服务的，应缴纳增值税。吉尔吉斯斯坦的居民自然人在吉尔吉斯斯坦境内从事电子商务的也应缴纳增值税。

吉尔吉斯斯坦不区分增值税一般纳税人和小规模纳税人，自行决定是否进行增值税纳税登记。按照吉尔吉斯斯坦《税法典》的规定，企业或个体企业主连续12个月营业额超过3000万索姆，应依法进行增值税纳税登记。

（一）增值税税率

销售商品或进口商品的增值税税率为12%。吉尔吉斯斯坦《税法典》第302条规定，从欧亚经济联盟成员国（包括俄罗斯、哈萨克斯坦、白俄罗斯和亚美尼亚）进口原材料在吉尔吉斯斯坦按照法定条件和期限进行加工的，增值税税率为0。出口商品的增值税税率为0。国际航班运输服务和国际运输服务（不

① 吉尔吉斯斯坦《税法典》第186条第1款，法律文本参见吉尔吉斯斯坦司法部官方网站。

② 吉尔吉斯斯坦《税法典》第186条第1款，法律文本参见吉尔吉斯斯坦司法部官方网站。

含国际铁路运输）增值税税率为0。

（二）增值税税基

1. 销售商品或进口

根据吉尔吉斯斯坦《税法典》第310条的规定，销售商品的增值税税基为该商品销售价格，从非欧亚经济联盟成员国进口商品的增值税税基为进口商品价格、缴纳的海关关税和进口环节应缴纳的其他税金，但增值税税金除外。吉尔吉斯斯坦《税法典》规定，在外国机构与自然人进行电子商务贸易时，对交易增值部分不征收增值税。

2. 针对欧亚经济联盟成员国进口的商品，法律规定只对该进口商品价格计算征收增值税，不包括与该进口商品相关的其他支出，但该商品价格应与其他支出分别标出。未单独标明的，则应对商品价格和其他费用一起征税。来料加工的进口商品只对来料加工的商品增值部分缴纳增值税。

3. 将来自欧亚经济联盟成员国的商品从自由经济区仓库运出至吉尔吉斯斯坦其他地区的非自由经济区仓库业主的，应补缴进口环节的增值税。

4. 不应抵扣项。吉尔吉斯斯坦《税法典》针对采矿业的增值税作了特殊规定：购买商品用于地质探矿和地质勘察工作的，在相应的自然资源开采许可证有效期内，该购买商品的增值税不应抵扣。① 购买商品没有依法提供相应的购买发票或提供无效发票（包括发票未完整填写的）的，该商品增值税也不应抵扣。

吉尔吉斯斯坦《税法典》规定，针对根据吉尔吉斯斯坦法律规定认定的进口物质价格超出进口物质的发票价格（包括运费、保险费、海关费用和印花税）所缴纳的增值税增加部分不得抵扣。纳税人采用了吉尔吉斯斯坦《税法典》第324条规定的附条件计税制度的，其购买物质的增值税也不得抵扣。

特别需要注意的事项是，按照吉尔吉斯斯坦《税法典》的规定，纳税人在一个纳税期内以现金形式支付物资采购费用超过300000索姆（不含销售增值税税金和销售税税金）的，该增值税税金也不得抵扣。

（三）增值税的附条件清算制度

从事进口应税商品业务的纳税人可以选择按照附条件纳税清算制度缴纳进

---

① 吉尔吉斯斯坦《税法典》第316条第1款第2项，法律文本参见吉尔吉斯斯坦司法部官方网站。

口商品增值税。在该制度下，纳税人需自行计算进口商品增值税并将税金缴付至在吉尔吉斯斯坦财政部开立的存款账户中，然后将从吉尔吉斯斯坦出口该进口商品后，在确认该商品出口 180 天内财政部将根据纳税人申请向其返还此前已缴纳的进口增值税。经确认该商品并未再出口的，已缴纳的进口增值税直接收缴国库。

四、地下资源使用税

吉尔吉斯斯坦《税法典》规定，地下资源使用税包括：（1）地下资源使用红利税，即为探寻、勘探、开发地下资源和使用地下资源的权利支付的一次性税金；（2）特许权使用费，即指为开发矿床和/或提取地下水而使用地下资源的经常性费用。①

（一）免税项目

（1）土地所有者或使用者在其土地上为非经营目的采砂、取石或提取地下水的；（2）为生态管理、研究等目的取得地下资源地块的；（3）利用采矿、选矿、炭化学和冶金生产的废料的；（4）从事生态地质、生态物理、科学调查研究工作；（5）专业供水机构提取地下水等。

（二）地下资源使用红利税

在吉尔吉斯斯坦使用地下资源的本国机构、外国机构和具有地下资源使用权的个体企业主都需按照吉尔吉斯斯坦《税法典》的规定对使用地下资源使用缴纳红利税。

其中征税对象包括：（1）地下资源矿床开发；（2）地下资源开采；（3）地下资源探寻；（4）为商业目的收集地下矿物、古生物；（5）为装饰目的收集石料或用作石料加工和建筑材料。

如下情况也需要缴纳地下资源使用红利税：②（1）将地下资源使用权抵债。（2）将地下资源使用权转让给第三人，但继承或使用权人重组且未导致使用权人的股东成员变更和/或股东注册资本份额变更时不视为使用权转让，无须缴纳

① 吉尔吉斯斯坦《税法典》第 348 条，法律文本参见吉尔吉斯斯坦司法部官方网站。

② 吉尔吉斯斯坦《税法典》第 351 条，法律文本参见吉尔吉斯斯坦司法部官方网站。

红利税。(3) 具有地下资源使用权的法人的注册资本的股份变更，但股份在证券交易所交易的法人除外。(4) 概括承继导致具有地下资源使用权的法人的所有权发生变更的。(5) 因为补充勘探、补充调查或其他原因出现的地下资源储量与授予地下资源使用权相比增加的。(6) 授予地下资源使用权的地下矿区面积增加的。(7) 授予未包含在此前授予的地下资源使用权范围之内的新的地下资源使用权。

(三) 地下资源使用红利税的税基

若从事地下资源矿床（地下水除外）开发，则红利税税基为吉尔吉斯斯坦国家矿产资源储备库登记的地下资源储量；地下水资源开采的，红利税税基为所申请开采的地下水量；进行地下资源勘探和寻矿，红利税税基为许可证许可勘探的面积；开采砂石料作为建筑材料或装饰材料的，红利税税基为许可证许可开采的面积；转移或转让地下资源使用权的，红利税税基为指定期限内剩余未开采的地下资源储量或许可面积；使用权人注册资本份额变更的，红利税税基为指定期限内剩余未开采的地下资源储量或与变更份额相当比例的许可面积；地下资源储量增加时，红利税税基为吉尔吉斯斯坦地下资源储备委员会统计的地下资源储量增加量。

(四) 地下资源使用红利税税率

吉尔吉斯斯坦《税法典》第353条规定，地下资源使用红利税的税率由吉尔吉斯斯坦内阁根据地下资源开采的储量、许可寻矿和勘探的面积和许可开采的砂石料的开采面积等来确定。

纳税人应当先与吉尔吉斯斯坦国家自然资源主管机关核算自然资源使用红利税金额，并向其登记注册地的税务机关缴纳地下资源使用红利税税金，时间不得晚于自然资源使用权许可证颁发之日起30天。① 在发生地下资源使用权转移或转让、纳税人的注册资本股份发生变动、地下资源储量变化、地下资源使用权许可使用面积增加和授予新的地下资源使用权许可等情况下，纳税人缴纳地下资源使用红利税时间最迟为报告月的次月最后一日。

具体的地下资源使用红利税税率和税金计算公式见吉尔吉斯斯坦工业能源

---

① 吉尔吉斯斯坦《税法典》第355条，法律文本参见吉尔吉斯斯坦司法部官方网站。

部国家地质和地下资源使用局官方网站。①

（五）地下资源特许权使用费

地下资源特许权使用费的纳税人是本国机构、通过常设机构在吉尔吉斯斯坦开展活动的外国机构和个体企业主，在从事矿产资源开发、抽取地下水、在油气勘探试验过程中附带提取石油和天然气以及为工业试验和/或预防处理紧急情况进行的一次性采矿活动时应缴纳地下资源特许权使用费。

纳税人应在每个报告月的次月20日之前向登记注册地的税务机关缴纳地下资源特许权使用费。若纳税人为小规模纳税人，则在每报告季度的次月20日前向登记注册地的税务机关缴纳地下资源特许权使用费。

地下资源特许权使用费的计算基数为：②（1）地下资源销售所得额，但不包括增值税税金和销售税税金；若未销售的是直接加工的，则计税基础为地下资源加工前的成本，但金矿、银矿和铂金矿除外。（2）开采的地下水量。（3）金属矿中的经过化学处理的纯金属价格或交易所金属精矿的价格。但若金属矿中的经过化学处理的纯金属价格或交易所金属金矿的价格比金属矿和交易所金属精矿销售所得还低，则应按照金属矿和交易所金属精矿销售所得作为计税基础。其中，经化学处理的纯金属价格是根据吉尔吉斯斯坦内阁规定的程序依据交易所金属矿的价格和金属矿中或金属精矿的金属成分来确定。交易所金属价为伦敦金属交易所（London Metall Exchange）在纳税期间公布金属价格的每日平均报价与公布金属价格的纳税期间的天数之间的算术平均值。此处所说的交易所金属是在伦敦金属交易所报价交易的金属。

特许权使用费税率为：（1）金、银和铂金以及含金、银和铂金的金属矿石或精矿为5%；（2）金属、金属矿或精矿为3%；（3）石膏矿为6%；（4）生产装饰材料的天然石料为12%；（5）钻探开采的煤为1%；（6）其他矿为3%。

纳税期间和纳税流程。地下资源使用税纳税期间为一个日历月。纳税人应在纳税报告期结束的次月20日前向登记注册地的税务机关申报纳税。小规模企业纳税人应在每季度结束的次月20日前向登记注册地的税务机关申报纳税。纳税报告应在纳税报告期结束的次月20日前提交至当地税务局。中小规模纳税人

① 吉尔吉斯斯坦工业能源部国家地质和地下资源局官方网站，网址 https：//geology. kg/bonus/。

② 吉尔吉斯斯坦《税法典》第358条，法律文本参见吉尔吉斯斯坦司法部官方网站。

应在每季度结束的次月20日前向注册当地税务机关提交纳税报告。

五、销售税

（一）纳税主体和客体

在吉尔吉斯斯坦开展经营活动、销售商品、完成工作或提供服务的本国公司、外国公司和个体企业主都是销售税的纳税人。纳税客体是销售商品、提供服务和完成工作。但如下项目无须缴纳销售税：（1）将自己所有的财产移交给他人信托管理。（2）根据普通合伙合同将财产移交合伙人管理。以及上述两类项目中受托人或管理合伙人将移交的财产返还所有人的行为。（3）按照融资租赁合同移交租赁财产的行为。（4）出口商品、工作或服务的行为。（5）在吉尔吉斯斯坦境内外销售商品、完成工作或提供服务。（6）增值税纳税人转让其企业或附属机构给另一增值税纳税人。（7）国际运输等。

（二）销售税税基

纳税人应就其销售商品、完成工作或提供服务获得的收入缴纳销售税。出租财产的，应就其收取的租金结算缴纳销售税，但不包括增值税和销售税。销售股份、在机构中的份额、外汇、虚拟资产、基本资产和商品的，应就其收入扣除购买成本的差额缴纳销售税。购买任何形式的金和银应就其销售金银的价格与其购买金银的差额缴纳销售税。

（三）销售税税率

销售、完成或提供应缴纳增值税的商品、工作或服务时，从事贸易或生产活动的应按1%计征销售税，从事其他经营活动的按2%计征销售税。销售、完成或提供不缴或免缴增值税的商品、工作或服务时，从事贸易或生产活动的应按2%计征销售税，从事其他经营活动的按3%计征销售税。银行业按2%计征销售税，通信业按5%计征销售税，企业销售新建住房和非居住用房按2%计征销售税。

利用专利开展经营活动的主体和在特别贸易区经营的主体以及吉尔吉斯斯坦《税法典》第423条规定的主体（个体企业主销售商品、完成工作和提供服务的但不从事进出口贸易的经营者、从事服装和纺织品生产的生产者等）交易中以非现金方式支付的，销售税税率为2%，以现金方式支付的销售税税率为

3%，其他匿名主体的销售税税率为4%（匿名主体系指发票上未指明交易主体、纳税登记证号等信息的情况）。

（四）纳税期

一般而言，纳税人应在税务报告期结束的次月20日向登记注册地的税务机关缴纳税款。

六、消费税

从事服装和纺织品生产的生产者在2027年1月1日之前按照0.25%缴纳消费税。创意产业园区的居民在2023年至2024年按照0.5%缴纳消费税，在2025—2026年按照1%缴纳消费税，自2027年起按照2%缴纳消费税。

个体企业主销售商品、完成工作和提供服务但不从事进出口贸易的，同时符合如下条件的按照0税率缴纳消费税：（1）最近12个月收入不超过1500万索姆；（2）已配备税控机，未雇佣工作人员，但雇佣工作人员不超过2人的经营主体除外；（3）按照法律要求缴纳社会保险费。

七、印花税

吉尔吉斯斯坦《税法典》规定，在吉尔吉斯斯坦境内生产包括来料加工生产纳税商品或进口应税商品的主体应该按照税法规定缴纳印花税。来料加工应税商品按照法律规定免缴纳印花税的，提供生产原料的所有者应该缴纳印花税。

吉尔吉斯斯坦《税法典》规定了酒精、啤酒、烟草制品、原油和作为原料的石油产品、液化石油天然气等商品为印花税的应税商品。

印花税税基和税率规定在吉尔吉斯斯坦《税法典》第336条。

第三节　吉尔吉斯斯坦税收优惠政策

根据吉尔吉斯斯坦2017年6月29日第114号《税法典》修订和2019年吉尔吉斯斯坦政府第193号规章，吉尔吉斯斯坦提供如下税收优惠措施。

一、工业经营活动税收优惠清单

（1）基于新型技术工艺的工业生产；（2）轻工业和食品工业；（3）发电、电力输送、电力分配和销售；（4）农产品加工；（5）电脑生产、电子和光学设备生产；（6）电器设备生产；（7）不属于其他类别的机器设备生产；（8）汽车生产；（9）其他交通工具生产；（10）家具生产；（11）其他产品。

根据吉尔吉斯斯坦《税法典》第213条第4款、税法第159－1条，对从事可享受优惠待遇工业经营活动的企业利润实施0税率（但地下资源加工、地下资源开采以及从事附带产品生产的企业除外）。

二、企业利润税优惠

一般情况下，企业利润税税率为10%，但吉尔吉斯斯坦《税法典》规定，在下列情况实施利润税0税率：（1）纳税人在一个纳税期内获得收入不低于17000万索姆的；（2）一个纳税期内每月支付所得税不低于15万索姆；（3）已投入注册资本金不低于1000万索姆。

三、其他可享受税收优惠的情况

1. 在与注册于优惠税收居民点的经营优惠税收业务的工业企业签订投资协议时，将出口导向型企业定义为在2019年1月1日后进行国家登记并在此后连续6个月内出口产品不低于50%的工业企业。

2. 注册在可享受税收优惠居民点并从事优惠税收业务的工业企业免缴财产税、土地税、利润税和销售税。

3. 投资协议要求之一就是在享受税收优惠居民点新设立的工业企业应创造的工作岗位数量、根据投资规划完成的投资总额和实现的销售收入。投资协议5年一期，期满地方自治机关可根据该企业销售收入和缴纳所得税情况延长至10年。

但税收优惠不适用于已经享受优惠工业企业的分公司和代表处。

4. 扣除、免税和零税率的情况：（1）免税主体。创新性机构、农业生产者、农业生产和服务联合体、贷款人联合体、从事农产品加工的食品加工企业、租赁企业。（2）利润税前扣除项目。人员差旅费、代表支出、人员培训费、贷款利息等。（3）免除增值税的项目。提供土地或居住场所，提供公共服务等。

（4）实行零税率的项目。（5）免缴地下资源使用税的主体。从事普通地下资源开发但未从事企业经营的土地所有者，取得地下矿产开发特殊保护区域的主体，对钢铁废渣进行加工的主体。

5. 土地税优惠税率。根据吉尔吉斯斯坦《税法典》第 334 条第 3 款的规定，地方税务局有权向从事可享受税收优惠经营活动的企业免缴居民点土地和农业土地的土地税。

第十三章　吉尔吉斯斯坦环境保护法律制度

吉尔吉斯斯坦环境保护法律规定由《宪法》、《环境保护法》、《生态鉴定法》、《生态安全保障的通用技术规程法》和《环境影响评价规定》等法律法规组成，确定了对自然资源合法、合理利用和自然环境保护的政策和法律关系调整，旨在建立对人类健康和生命友好，有利于社会经济良性和持续发展的自然和社会生态环境。

第一节　生态环境保护对象

一、吉尔吉斯斯坦环境保护法律保护对象

（一）一般保护对象

在吉尔吉斯斯坦法律下，土地及其底土、土壤、水、森林、植物、动物及其遗传基因、大气层空气、其他自然物体、综合体及生态系统，以及气候和地球臭氧层和作为星球的地球都是环境保护法律对象，受到法律保护，免于受到污染、损失、损坏、枯竭、破坏、清除和其他不利影响。

（二）特殊保护对象

吉尔吉斯斯坦环境保护法律的特殊保护对象是自然的或人造自然综合体和具有特种生态、自然保护、科学、历史文化、

美学、健康保护、稀有或遭受灭绝威胁的植物、动物和其栖息地。

为保护自然综合体及其客体，吉尔吉斯斯坦法律还建立了自然特别保护区制度，包括国际级自然保护区、国家生态圈、生态区和/或保留地、国家自然公园、森林公园和动物园、植物园、国家保护区（综合性的、动物学的、植物学的、森林学的、地质的和季节性的），国家自然纪念物、休闲区、跨界的自然保护区、被赋予特别自然保护区地位的冰川和积雪、生态走廊、生态公园、地方设立的特别自然保护区、微型保护区等。

二、保护措施

法律规定了自然保护区的保护措施：（1）对自然资源进行国家统计和社会经济评价；（2）设立自然环境质量标准；（3）经济关系和生态关系的综合调整；（4）对可能影响自然的经济活动或其他活动提出生态保护要求；（5）设立自然资源使用、污染物排放、物理的或其他有害作用、堆放废弃物的收费标准；（6）国家对自然资源使用人零排放或少排放工艺提供资助；（7）实施生态经营活动；（8）为了预防经济活动或其他活动对自然资源产生负面影响在其规划和实施中推行生态鉴定制度；（9）对保护区、国家公园、稀有动植物和其他客体提供特殊保护并设立专门的生态执法局；（10）要求过错人员补偿自然环境遭受的损失并采取措施恢复自然生态；（11）设立生态违法责任措施；（12）追究环境违法责任人的责任；（13）森林资源的保护和利用；（14）恢复天然水纯度；（15）大气污染预防；（16）利用风能和太阳能；（17）水电站建设中对生态物种进行统计；（18）对脆弱的山区生态系统的人为压力、地下水位上升、山体滑坡和地震进行定期监测等。

此外，国家法律、地方管理机关和自治机构的决议可以设立其他的自然环境保护措施。

第二节　生态环境质量标准

生态环境质量标准规定了人类活动对自然环境产生影响的可接受标准范围，它是基于国际环保新理念和融合了最新科技成果而制定的环境质量标准和规范体系。吉尔吉斯斯坦国家环境保护和健康防护机关是吉尔吉斯斯坦负责环境保护的国家机构，它与其他国家机关共同确认有害影响控制在一定限度内的生态环境质量标准和确定环境质量标准的方法。

一、生态环境质量标准内容

吉尔吉斯斯坦生态环境质量标准和规范具体包括如下内容：（1）空气、水、土壤和底土中有害物质聚集的限度范围标准；（2）有害物质排放和堆积的限度范围标准；（3）自然环境负荷的限度范围标准；（4）卫生防护区标准；（5）自然资源利用标准；（6）噪声、震动、电磁辐射和其他有害物理作用的限度范围；（7）在农业领域使用化学品的限度范围；（8）在食品中添加化学的、有毒的、致癌物质和生物添加剂的限度标准等。

二、生态环境质量标准的确定程序

有关有害物质排放和填埋标准、放射性危险控制、自然环境负荷程度、卫生保护区，空气、水、土壤、底土和其他自然客体中有害物质聚集的限度范围的标准，以及威胁生态安全的产品标准等由吉尔吉斯斯坦内阁按照法定程序规定和确认。

第三节　自然资源利用

吉尔吉斯斯坦是一个资源较为丰富的国家，该国法律针对不同的自然资源类别规定了自然资源合理利用的多种合法方式。

一、自然资源利用方式

自然资源利用分为一般利用和特殊利用。自然资源的特殊利用方式可细分为土地利用、地下资源利用、森林资源利用、水资源利用、动植物资源利用和大气层利用等。本书其他章节讲述的自然资源法律法规、土地利用法律、产品分成协议法律、特许经营法律法规以及公私伙伴关系法律法规等都详细规定了各种自然资源特殊利用的程序和条件。

二、自然资源利用的限制

对自然资源的特殊利用必须加以限制。国家环境保护主管部门依据自然资源的规定使用量、向自然环境排放污染物和填埋限额和在区域内填埋生产性废弃物的定额标准指定和确认自然资源利用的限额。该使用限额包括两部分：一是从自然环境中提取自然资源的额定限度；二是允许向自然资源排放、填埋有害物质的额定限度。

三、自然资源的统计和评估

国家环境保护部门与国家统计部门、自然资源利用主管部门一起对自然资源和可二次利用的原料等进行统计、社会经济效益评估和管理。

四、自然资源利用的有偿性

任何主体申请利用自然资源的，应依法向国家缴纳税费。自然资源利用税费由自然资源使用费、环境污染处理费等构成。具体税费额度应根据各种自然资源利用的种类、征税方式和程序由吉尔吉斯斯坦内阁依据相应法律法规确定。

（一）自然资源利用费

自然资源利用费依据在法律规定限额内利用自然资源和超限额利用自然资源不同情况规定了不同费率，所有的自然资源利用税费都应统一缴纳至国库，用于自然环境的保护和恢复重建工作等。

（二）环境污染处理费

环境污染处理费针对污染物排放和释放、废弃物填埋、大气污染行为和对自然环境有不利影响的活动征收。

（三）有害物质排放费

法人和自然人在生产经营中产生有害物质，应依法缴纳有害物质排放和释放费。

自然资源使用人依法缴纳自然资源利用费、环境污染处理费等税费并不免除其采取环境保护措施的义务，违反环境保护法律造成的损失赔偿责任和依法承担破坏环境保护法律的行政责任和刑事责任。①

第四节 经济活动的生态保护要求

一、强制性生态鉴定制度

为了预防经济活动对生态环境的潜在不利影响，国家组织对生态环境的鉴定工作。生态环境鉴定工作的开展必须坚持下列原则：开展经济活动之前进行生态环境影响鉴定的强制性、合理性、独立性、客观性和结论合法性。

法律禁止对未获得关于自然资源利用的国家肯定性生态评估意见的自然资源利用项目提供资金，也禁止此类项目进入实施阶段。② 吉尔吉斯斯坦还专门制定了《生态鉴定法》，规定国家对自然资源利用领域进行生态评估的程序、要求等内容。

二、对企业、设施和其他项目的分布、设计、建设（重建）和投入使用各阶段的生态要求

（一）环境保护措施和环境影响评价（OBOC）

在项目的分布、设计、建设（重建）和投入使用阶段，可能对自然环境产生直接或间接影响的，应按照国家生态环境标准设置和完成环境保护措施、合理开发和利用自然资源的措施以及改良自然环境的措施，并完成“规划中的活动对周边环境的影响评价”。

（二）通过国家生态鉴定

项目的实施还应取得国家生态鉴定的肯定性鉴定意见，已经按照法定程序批准的项目在实施中不得变更方案，不得违反项目的生态安全要求。

---

① 吉尔吉斯斯坦《环境保护法》第 15 条，法律文本参见吉尔吉斯斯坦司法部官方网站。

② 吉尔吉斯斯坦《环境保护法》第 16 条第 3 款，法律文本参见吉尔吉斯斯坦司法部官方网站。

（三）建设环境保护设施

禁止未建设和配备清洁设施、有害物质清除和消纳设施和环境污染监测工具的工程投入使用。①

三、经济活动中的生态保护要求

1. 企业在经营活动中应遵守已经确认的工艺流程，配备和保障经营活动范围内清洁设施、装置和监控工具正常和高效工作，吸纳和消解废弃物，在企业中实施保障生态安全的生产工艺，对土地、底土、水、空气、森林、动植物进行保护和合理利用，进行自然资源的再利用。

2. 从事畜牧业和农业生产经营的主体应设置卫生防护区和清洁设施。

3. 在经营土壤改良系统和从事土壤改良工作时，应遵循水资源平衡，经济合理利用水资源，保护土地、森林，避免枯竭、洪水、渗水，并预防对自然环境的其他不利后果。

4. 水电站运营时，应严格遵守渔业资源保护要求，不得对鱼类生态环境产生负面改变。

四、居民点规划和开发中的生态保护要求

在城市开发和其他居民点的建设中应遵守生活垃圾的清洁卫生、消毒、清除、再加工和填埋要求，保护居民，避免威胁生态安全和水利地质状态，保护历史古迹和自然纪念碑。

五、放射性物质和化学物质流转的生态保护要求

（一）遵守有毒物质全流程规范

法人或自然人在生产、存储、运输、贸易、使用、消毒和填埋放射性、有毒物质和化学物质时，应严格遵守该领域的法律规定、规范和规则，采取措施预防和消除有害后果，在发现经营环境中的有害物质超标时应第一时间向国家放射性和化学安全保障部门报告。

---

① 吉尔吉斯斯坦《环境保护法》第 17 条第 3 款，法律文本参见吉尔吉斯斯坦司法部官方网站。

（二）严禁有毒物质

国家禁止从其他国家输入放射性废弃物和物质入境存放和填埋。禁止在生产和生活废弃物存放地未经回收利用和再循环利用，填埋已失去功效的物品和包含破坏臭氧层的物质。禁止应用不易衰变且对人体和周边环境有负面作用的有毒物质。

（三）获取有毒物质经营许可

从事与有毒物质和放射性物质有关的经营活动的主体应依法向政府主管部门获取相应的经营许可证或资质。

六、防止不受管控物和有害生物作用破坏环境

禁止携带入境或输入无品质保证书的生物体及由其生成的产品等。

七、防止有害物理作用

禁止超过法定标准制造噪声、震动、电磁波和其他对人体或自然环境有害的物理作用。法人和自然人应采取措施预防和消除超过标准的噪声、震动、电磁波和其他对人体或自然环境有害的物理作用。

在城市和居民点进行开发和建设、企业或生产线的规划、施工和改造，新技术的研发，地上、水上和空中交通工具的建设、规划和使用中应采取措施，保障上述有害物理作用不超出国家标准额度。

八、生产和生活废弃物处理

生产和生活废弃物应按照规定程序堆放在专门堆放点。禁止将废弃物和污水排放至公共水体和地下。法人和自然人应采取有效措施无害化处理、清除、存储、填埋生产和生活废弃物，遵守现行有效的生态、卫生防护和流行病防治标准和规范。

填埋或放置具有潜在危险性、有毒性、放射性废弃物必须持有国家环保部门颁发的许可证。[1] 禁止将有毒性废弃物，包括废弃物堆放在城市和其他居民点附近、山区、疗养区、度假村、娱乐区和其他可能对居民健康和周边环境产生

① 吉尔吉斯斯坦《环境保护法》第23条第5款，法律文本参见吉尔吉斯斯坦司法部官方网站。

危险的地方。

九、气候和大气臭氧层的保护

采取措施保护气候和大气臭氧层等，应在生产和生活中采取措施管理和监控破坏臭氧层的物质排放等。

第五节　环境影响评价

一、环境影响评价的流程

环境影响评价包括如下步骤：（1）作出必须进行环境影响评价的决议；（2）环境影响评价的预备；（3）进行环境影响评价；（4）项目后评估。

二、应进行环境影响评价的项目类型

1. 能源项目：（1）热电中心、热电厂、水电站；（2）生产电、蒸汽、热水的工业设备；（3）输送天然气、石油和石油制品、热力的管线；（4）高压电线；（5）石油和石油产品、天然气、硬质燃料仓库；（6）灰渣。

2. 水库。

3. 石油和石油产品及天然气开采和加工企业。

4. 建筑材料生产（水泥、沥青、石板和石棉水泥管）。

5. 农业经营。

6. 矿山开采工业，包括：（1）矿山勘探、试运行工作；（2）原矿开采；（3）采煤；（4）金属矿开采；（5）矿石加工；（6）有色金属、稀有金属和贵重金属加工；（7）废弃物填埋和清理。

7. 金属加工业。

8. 玻璃生产。

9. 化学品生产。

10. 食品生产。

11. 纺织品工业、皮革工业和造纸业。

12. 有毒物品、危险品、放射性物质存储。

13. 污水和烟气处理实施。
14. 地下水开采。
15. 居民供水系统。
16. 公路和铁路施工。
17. 机场、航站楼、试验场、内河港口、赛车场。
18. 旅游休闲项目施工。
19. 工业枢纽规划。
20. 市政管网。
21. 电梯和缆车。
22. 生产和生活废弃物处理和填埋。
23. 加油站。
24. 汽车维修站等。

第六节　生态标准和认证

吉尔吉斯斯坦实行生态标准和认证制度。按照法律规定，凡是在吉尔吉斯斯坦生产的或输入吉尔吉斯斯坦境内的产品、服务或在吉尔吉斯斯坦境内完成的生产过程，如果可能威胁生态安全、居民生命健康、自然资源的开发和合理利用，都应该执行生态标准和进行认证。①

一、生态认证

生态标准化和认证的对象由吉尔吉斯斯坦内阁规定。产品的加工、制造、供应（销售）、存储、运输、使用和维修不得违反吉尔吉斯斯坦环境保护领域的技术规程、标准和技术条件。政府主管部门按照法律规定实施生态认证，确保产品（制品）符合环境保护标准和技术条件。

二、环境审计

环境审计措施由企业聘请的独立专家按照国家环境保护机关规定的程序实

① 吉尔吉斯斯坦《环境保护法》第 26 条，法律文本参见吉尔吉斯斯坦司法部官方网站。

施，以防止和消除环境违法行为，排除企业行为污染环境的潜在风险。① 进行环境审计的费用由组织审计的企业自己承担或以其他方式解决。

三、生态环境监督

（一）监督机关

经营活动影响自然环境的经济主体和其他主体应在自己经营活动范围内实施环境状态监控。吉尔吉斯斯坦政府环保部门和其他部委在自己辖区和权限范围内对自然环境进行监控，检查环保措施的执行情况、自然资源的开发和利用情况，自然环境的改善情况以及自然保护法律要求的执行情况。

国家环保部门发布的关于自然保护的决议，对于其他部委、经济主体是强制性的，必须严格执行。

（二）海关和税务的环境监管

国家行政机关、海关机关和税务机关等依据法定程序和原则协助国家环保部门环保监管。

四、环境保险

为了保护居民的生命健康和财产利益，吉尔吉斯斯坦政府推行法人或自然人及其所有的财产和收入的自愿保险和强制性保险制度、环境污染责任保险制度，以此防范生态灾害、事故和灾难。

按照法律规定，凡是从事经营活动有可能威胁生态环境安全的法人和公民都应该投保强制性的环境保险。②

第七节　环保责任和环保争议

实施环保违法行为的法人和自然人应根据吉尔吉斯斯坦法律规定承担合规责任、行政责任、民事赔偿责任和刑事责任。但追究责任人的纪律责任、行政

① 吉尔吉斯斯坦《环境保护法》第 28 条，法律文本参见吉尔吉斯斯坦司法部官方网站。
② 吉尔吉斯斯坦《环境保护法》第 36 条，法律文本参见吉尔吉斯斯坦司法部官方网站。

责任、民事赔偿责任和刑事责任后，并不免除其恢复和修复受损的自然环境的义务。①

一、合规责任

违法企业、机构或组织的管理人员和其他责任人员应依据其内部的管理规章、条例和章程规定，对其未采取环境保护措施和合理利用自然资源以及违反环境质量标准和环境保护法律的渎职行为承担责任。

企业、机构或组织因其管理人员或其他责任人员的过错承担了环境违法的损失赔偿责任后，有权向有责任的管理人员和其他责任人员要求承担损失的补充赔偿责任。

二、行政责任和刑事责任

对实施环境违法行为的管理人员和其他责任人员应依法追究行政责任和刑事责任。对行政责任和刑事责任的追究并不免除责任人对违法行为造成的损失的赔偿义务。

三、民事赔偿责任

法人、自然人，包括外国的法人和自然人实施污染环境的违法行为，造成环境损失、公民的财产和健康损失、法人和国家的财产损失，应根据吉尔吉斯斯坦《民法典》和其他法律规定全额赔偿损失。②

（一）损失金额的确认

损失金额应根据《财产损失计算价格和方法》或者实际损失额确定，损失赔偿范围包括期待利益的损失。企业或自然人污染环境对居民生命健康造成的损失应全额赔偿，赔偿金额应考虑违法行为造成的劳动能力丧失程度、治疗期间的损失、健康恢复期间的支出、护理费用以及符合法律规定的津贴等。

对公民、法人或国家财产造成损失的应由肇事者全额赔偿，在确定损失金额时，应考虑违法行为造成的实际损失，建筑、民用住宅和工业用房、设备、

---

① 吉尔吉斯斯坦《环境保护法》第 51 条，法律文本参见吉尔吉斯斯坦司法部官方网站。

② 吉尔吉斯斯坦《环境保护法》第 54 条，法律文本参见吉尔吉斯斯坦司法部官方网站。

财产、地段及该地段的出产物的价值贬损以及期待利益损失。①

若损失是多种原因造成，那么各责任方应按照法律规定对损失承担连带赔偿责任。

（二）争议解决

企业、机构、组织和公民之间因环境保护发生争议的，由地方国家机关、地方自治机关和国家环保机关按照法定程序处理，争议超出这些机关的职权范围，应提交吉尔吉斯斯坦内阁或法院诉讼解决。②

发生环境保护方面的国际争议的，该争议将按照国际法规范解决。

---

① 吉尔吉斯斯坦《环境保护法》第 54 条第 7 款，法律文本参见吉尔吉斯斯坦司法部官方网站。

② 吉尔吉斯斯坦《环境保护法》第 56 条，法律文本参见吉尔吉斯斯坦司法部官方网站，网址 https：//cbd. minjust. gov. kg/4 –205/edition/11538/ru，2025 年 3 月 29 日登录。

第十四章　吉尔吉斯斯坦诉讼法律制度

第一节　民事诉讼法律体系

民事诉讼程序是保护自然人或法人、国家机关或地方自治机关，以及其他主体被损坏的或有争议的权利、自由或合法利益的法律程序。

一、法院体系

吉尔吉斯斯坦的法院体系分为区法院、州法院和最高法院。区法院为初级法院，在各州内设立，一个州内（包括比什凯克市）可设立若干个区法院。州法院为上诉法院，全国 7 个州和比什凯克市各设立一个上诉法院，全国共设 8 个州法院。最高法院设立在首都比什凯克市。

除民事法院系统外，吉尔吉斯斯坦法院体系中还有行政法院体系，专门审理行政诉讼案件。

二、法院审级

吉尔吉斯斯坦法院实行两审终审制，当事人对初审法院作出的判决或判令不服的，可向区法院所在州的州法院上诉。州法院的裁判是生效判决。如果当事人对已经生效的初审或上诉审案件的判决或判令不服，可以依法向最高法院申诉或陈情，最高法院就当事人的申诉或陈情作出的裁判不得再行提起申诉。

三、法庭审理

与国内法庭要求不同的是，吉尔吉斯斯坦《民事诉讼法》规定，在法庭公开审理案件时，案件当事人或利益相关方有权以书面或录音形式记录庭审过程，但对庭审过程照相、摄像、通过收音机、电视或互联网进行实况转播需要征得法庭的同意。[①] 不公开审理案件时不得通过收音机、电视和互联网进行实况直播。

案件涉及国家秘密或他人秘密的，法庭应依法不公开审理和宣判。在案件涉及必须保护的商业秘密、法律规定的其他秘密、私人生活信息或公开讨论会影响案件公正审理的其他事实的，当事人也可以申请法庭不公开审理。

法院审理案件应依据吉尔吉斯斯坦《宪法》、法律法规和吉尔吉斯斯坦加入的国际条约。法律对争议无相应规定的，法庭应参考类似法律规定判决案件，若也无类似法律规定，则法庭应依据民事诉讼法律的一般原理、理论和原则，以及诚信、合理和公平要求审理案件。

四、法庭审判组织

一般情况下，一审民事案件（包括经济类案件）由 1 名法官独任审理，除非法律另有规定。当事人提起上诉的民事和经济类案件由 3 名审判员组成的审判庭审理。[②] 如果当事人对已经生效的一审或上诉审民事和经济类案件的法院判决不服，向吉尔吉斯斯坦最高法院提起申诉，那么应由最高法院 3 名法官组成的审判庭审理。

审判庭审理案件表决时每个法官都应表达自己的意见，判决应进行按照多数意见作出判决。不同意多数意见的法官应也应签署多数意见，并有权以书面形式表达自己的意见并附卷，但不得对外公开。[③]

---

① 吉尔吉斯斯坦《民事诉讼法》第 13 条第 2 项，法律文本参见吉尔吉斯斯坦司法部官方网站。

② 吉尔吉斯斯坦《民事诉讼法》第 17 条第 2 项，法律文本参见吉尔吉斯斯坦司法部官方网站。

③ 吉尔吉斯斯坦《民事诉讼法》第 18 条，法律文本参见吉尔吉斯斯坦司法部官方网站。

第二节　民事案件管辖

一、法院和其他裁判机构对民事案件的主管范围

吉尔吉斯斯坦《民事诉讼法》规定，法院审理所有除宪法审查案件和行政案件之外的民事案件。如果案件双方当事人一致同意，也可将民事案件提交司法长老裁决［аксакалы（судебные старейшины）］。[①]

按照法律规定，区法院，包括市辖区法院和市法院，对除行政法院管辖案件外的所有民事案件具有管辖权。区法院发现案件应归行政法院审理的，应裁定将案件移送行政法院审理，反之亦同。

双方当事人可以将法律有明确规定的民事案件提交至仲裁机构进行仲裁裁决，但应在民事一审法院作出判决之前提交。[②]

二、法院对民事案件的管辖范围

（一）一般地域管辖

一般情况下，民事案件应向被告居住地的法院起诉。这是确定民事诉讼案件管辖的基本原则。

若被告为法人，则应向法人住所地或其财产所在地的法院起诉。[③] 公司股东对公司提起民事诉讼的，应向该法人住所地的法院起诉。被告在吉尔吉斯斯坦无居所或不知其居所地的，可向其财产所在地或最后已知的居所地法院起诉。

分公司、代表处为被告的，可以向分公司、代表处所在地的法院起诉。追索赡养费、确定亲子关系、排除或限制亲属权利的案件，也可以向原告所在地的法院起诉。

造成伤害或其他身体损害以及导致被抚养人死亡的，可向原告住所地或侵权行为地的法院起诉。解除婚姻关系的案件涉及未成年子女或原告有健康原因到被告住所地困难的，可向原告所在地的法院起诉。

---

① 吉尔吉斯斯坦《民事诉讼法》第 26 条，法律文本参见吉尔吉斯斯坦司法部官方网站。

② 吉尔吉斯斯坦《民事诉讼法》第 27 条，法律文本参见吉尔吉斯斯坦司法部官方网站。

③ 吉尔吉斯斯坦《民事诉讼法》第 30 条，法律文本参见吉尔吉斯斯坦司法部官方网站。

要求恢复劳动权利、退休权利和居住权利案件，返还财产或赔偿因非法定罪和判刑，非法使用拘禁措施和限制离境，非法逮捕的行政措施导致公民损失的案件，可以向原告住所地法院起诉。

因合同发生的争议，当事人还可以向合同履行地的法院起诉。①

（二）专属地域管辖

除上述一般管辖外，法律还定了专属管辖，涉及专属管辖标的的案件应由法律规定的特定法院管辖，具体如下：

1. 涉及土地、地下资源矿产、专用水利项目、森林、多年生植物、建筑、设施及其他与土地紧密相连的客体权利的诉讼案件，以及解除财产查封的案件应由该财产或客体所在地的法院专属管辖（不动产专属管辖）。②

2. 被继承人的债权人在继承人开始继承财产前对被继承人提起的诉讼，应由向被继承财产或主要财产所在地法院起诉。

3. 因货物、旅客或行李运输合同对承运人提起的诉讼案件应由承运人机构所在地法院管辖。

（三）选择管辖

对多名被告提起诉讼的，可以向某一名被告住所地法院起诉。反诉案件和对他人诉讼中的争议标的提出独立请求的案件，不论其管辖法院是否同一，都应向本诉/正在审理他人诉讼案件的管辖法院起诉。刑事案件中涉及民事诉讼的，应按照上述管辖规则确定管辖法院。

（四）约定管辖

针对上述专属管辖案件之外的其他争议案件，当事人也可以协议排除上述地域管辖规则，而直接约定将某一案件交由某一法院管辖，③ 这一点比我国民事诉讼法关于地域管辖的规定更加宽松。

---

① 吉尔吉斯斯坦《民事诉讼法》第 31 条第 8 项，法律文本参见吉尔吉斯斯坦司法部官方网站。

② 吉尔吉斯斯坦《民事诉讼法》第 32 条第 1 项，法律文本参见吉尔吉斯斯坦司法部官方网站。

③ 吉尔吉斯斯坦《民事诉讼法》第 34 条第 1 项，法律文本参见吉尔吉斯斯坦司法部官方网站。

第三节 诉讼时效制度

一、普通诉讼时效期间

吉尔吉斯斯坦《民法典》规定，保护权利的普通诉讼时效为3年，[①] 自当事人知道或应当知道自己的权利被侵害之日起算。

吉尔吉斯斯坦《民法典》还针对特定种类的请求权规定了特别诉讼时效。协议约定与吉尔吉斯斯坦《民法典》规定的诉讼时效期限不一致的，该约定无效。诉讼时效可以根据法律规定的事实是否发生而暂停或延长。

只有当事人在法院作出判决之前以书面形式提出诉讼时效主张的，法院才会在案件审理中审查诉讼时效问题。若经审查，诉讼时效已过，则法院将会作出驳回原告诉讼请求的判决。若主债权的诉讼时效期间已过，则该主债权的附随债权的诉讼时效期间同时届满。[②] 若债务的履行期间不确定，则其诉讼时效期间自债权人有权要求债务人履行债务时起算，债权人向债务人提供了履行宽限期的，诉讼时效自该宽限期届满时起算。

二、诉讼时效的暂停和中断

当事人向法院提起诉讼，债务人承认债务或其他义务，以及双方在起诉前协商解决争议都能导致诉讼时效中断。诉讼时效中断后应重新起算。

案件起诉后，法院未审理的，起诉前进行的诉讼时效继续计算；刑事案件起诉后，法院未审理案件的，起诉前进行的时效期间在刑事判决生效之前暂停。诉讼时效暂停的期间，不计入诉讼时效，剩余诉讼时效不足6个月的，诉讼时效延长至6个月。[③]

由于法院判决被拒绝执行，原告根据法律规定有权就同一案件提起新的诉讼，那么诉讼时效恢复并重新起算。

公民可以请求恢复保护被侵犯权利的诉讼时效。法院认为诉讼时效已过是

① 吉尔吉斯斯坦《民法典》第212条，法律文本参见吉尔吉斯斯坦司法部官方网站。
② 吉尔吉斯斯坦《民法典》第215条，法律文本参见吉尔吉斯斯坦司法部官方网站。
③ 吉尔吉斯斯坦《民法典》第219条，法律文本参见吉尔吉斯斯坦司法部官方网站。

客观事实导致公民未能及时请求保护权利的，法院应为公民权利提供法律保护。

法人（不管其所有权形式，包括国家机关和地方自治机关）作为个体企业主的公民以及其他请求保护权利的人（包括法人的发起人和股东及法人的财产所有人）请求保护权利的诉讼时效可以恢复。诉讼时效经过是客观原因导致当事人不能及时请求法院保护权利的，法院应为被破坏的权利提供司法保护。但客观原因在诉讼时效的最后 6 个月内发生，导致诉讼时效经过的，则该客观原因可以被认为是合理的。

当事人不得以诉讼时效已过为由要求返还其履行，即便当事人在履行时不知道诉讼时效已过。

三、不适用诉讼时效的情况

诉讼时效不适用于下列请求：（1）请求保护个人非物质权利和非物质福利的权利；（2）存款人要求返还存款的权利；（3）公民要求恢复被损毁的生命健康权利，但只满足其提起诉讼前 3 年的权利补偿；（4）要求国家社保基金支付保险赔偿金的债务。

第四节　民事诉讼启动

一、民事案件原被告

原告向法院起诉应按照要求提交纸质版的起诉书和相应的证据材料等，有权在一审法院作出判决之前变更案件的依据或诉讼标的，提高或降低诉讼请求金额，也可以在诉讼过程中撤诉。在诉讼过程中如对起诉状变更和增补的，需要向法院提交打印件的变更或增补请求书。

被告在诉讼中可以承认原告的诉讼主张，也可以对原告提出反诉。

原被告双方在诉讼程序的任何时候都可以自行达成和解协议，并终止诉讼程序，但双方和解协议违法的，法院将不予承认。

公民可以自己参与庭审诉讼，也可以委托自己的代表参加庭审。法人或其他非法人组织可以通过自己的法人机关或授权代表参加庭审，但应向法院提交其职务和期限的委托书等材料。当事人委托的代理人可以是吉尔吉斯斯坦国籍的自然人，也可以是符合法定条件的专业人士如执业律师。[①]

二、民事诉讼中的检察官

在吉尔吉斯斯坦《民事诉讼法》中，检察官参加民事案件是一项特殊的制度。法律规定，在权利人或不特定人群的权益或未成年人受到侵害时，检察官也可以在权利受害人无法向法院起诉时，代他人起诉维权，法院在审理中应通知案件受害人作为原告参加案件审理。

三、代理律师

案件当事人有权亲自参加民事诉讼程序，也可委托代理律师出庭。吉尔吉斯斯坦《民事诉讼法》规定，在吉尔吉斯斯坦法院，能代理当事人出庭和参与案件审理程序的代理人只能是拥有律师执照且为吉尔吉斯斯坦律师协会会员和拥有吉尔吉斯斯坦国籍的公民。

律师的代理权限根据吉尔吉斯斯坦律师从业法律规定和按照委托合同约定签发给代理律师的委托书确定。

四、专家意见和专家证人

当事人在诉讼案件中，可以聘请专家出具专家证言，聘请翻译协助自己参加庭审，也可以申请法庭通知证人出庭等。[②] 尤其是在基础设施项目或建设工程项目中，对某些专业领域内的专业问题，借助专家证人来向法庭还原事实，提出/陈述己方主张大有裨益。

吉尔吉斯斯坦法律规定，民事诉讼程序中的专家是拥有专业知识，必须向法庭提交专家意见的人士，一般由法庭指定参加庭审。[③] 专家偏离职守，出具错误的专家意见或拒绝出具专家意见的，应依法承担刑事责任。

还有一类拥有特定专业知识和技能，能操作特定机械工具的专家，他们受法庭委托提供咨询，解释案件事实和证据或为庭审提供技术支持。他们一般只参与法庭的证据开示阶段对证据的调查工作，其咨询和解释不牵涉到法律问题。此类专家根据法庭传唤到庭，其工作单位、国家机关或他人不得阻扰。此类专

---

① 吉尔吉斯斯坦《民事诉讼法》第 60 条，法律文本参见吉尔吉斯斯坦司法部官方网站。
② 吉尔吉斯斯坦《民事诉讼法》第 51 条，法律文本参见吉尔吉斯斯坦司法部官方网站。
③ 吉尔吉斯斯坦《民事诉讼法》第 52 条，法律文本参见吉尔吉斯斯坦司法部官方网站。

家出具错误证言也应依法承担刑事责任，如果专家无客观理由不到庭、提供错误咨询和解释，法庭可对其课处50个结算指数的罚金（5000索姆）。

五、代理手续

自然人委托代理人代理民事诉讼案件的，应出具委托授权书，授权书应为书面形式并经过公证机构公证。法人的代理人应持有法人出具的书面授权书，或者在法人没有出具授权书情况下提供能证明其权利的其他文件。①

代理人出庭时应向法院提交其授权书原件或公证件。

第五节　民事诉讼证据和诉讼费用

一、证据种类

在吉尔吉斯斯坦法律下，证据可以是双方当事人或第三人的陈述和辩解，证人证言（包括视频通信录像），书面证据和实物证据，录音录像和专家意见等。但非法获取的证据不得作为证据，法庭也不得以非法证据为基础认定事实和判决案件。

二、证据保全

案件当事人可向法院申请证据保全，当事人也可在起诉之前委托公证机关或领事机关官员依据吉尔吉斯斯坦法定程序进行证据保全。②

当事人进行证据保全时，证据保全申请应向位于采取保全措施所在区的法院提出。在证据保全申请中应写明保全证据的必要性、这些证据所证明的事实、申请保全的理由和被保全证据的案件。

三、书面证据

书面证据可以是证书、文件、合同、公务往来函件、查询单、私人信件等。书面证据应向法院提交原件或经公证的复印件。

① 吉尔吉斯斯坦《民事诉讼法》第62条第3项，法律文本参见吉尔吉斯斯坦司法部官方网站。

② 吉尔吉斯斯坦《民事诉讼法》第73条第2项，法律文本参见吉尔吉斯斯坦司法部官方网站。

若证据从国外获得，那么应按照吉尔吉斯斯坦法律的要求进行公证和双认证。[①] 在吉尔吉斯斯坦加入的国际条约对此有规定的情况下，向法庭提交外国官方文件时无须进行公证和双认证。

持有法庭审理案件所需证据（包括书证、物证等），但未提交给法庭的一方将被认定其持有的证据所证明的内容不利于该持有证据一方。

四、指定鉴定

（一）鉴定的启动

法院可根据当事人申请或自己决定指定鉴定。法庭根据审理案件的需要，指定不同行业领域的多名专家进行综合鉴定。鉴定意见不充分或不完整的，法庭可指定鉴定专家进行补充鉴定。

参加诉讼的有关人员都有权向法庭提出应由专家证明的问题，最终由法庭决定。

（二）拒绝鉴定的法律后果

鉴定必须有一方当事人参加才可以进行，但该方当事人拒不参加鉴定的，法庭将视为逃避鉴定一方认可需要通过鉴定证明的案件事实。

（三）鉴定意见的法律效力

专家鉴定意见不具有预先确定的法律效力，并应该在法庭上进行质证，与其他证据一起接受各方评价。法庭不同意专家意见的，应在判决或裁定中说明理由。

五、诉讼费用

（一）国家税（诉讼费）

民事诉讼案件的诉讼费用由国家税和审案相关的其他支出构成。诉讼费是案件当事人、对诉讼标的有独立请求权的第三人在起诉、上诉或申诉时，申请法院出具法庭令，申请破产，申请执行本国仲裁、国际仲裁或外国仲裁裁决，

---

① 吉尔吉斯斯坦《民事诉讼法》第80条第4项，法律文本参见吉尔吉斯斯坦司法部官方网站。

申请执行本国法院或外国法院判决应缴纳的诉讼费用。[①] 在提出上诉或申请再审时，诉讼费用减半收取。

其中，以不动产所有权为诉讼标的的案件的国家税应根据该不动产的造价确定，并不得低于评估价。无评估价的，应不低于保险赔偿价。该不动产属于机构所有的，应根据资产负债表上该项资产的账面价来确定。

（二）办案其他费用

当事人应承担的办案其他费用包括聘请专家、翻译的费用，现场勘查交通费，登报和声明费用，邮寄费等。

（三）诉讼费用和律师费用的承担

法院根据案件判决结果确定诉讼费用在当事人之间承担或分担，若判决对一方完全有利，则诉讼费用完全由另一方承担。若判决仅对一方部分有利，则诉讼费用按照比例在当事人之间分担。

法院可根据胜诉一方的申请和案情判决由败诉方承担其聘请代理人所支付的费用。[②] 胜诉方聘请律师未支付费用的，法院将根据情况判决向实际协助胜诉方完成法律事务的人支付补偿金。

（四）对恶意诉讼的惩戒

一方恶意起诉或在诉讼中提起妨碍法院准确及时审理案件和作出判决的争议的，法院可根据另一方的申请责令该方补偿另一方实际时间损失费。[③] 具体补偿金额由法院根据案件情况确定。

六、文书送达

在诉讼中，法院所有的文件和传票将寄送至当事人提供的地址，如果在诉讼程序终结前，当事人地址变更的，应及时告知法院，否则法院文书将按照最新的已知地址寄送，并视为已送达。

---

① 吉尔吉斯斯坦《民事诉讼法》第 102 条，法律文本参见吉尔吉斯斯坦司法部官方网站。
② 吉尔吉斯斯坦《民事诉讼法》第 115 条，法律文本参见吉尔吉斯斯坦司法部官方网站。
③ 吉尔吉斯斯坦《民事诉讼法》第 114 条，法律文本参见吉尔吉斯斯坦司法部官方网站。

第六节　民事诉讼一审程序

一、起诉

（一）起诉状的形式和内容

起诉状应采用打印版文本以书面形式提交，并由原告或经授权的代表人签字。

在起诉状中应列明：（1）法院名称；（2）原告姓名或名称、居住地或住所地，代表人提交诉状的，还应列明代表人姓名和地址；（3）被告姓名或名称、居住地或住所地；（4）原告诉讼请求；（5）案件事实及相应证据；（6）诉讼金额（如果案件涉及金额）；（7）全部诉讼文件清单等。

（二）起诉时应提交的文件

起诉时应随同起诉状提交如下文件：（1）将起诉状和附随文件寄送给其他案件当事人的证据；（2）国家税支付凭证；（3）给代表人的授权书或其他证明文件；（4）证据材料；（5）原告身份证等身份证明文件复印件；（6）争议金额的计算表等。

二、诉讼受理

一般情况下，法院在收到当事人起诉材料后，独任法官应在收到起诉材料5天内裁定是否受理起诉案件。若经审查发现存在如下情况的，不予受理：（1）案件不应由民事诉讼程序审理；（2）其他法院或仲裁机构已针对同一当事人就同一争议案件基于同样的诉讼理由作出生效判决或裁决；（3）当事人约定将争议案件提交仲裁机构仲裁。

如果原告提交的诉讼材料不足，可以作出裁定将案件暂时搁置，不予受理，直至原告补充完整所需材料为止。

被告可以在一审法院作出判决之前提交反诉，反诉材料准备和提交规则与本诉相同。

三、诉讼保全措施

（一）诉讼保全措施的提起程序

法院受理起诉后，不采取保全措施将使案件判决难以或无法执行的，原告可申请法院采取诉讼保全措施。法院还可根据案件事实和当事人申请变更诉讼保全措施，对由常设仲裁机构管辖的正在仲裁中的案件采取仲裁保全措施等。[①]

针对仲裁中案件采取保全措施时应向该常设仲裁机构所在地法院或仲裁被申请人所在地或住所地或其财产所在地的法院提交如下文件：[②]（1）由常设仲裁机构证明的仲裁申请书复印件；（2）经公证的将案件提交仲裁机构审理的仲裁协议。

（二）诉讼保全措施[③]

（1）在诉讼请求金额和诉讼费用范围内查封/冻结属于被告/被申请人所有的财产或金钱；（2）禁止被告/被申请人实施特定行为；（3）指令被告/被申请人实施特定行为；（4）禁止向其他人转让财产或履行与他有关的义务；（5）在起诉要求解除财产的查封诉讼中，禁止销售财产；（6）在债务人对执行文件有争议的诉讼案件中，暂停执行等。在必要时，法院还可采取其他诉讼保全措施或同时采取几种保全措施。

当然，如果法院最终判决被告胜诉，那么，原告应赔偿因采取诉讼保全措施给被告造成的损失。

四、一审审理期限

法律规定，一般的民事案件一审程序应在案件受理 3 个月内审结并作出判决。[④] 经济类案件应在案件受理 2 个月内审理和判决。要求恢复工作、追索退休金、赡养费、指定监护人等案件应在案件受理 1 个月内审结和判决。

---

① 吉尔吉斯斯坦《民事诉讼法》第 142 条，法律文本参见吉尔吉斯斯坦司法部官方网站。

② 吉尔吉斯斯坦《民事诉讼法》第 143 条，法律文本参见吉尔吉斯斯坦司法部官方网站。

③ 吉尔吉斯斯坦《民事诉讼法》第 157 条，法律文本参见吉尔吉斯斯坦司法部官方网站。

④ 吉尔吉斯斯坦《民事诉讼法》第 144 条，法律文本参见吉尔吉斯斯坦司法部官方网站。

五、一审判决

法庭应根据案件事实作出不同类型判决：（1）赔偿财产损失或其价值的判决；（2）责令被告完成特定行为的判决等。

判决书一般包含如下四部分：（1）引言部分，内容主要是判决的时间地点、法院名称、审判庭组成人员、办案秘书、原被告及其他案件参与人、代理人、争议标的或诉讼请求。（2）案件说明部分，包括列明原告的诉讼请求、被告的反诉请求、被告的反驳和其他案件参与人的解释说明。（3）分析说理部分，应包含经法庭确认的案件情况、事实、法庭认定权利和义务的证据、法庭不采信特定证据的理由、法庭引用的法律法规，包括最高法院全体会议关于审判实务的解释规定。（4）判决部分，包括法庭全部或部分支持或不支持原告诉讼请求或被告反诉请求的结论、诉讼费用的承担和不服一审判决的上诉期和程序。

若当事人未对一审判决提起上诉，且该判决也未被一审法院撤销，则一审判决在上诉期满后即生效。

六、一审程序的终止

若在一审期间发现案件存在如下情况，则一审法院裁定终止一审程序：（1）原告撤回起诉的；（2）双方签订和解协议且经法庭确认的；（3）作为一方当事人的法人被清算；（4）仲裁机构已对同一当事人同一诉讼标的基于同一依据作出仲裁裁决（但吉尔吉斯斯坦《民事诉讼法》第 422 条第 4 项规定情况除外）；（5）在一审法院作出判决前当事人达成协议将争议提交仲裁机构或司法长老裁决等。

第七节　民事诉讼上诉程序（二审）

一、上诉期

原被告或参与诉讼的其他人，以及虽未参加一审程序但判决涉及其权利义务的人，负有保护特定人权益的机构如检察官对一审法院作出的未生效判决/裁定不服的，[①] 可以在法定期限内提起上诉。

一般情况下，对一审法院作出的判决不服的，应在判决作出30日内通过一审法院提起上诉。当事人因法定事由耽误上诉期的，可向上诉法院申请恢复（依据为吉尔吉斯斯坦《民事诉讼法》第127条）。

二、上诉状的格式和内容

上诉状应以打印的纸质形式签字/盖章后提交给一审法院。上诉状应包含如下内容：（1）上诉的法院名称；（2）提交上诉状人的姓名/名称、居住地址/法定地址、电话号码、邮箱、登记号（如果是法人）；（3）一审判决书；（4）上诉理由；（5）上诉请求；（6）上诉所提交的所有文件清单；（7）已缴纳诉讼费的证明等。

三、上诉文件

上诉人还应向其他诉讼参加人寄送上诉状及上诉所提交的其他文件，并向上诉法院提交邮寄证明。如果上诉人委托代理人上诉，还应提交授权委托书或证明其代理权限的证明文件。属于法人名义出具的文件由法定代表人签名并加盖法人章。

一审法院应收到上诉状及上诉相关文件后5日内将案件卷宗移送给上诉法院。

四、上诉审理期限

上诉法院应在受理上诉请求后2个月内审理和作出判决。[②] 在上诉法院作出判决前上诉人可以撤回上诉。

五、上诉审中的撤诉和和解

在上诉审程序中，原告可撤回上诉或者原被告达成和解。此时上诉法院将撤销判决并终止上诉程序。

---

① 吉尔吉斯斯坦《民事诉讼法》第323条第2项，法律文本参见吉尔吉斯斯坦司法部官方网站。

② 吉尔吉斯斯坦《民事诉讼法》第327条，法律文本参见吉尔吉斯斯坦司法部官方网站。

六、诉讼保全

在上诉审程序中，当事人也可向法院申请诉讼保全。[①]

七、上诉审判决

上诉法院通过对案件的审理可作出：（1）维持一审法院的判决；（2）依法改判一审判决；（3）部分或全部撤销一审判决和终止诉讼程序或不予审理；（4）撤销一审判决并发回重审。

上诉法院的判决自作出之日即发生效力。

八、对一审法院裁定的上诉审理

法律规定，一审法院的部分裁定依法可以上诉。针对一审裁定的上诉，上诉法院应在受理后5日内作出裁定。该裁定自作出之日起即发生法律效力。

第八节　审判监督程序

一、可以提起监督程序的法律文书

吉尔吉斯斯坦最高法院作为申诉法院，负责审查所有已生效法院文书适用法律法规的正确性，包括一审法院、上诉法院的判决和裁定，[②] 但一审法院作出的未上诉且已生效的文书不可以向最高法院提起监督程序。

二、可提起诉讼监督程序的主体

可以提起监督程序的当事人包括案件的原被告、案件的其他参加人、未参加庭审但裁判涉及其权利义务的人员。

三、监督程序的提起期限要求

当事人应在上诉法院作出裁判后3个月内通过一审法院向最高法院提起监

---

① 吉尔吉斯斯坦《民事诉讼法》第337条，法律文本参见吉尔吉斯斯坦司法部官方网站。

② 吉尔吉斯斯坦《民事诉讼法》第351条，法律文本参见吉尔吉斯斯坦司法部官方网站。

督程序。[①] 当事人对上诉法院就案件非实体事宜作出的裁定不服的，应在裁定30 日内提起监督程序。当事人申请鉴定程序时应提交的材料与提起上诉时提交的材料类似。

监督程序应在最高法院受理监督申请后 2 个月内审查完毕。[②]

一审法院、上诉法院和最高法院作出的生效法律文书可依据新发现的证据进行重新审理。[③]

第九节　有外国人参加的民事诉讼程序

一、外国组织的民事诉讼能力

外国机构的民事诉讼能力应依据该机构的本国法律确定，法律规定该机构不具有民事诉讼能力的，则该组织在吉尔吉斯斯坦不具有民事诉讼能力，不得以自己名义参加民事诉讼程序。[④]

国际组织的民事诉讼能力应根据吉尔吉斯斯坦参加的国际条约规定、该组织的设立文件和该组织与吉尔吉斯斯坦国家主管机关的相关协议来确定。

二、外国人参与的民事诉讼程序

（一）吉尔吉斯斯坦法院对外国人案件的管辖权

外国人提起的民事案件的被告在吉尔吉斯斯坦有居住地/住所地的，吉尔吉斯斯坦法院有权审理该外国人起诉的案件。具体包括如下情况：（1）外国人的管理机构、分公司或代表处位于吉尔吉斯斯坦境内；（2）案件的被告人是外国人但在吉尔吉斯斯坦境内有财产的；（3）原告在吉尔吉斯斯坦有居住地的追索赡养费和确认亲子关系的案件；（4）人身侵权行为发生在吉尔吉斯斯坦境内或原告在吉尔吉斯斯坦境内有居住地的；（5）财产损失赔偿案件中的侵权行为或主要案件事实发生在吉尔吉斯斯坦境内；（6）合同义务部分或全部将发生在或

① 吉尔吉斯斯坦《民事诉讼法》第 353 条第 1 项，法律文本参见吉尔吉斯斯坦司法部官方网站。

② 吉尔吉斯斯坦《民事诉讼法》第 363 条，法律文本参见吉尔吉斯斯坦司法部官方网站。

③ 吉尔吉斯斯坦《民事诉讼法》第 372 条，法律文本参见吉尔吉斯斯坦司法部官方网站。

④ 吉尔吉斯斯坦《民事诉讼法》第 382 条第 1 项，法律文本参见吉尔吉斯斯坦司法部官方网站。

已经发生在吉尔吉斯斯坦境内的合同纠纷案件；（7）名誉、荣誉或商誉侵权受害人在吉尔吉斯斯坦境内有住所地的等。

（二）涉外案件的专属管辖

涉及外国人的下列案件应由吉尔吉斯斯坦法院专属管辖：[①]（1）位于吉尔吉斯斯坦境内的不动产权利案件；（2）吉尔吉斯斯坦公民解除与外国人的婚姻关系案件；（3）承运人住所地在吉尔吉斯斯坦境内的运输合同案件。

（三）涉外案件的约定管辖

在有外国人参加的案件中，当事人可约定法院管辖。[②] 在有约定管辖协议时，原告向非约定法院起诉的，被告可以向受理法院提交约定管辖协议，要求法院不予审理案件。

（四）法院对已有生效判决的涉外案件不予审理

若外国法院针对相同当事人就同一诉讼标的基于同样的理由已作出生效判决，则吉尔吉斯斯坦法院对该案当事人又提起的诉讼案件不予受理或终止诉讼程序。该类案件实际应按照吉尔吉斯斯坦法律规定向吉尔吉斯斯坦当地法院申请承认和执行判决的程序。

三、涉外案件的司法协助

吉尔吉斯斯坦法院在审理涉外案件时，可以按照吉尔吉斯斯坦法律规定和参加的国际条约规定接受外国法院的委托，向其提供司法协助，比如协助送达法庭通知和其他文件，获取当事人的辩解或证人证言或专家意见，现场查验等。但外国法院的委托事项违反本国公共政策的，委托事项不属于法院职权等情况时，吉尔吉斯斯坦法院有权拒绝。

同样，吉尔吉斯斯坦法院也可请求外国提供民事司法协助，委托程序须符合吉尔吉斯斯坦法律规定和其参加的国际条约的要求。[③]

若委托事项没有国际条约规定相应的依据，则参照外交途径执行。

---

① 吉尔吉斯斯坦《民事诉讼法》第 384 条，法律文本参见吉尔吉斯斯坦司法部官方网站。

② 吉尔吉斯斯坦《民事诉讼法》第 387 条，法律文本参见吉尔吉斯斯坦司法部官方网站。

③ 吉尔吉斯斯坦《民事诉讼法》第 391 条第 4 项，法律文本参见吉尔吉斯斯坦司法部官方网站。

四、对外国政府机关出具的文件的认定

外国政府主管机关按照该国法律颁发的、制定的或按照法定形式证明的涉及吉尔吉斯斯坦籍自然人、组织或外国人的文件，在提交给吉尔吉斯斯坦法院之前应经过领事认证，并翻译成吉尔吉斯斯坦语言或其他官方语言完成公证后方可被接受。①

五、外国法的查明

吉尔吉斯斯坦法院在审理涉外案件时需要适用外国法律的，应根据该外国对所适用的法律的官方解释、适用实践和理论来确认所采用外国规则的存在及其内容。

在这一过程中，吉尔吉斯斯坦法院可以根据当事人申请或自行向吉尔吉斯斯坦境内外的有关机构、组织或专家寻求协助和解释。

案件当事人也有权向法院提供能证明相关外国规则内容的文件，或以其他方式协助法院确认相关规则的内容。如果最终无法确认相关规则的存在和相关内容，那么法院将采用吉尔吉斯斯坦相关法律规定裁判案件。②

第十节　法院文书的执行

一、执行单的出具

在吉尔吉斯斯坦，民事案件生效法律文书应依据法院出具的执行单和其他执行文件按照法定程序执行。③

生效法律文书的执行单由案件的一审法院依法出具给执行申请人或按照当事人申请直接出具给案件的一审法院。申请执行人或被执行人为多人时，或执行标的位于不同地点时，执行单可出具多份，并在执行单中列明各被执行人各自应承担的份额或总金额等信息。

---

① 吉尔吉斯斯坦《民事诉讼法》第 392 条，法律文本参见吉尔吉斯斯坦司法部官方网站。
② 吉尔吉斯斯坦《民事诉讼法》第 393 条，法律文本参见吉尔吉斯斯坦司法部官方网站。
③ 吉尔吉斯斯坦《民事诉讼法》第 405 条，法律文本参见吉尔吉斯斯坦司法部官方网站。

其他法律文书的执行单按照吉尔吉斯斯坦《民事诉讼法》规定的程序出具。

二、执行单的内容

执行单上应列明如下内容：[①]（1）出具执行单的法院名称、执行单所依据的生效判决的出具法院名称和地址。（2）执行案件的名称和案号。（3）法院文书的作出时间和生效时间。（4）执行申请人和被执行人的名称、地址、法定住址和银行信息。自然人的姓名父称、出生地、工作地点等。（5）生效法律文书的判决部分。（6）执行单出具时间和提交执行的日期等。

三、执行单的执行期限

按照吉尔吉斯斯坦法律的规定，执行单应在如下期间内提交执行：（1）法院文书或其他机构文书应在该文书生效日起 3 年内提交执行；（2）法院文书属于应立即执行的，应在该文书出具次日提交执行。[②]

关于法院作出的恢复过时效的裁定的执行单时，应在法院裁定恢复执行单时效裁定作出日起 3 个月内提交执行单执行。

在执行过程中，原被告或双方达成和解协议的，可向作出执行单的法院或履行执行文件所在地的法院申请确认和解协议。在确认申请书中应包括如下文件：（1）申请书复印件；（2）签订和解协议的代表的授权书或其他权限证明文件；（3）列明和解条件的单独文件等。

关于外国法院的判决/裁定等文书在吉尔吉斯斯坦申请承认和执行的程序见本书第十七章，此不赘述。

---

① 吉尔吉斯斯坦《民事诉讼法》第 407 条，法律文本参见吉尔吉斯斯坦司法部官方网站。

② 吉尔吉斯斯坦《民事诉讼法》第 408 条，法律文本参见吉尔吉斯斯坦司法部官方网站。

第十五章　吉尔吉斯斯坦仲裁法律制度

吉尔吉斯斯坦《仲裁法》规定了仲裁机构制度，目前吉尔吉斯斯坦境内设立的比较有名的仲裁机构有吉尔吉斯斯坦国家工商局国际仲裁院、贾拉拉巴德州仲裁院、中亚仲裁院和中亚国际仲裁院（前身为“比什凯克商业和能源国际仲裁院”），其中的吉尔吉斯斯坦国家工商局国际仲裁院历史悠久，审理了比较多的案件，截至 2022 年 5 月 1 日，该仲裁院已审理案件 1387 件。

第一节　仲裁管辖范围和仲裁协议

一、仲裁管辖范围

（一）仲裁有权管辖的案件类型

1. 按照吉尔吉斯斯坦《仲裁法》的规定，在吉尔吉斯斯坦发生的民事法律争议，包括投资争议和税务争议，除法律有明确规定的以外，当事人都可以约定提交给仲裁机构仲裁裁决，[①] 无论该争议是否具有合同性质。[②]

① 吉尔吉斯斯坦《仲裁法》第 1 条，法律文本参见吉尔吉斯斯坦司法部官方网站。

② 吉尔吉斯斯坦《仲裁法》第 7 条，法律文本参见吉尔吉斯斯坦司法部官方网站。

2. 按照吉尔吉斯斯坦《仲裁法》的规定，关于法院对案件也具有管辖权的案件，在法院对案件作出实质性判决之前，仍然可以按照双方达成的仲裁协议，提交仲裁机构进行仲裁裁决。[①] 吉尔吉斯斯坦法律坚持当事人自由约定优先，凡是当事人对争议解决方式有约定的，优先适用当事人约定的争议解决方式。

3. 投资争议仲裁。吉尔吉斯斯坦《仲裁法》规定，[②] 即便外国投资者与吉尔吉斯斯坦政府事先没有达成仲裁协议，发生涉及外国投资相关争议时，外国投资者也可提议以仲裁方式解决争议。外国投资者提议以仲裁方式解决争议的程序参照吉尔吉斯斯坦《投资法》第 18 条规定，选择该条规定的任一机构进行仲裁。吉尔吉斯斯坦政府同意将争议提交仲裁的，则收到通知 90 天内告知司法行政机关，并针对争议解决方式和理由提出书面建议。

若外国投资者不接受建议或没有收到任何建议，则其可不经代表吉尔吉斯斯坦政府一方的同意，直接将争议提交仲裁。[③]

4. 税务争议仲裁。公民或组织可以提议以仲裁方式解决税务争议。解决税务争议的仲裁机构应为在一方提交仲裁申请时连续运行满 60 个月的常设仲裁机构。[④]

（二）仲裁无权管辖的案件类型

仲裁机构不得审理下列类型案件：（1）要求司法执行机关作出决议或其他行为（不行为、拒绝实施行为）；（2）确认具有法律意义的事实；（3）恢复有价证券的权利；（4）破产；（5）要求赔偿侵害公民生命健康的损失；（6）要求保护名誉、荣誉或商誉；（7）关于继承法律关系的争议；（8）涉及结婚或离婚的程序或条件；（9）涉及夫妻之间、父母子女之间或家庭成员之间的私人非财产关系的；（10）收养儿童或监护问题；（11）公民基本情况登记事宜；（12）其他法律规定仲裁机构不得审理的事宜。

二、仲裁协议

如果当事人想要在发生争议时将争议提交仲裁机构审理，那么双方应在交

---

① 吉尔吉斯斯坦《仲裁法》第 5 条，法律文本参见吉尔吉斯斯坦司法部官方网站。
② 吉尔吉斯斯坦《仲裁法》第 46 条第 1 款，法律文本参见吉尔吉斯斯坦司法部官方网站。
③ 吉尔吉斯斯坦《仲裁法》第 46 条第 2、3 款，法律文本参见吉尔吉斯斯坦司法部官方网站。
④ 吉尔吉斯斯坦《仲裁法》第 46 条第 2 款，法律文本参见吉尔吉斯斯坦司法部官方网站。

易合同中约定仲裁条款或单独签订仲裁协议，这些条款或约定应是书面合同形式，而当事人关于仲裁约定的往来信函、电话沟通、电报或传真或其他电子联系方式等都可视为书面形式。

当事人应在仲裁协议中明确约定，如双方发生争议、分歧或请求应提交仲裁机构审理，指明仲裁机构的名称，仲裁员数量、仲裁审理地点、仲裁语言，适用的实体法律，适用的仲裁规则和案件审理期限等。如果仲裁协议中未约定关于争议事项提交仲裁审理，或没有明确约定仲裁机构名称，那么该仲裁协议将被认定为无效。[①]

第二节　仲裁案件保全措施和仲裁审理程序

一、仲裁保全措施

如果双方未作其他约定，那么仲裁庭可根据一方当事人的申请，指令任一方当事人对争议标的采取他认为必要的诉讼保全措施，同时提出申请的一方应缴纳与采取保全措施有关的费用。[②]

该规定与中国仲裁法完全不同。在中国法律下，仲裁机构并无权利对争议标的采取仲裁保全措施，当事人认为必须对仲裁标的采取保全措施的，应按照我国《民事诉讼法》规定，由仲裁机构向相关的人民法院提出申请，并由该人民法院执行机构执行。吉尔吉斯斯坦《仲裁法》中并未明确，在仲裁程序中，仲裁机构才可采取哪些仲裁保障措施，采取措施的期限或方式等。

二、仲裁程序参加人

（一）仲裁案件的申请人与被申请人

仲裁庭审理案件时，当事人无须亲自参加，[③] 委托代理人参加庭审即可。若当事人提出申请参加庭审，则仲裁庭应在有当事人或当事人的代理人参加的情况下审理案件。

---

① 吉尔吉斯斯坦《仲裁法》第 7 条，法律文本参见吉尔吉斯斯坦司法部官方网站。
② 吉尔吉斯斯坦《仲裁法》第 22 条，法律文本参见吉尔吉斯斯坦司法部官方网站。
③ 吉尔吉斯斯坦《仲裁法》第 24 条第 1 项，法律文本参见吉尔吉斯斯坦司法部官方网站。

仲裁庭通知仲裁审理时，可采用签收单据、挂号信或能确认通知送达的其他方式进行通知。

（二）仲裁庭的组成及仲裁地点

当事人可以约定仲裁员数量，若双方没有确定仲裁员数量，则任何一方可将争议提交常设仲裁机构，由 3 名仲裁员按照法律规定的程序进行审理。税务争议应由 3 名仲裁员进行审理。

争议双方有权在案件进行实质性仲裁审理之前提交证据，以证明双方不存在仲裁协议或仲裁无效。任何一方指定仲裁员或参与指定仲裁员的行为并不导致仲裁员丧失提交该类证据的权利。①

若双方未约定仲裁地点，则仲裁庭可根据便于双方当事人、便于专家或证人听证以及仲裁庭查看财产或材料的便利来确定仲裁地点。

三、仲裁裁决

吉尔吉斯斯坦《仲裁法》规定，仲裁裁决是终局的，不得上诉。若双方未作其他约定，仲裁庭可决定只公布仲裁裁决的决定部分。仲裁裁决后应在公布 5 天内送达双方当事人。不同意多数仲裁员意见的仲裁员有权表达自己的意见，并附在仲裁裁决书上，双方当事人有权知晓仲裁庭的不同观点。

在仲裁庭作出仲裁裁决前，双方当事人也可就争议达成和解协议，此时仲裁庭可根据和解协议作出裁决，确认和解协议内容，并裁定终止仲裁程序。②

四、补充裁决制度

仲裁一方当事人在通知另一方当事人后，可在仲裁裁决作出 30 天内向仲裁庭申请对在仲裁程序中提出过但裁决中未体现的仲裁请求作出补充仲裁裁决。③补充仲裁裁决应在申请日 30 天内作出。

五、仲裁费用

仲裁费用包括仲裁员报酬、仲裁机构费用、仲裁员差旅费和其他费用。常

---

① 吉尔吉斯斯坦《仲裁法》第 14 条第 2 项，法律文本参见吉尔吉斯斯坦司法部官方网站。
② 吉尔吉斯斯坦《仲裁法》第 29 条第 1 项，法律文本参见吉尔吉斯斯坦司法部官方网站。
③ 吉尔吉斯斯坦《仲裁法》第 32 条第 1 项，法律文本参见吉尔吉斯斯坦司法部官方网站。

设仲裁机构的仲裁员报酬由仲裁规则规定，临时性仲裁机构的仲裁员报酬由当事人双方在仲裁协议中约定。

仲裁庭组庭后有权要求各方支付同等比例仲裁费作为预付款，该预付款未能在通知后30天内支付的，仲裁庭可通知该方或他方支付该预付款，若预付款仍未得到支付，则仲裁庭有权拒绝进行仲裁程序。

第三节 仲裁裁决执行

一、仲裁裁决的申请执行

（一）当事人自愿履行

仲裁裁决由义务人自愿履行。

（二）申请强制执行

1. 若债务方拒不自愿履行，则另一方可申请强制执行。利害关系人可向债务人居住地或所在地的有管辖权法院提交申请强制执行令进行执行。

2. 申请强制执行时，应提交下列文件：（1）仲裁裁决书原件或作出仲裁的仲裁机构认证的复印件或经公证的裁决复印件；（2）仲裁协议原件或复印件；（3）缴纳执行费的单据。其中，外国仲裁机构的仲裁裁决应按照吉尔吉斯斯坦法律规定的程序进行认证。[①] 仲裁裁决文本、仲裁协议文本应翻译为吉尔吉斯语或其他官方语言，外文文本的翻译件应由翻译者的公证签名进行确认。[②]

二、拒绝执行仲裁裁决的理由

吉尔吉斯斯坦的法院审查执行申请人提交的文件后，在下列情况下可拒绝出具执行令：[③]（1）据以作出仲裁裁决的仲裁协议一方提供证据证明，仲裁协议一方当事人在签订仲裁协议时无行为能力。（2）一方当事人未以适当方式收

① 吉尔吉斯斯坦《仲裁法》第41条第2款，法律文本参见吉尔吉斯斯坦司法部官方网站。
② 吉尔吉斯斯坦《仲裁法》第41条第3款，法律文本参见吉尔吉斯斯坦司法部官方网站。
③ 吉尔吉斯斯坦《仲裁法》第42条第1款，法律文本参见吉尔吉斯斯坦司法部官方网站。

到指定仲裁员的通知或进行仲裁的通知。(3) 仲裁庭的组成或仲裁程序不符合约定或适用法律的规定。(4) 裁决事项不在仲裁协议范围内或不满足仲裁协议的条件或对仲裁协议约定以外的事项进行裁决。如果仲裁协议约定的仲裁事项可独立于仲裁协议未约定的仲裁事项，那么该仲裁机构就该协议约定范围内的事项作出的裁决部分可以出具执行令。(5) 争议事项不得作为仲裁标的。

法院基于上述第 2 条、第 3 条、第 4 条规定的理由拒绝出具执行令的，作出仲裁裁决的仲裁机构应对案件重新进行仲裁。[①] 针对法院作出的执行令裁定或拒绝颁发执行令的裁定，当事人可以提起上诉。

① 吉尔吉斯斯坦《仲裁法》第 42 条第 2 款，法律文本参见吉尔吉斯斯坦司法部官方网站。

第十六章　中国与吉尔吉斯斯坦双边民商事关系协定

为鼓励中国与吉尔吉斯斯坦两国经济合作，鼓励和保护两国投资者在对方境内的投资，中国政府与吉尔吉斯斯坦政府签署了一系列双边协定，其中主要的政府双边协定和文件见表2。

表2　中国与吉尔吉斯斯坦签署的双边协定和文件

序号	协定和文件名称	签署时间
1	中国政府和吉尔吉斯共和国政府《关于鼓励和相互保护投资协定》	1992年5月14日
2	中国政府和吉尔吉斯共和国政府《关于进出口商品质量保证协定》	1995年10月23日
3	中国政府和吉尔吉斯共和国政府《关于建立政府间经贸合作委员会的协定》	1994年4月23日
4	中国政府和吉尔吉斯共和国政府《汽车运输协定》	1993年2月25日
5	中国政府和吉尔吉斯共和国政府《关于对所得避免双重征税和防止偷漏税的协定》	2002年6月24日
6	中国政府和吉尔吉斯共和国政府《关于建立全面战略伙伴关系的联合声明》	2018年6月6日
7	中国政府和吉尔吉斯共和国政府《关于进一步深化全面战略伙伴关系的联合声明》	2019年6月13日

第一节 中国政府和吉尔吉斯共和国政府《关于鼓励和相互保护投资协定》

1992 年 5 月 14 日，中国政府和吉尔吉斯共和国政府签署了《关于鼓励和相互保护投资协定》（以下简称中国 - 吉尔吉斯斯坦 BIT 协定），该协定于 1995 年 9 月 8 日生效。2002 年 6 月 24 日，中国政府和吉尔吉斯共和国政府签署了《关于对所得避免双重征税和防止偷漏税的协定》，该协定自 2003 年 3 月 29 日起生效。这些协定引领和推动中国与吉尔吉斯斯坦双边投资合作高质量发展。

一、中国 - 吉尔吉斯斯坦 BIT 协定的投资保护范围

中国 - 吉尔吉斯斯坦 BIT 协定对双边投资保护范围主要从投资、投资者的角度进行规范。

（一）受协定保护的投资

在中国 - 吉尔吉斯斯坦 BIT 协定下，投资是指符合接受投资一方（东道国）的法律法规关于投资形式的规定并在接受投资一方境内实际投入的各类资产。这些投资必须是东道国法律主要包括民法典、投资法等法律准许投资的方式。比如吉尔吉斯斯坦《投资法》第 1 条就明确规定了外国投资者在吉尔吉斯斯坦可投资的财产或财产性权利范围，具体参见本书第三章第一节规定，此不赘述。不符合吉尔吉斯斯坦法律规定的投资并不受到当地法律和中国 - 吉尔吉斯斯坦 BIT 协定的保护。

（二）受中国 - 吉尔吉斯斯坦 BIT 协定保护的投资类别

符合中国 - 吉尔吉斯斯坦 BIT 协定项下的投资，具体包括如下几类：

1. 一国的自然人、法人或其他组织在对方国境内投入的各类动产和不动产的所有权、使用权或其他财产性权利。该自然人、法人或其他组织应具有中国或吉尔吉斯斯坦国籍或登记注册在该国境内并取得国家登记文件的主体。

2. 公司和企业的股份或其他形式的参股。这包括一国投资者购买、交换东

道国境内的公司或企业的全部或部分股权/股份，或者在东道国境内按照东道国法律出资新设立全资或参股公司或企业。

3. 金钱和具有经济价值的任何债权请求权。这是指一国投资者在吉尔吉斯斯坦境内投入一定数量的货币（本币或外币都可）或可用货币表现的债权。很典型的实例即中资企业在吉尔吉斯斯坦承揽建设工程所获取的施工总承包/工程总承包（EPC）合同项下的工程款支付请求权，还有中资商事主体在吉尔吉斯斯坦境内对符合中国－吉尔吉斯 BIT 协定的吉尔吉斯斯坦境内主体提供的投资协定有关的融资借款，① 中资企业吉尔吉斯斯坦境内从事与投资有关的工作或服务获得的报酬、工资及其他收入的债权请求权，中资企业对吉尔吉斯斯坦的技术援助或技术服务和管理所获得的债权请求权②等。

4. 著作权、工业产权、专有技术和工艺。这是指一国投资者向东道国的主体转移/转让知识产权中的财产权，包括著作权的财产权、发明专利、实用新型专利、外观设计专利、专有技术和工艺，或者将上述知识产权、专有技术或工艺在吉尔吉斯斯坦境内出资或入股。

5. 依照法律、法规或协定授予的从事经济活动的权利，包括勘探和开发自然资源的权利。主要包括如下几种投资形式：（1）一国投资者通过招投标程序、拍卖方式或协商指定方式在吉尔吉斯斯坦获得地下资源勘探、开发和经营权并出资进行地下资源开发的活动。（2）通过特许经营合同在吉尔吉斯斯坦获得经营特定财产或项目的专有权利，即本书第五章第一节第二部分所述部分的财产经营权，包括转让特定的财产；出让土地和地下资源；许可特定种类的经营业和经营国家持有不低于 2/3 股份的股份公司名下的财产等。

二、受中国－吉尔吉斯斯坦 BIT 协定保护的投资者类型

除了从投资角度规定受中国－吉尔吉斯斯坦 BIT 协定保护的投资项目外，能否受到该协定保护的投资还应该从投资者角度约定，协定下的投资者系指如下两种情况：

1. 根据缔约一方的法律、法规为其国民的自然人。这主要是指拥有我国国籍的自然人。

---

① 中国－吉尔吉斯斯坦 BIT 协定第 5 条第 3 项。

② 中国－吉尔吉斯斯坦 BIT 协定第 5 条第 6 项。

2. 根据该缔约一方有效的法律、法规在其领土内建立的企业和公司。即按照我国法律依法成立并领取营业执照的公司或企业，包括合伙企业等中国籍的商事主体。

我国香港特区、澳门特区和台湾地区的商事主体是否可以自动适用中国－吉尔吉斯斯坦 BIT 协定对其在吉尔吉斯斯坦的投资争取投资保护？这一问题在中国－吉尔吉斯斯坦 BIT 协定中尚无明确规定。据悉，2022 年我国某香港籍公司针对沙特阿拉伯联合酋长国取消其在沙特的电信营业牌照争端向国际投资争端解决中心提起国际投资仲裁案，[①] 该案的争议焦点之一就是中国与沙特签署的双边投资保护协定是否可以自动适用于中国香港特区，即注册在香港特别行政区的中国企业可否依据中国与沙特签署的双边投资保护协定提起东道国违反条约之诉，目前该案尚在仲裁中，对该争议焦点尚未定论。

根据 21 世纪经济报道，2023 年 12 月 7 日，我国香港特别行政区长官李家超参加沙特阿拉伯未来投资倡议研究所举办的“PRIORITY 亚洲峰会”时表示，香港正在与沙特进行关于促进和保护投资协定的谈判，[②] 各方现在已经意识到并正在解决此类特别情况下的投资保护问题。

所以我国香港特区、澳门特区和台湾地区目前还不能自动适用中国－吉尔吉斯斯坦 BIT 协定并获得相应的投资保护，需要缔约双方对中国－吉尔吉斯斯坦 BIT 协定第 1 条中的投资者进行解释和释明，以明确根据该地区是否自动适用协定。

总之，无论是中国内地（大陆）的投资者，还是香港特区、澳门特区和台湾地区的投资者在吉尔吉斯斯坦进行投资，如有发生中国－吉尔吉斯斯坦 BIT 协定项下的投资争端，都应尽可能争取能够适用该协定维护合法权益。

三、中国－吉尔吉斯斯坦 BIT 协定所保护的投资者利益

中国－吉尔吉斯斯坦 BIT 协定第 1 条第 3 款列举了受该协定所保护的投资者收益包括但不限于投资者通过投资活动或经营活动所获得的利润、股息、利息和提成费。

---

① 陈力：《善用国际规则保护我国海外投资》，载百度网 2022 年 9 月 8 日，https：//baijiahao. baidu. com/s？ id = 1743365109526137555&wfr = spider&for = pc。

② 张伟泽：《李家超：香港正与沙特谈判一项促进和保护投资协定》，载南方网 2023 年 12 月 7 日，https：//static. nfapp. southcn. com/content/202312/07/c8379477. html。

其中，利润主要是指中资企业通过在吉尔吉斯斯坦投资建厂和销售产品获得收入部分扣除依法应缴纳的税费之后的收益，如投资者通过特许经营合同获取特定的财产/项目并加以经营获取的产品分成收益。利息主要是指中资商事主体对吉尔吉斯斯坦境内进行融资借贷活动收取的融资利息或通过购买相应的有价证券获取的利息。中资商事主体因持有吉尔吉斯斯坦境内的公司或企业的股权/股份而获得的股息或红利等。这些形态的利益都是中国－吉尔吉斯斯坦 BIT 协定规定的收益的具体表现形式。

四、中国－吉尔吉斯斯坦 BIT 协定的保护内容

（一）中国和吉尔吉斯斯坦双方投资者在对方国内不得被歧视

中国－吉尔吉斯斯坦 BIT 协定第 3 条规定，缔约双方应给予来自缔约另一方国内投资者的投资以公平的待遇和保护，该待遇和保护不得低于其给予任何第三国投资者的投资和与投资有关的活动的待遇。该条款要求东道国对缔约对方的投资者在本国的投资应给予与其他国的投资者的投资同等待遇，即要求一视同仁，不得存在国别歧视性。

同时，要求东道国向对方投资者提供同等的待遇和保护存在如下例外，即针对中国－吉尔吉斯斯坦 BIT 协定签署之前，东道国已经参加其他的组织或协定已经提供或将要向第三国投资者提供的优惠待遇，不是中国和吉尔吉斯斯坦投资者是否享受公平待遇和保护的判断标准，即（1）自由贸易区、关税同盟、经济联盟、经济互助组织或规定了该缔约一方向上述组织的参加者提供类似优惠的生效的国际协定。（2）根据国际协定或其他有关税收的协议。（3）根据就边境贸易达成的协议。

第三国投资者在中国或吉尔吉斯斯坦在上述列举的 3 种情况享受的待遇，吉尔吉斯斯坦或中国的投资者不得认为受到歧视待遇。

（二）保证外国投资者的投资不被国有化和征收

1. 基本原则

一般情况下，中国和吉尔吉斯斯坦的投资者在对方领土内的投资不得被国有化、征收或采取与国有化或征收效果类似的其他措施。这也是国际投资法的基本原则和要求。

除直接征收或国有化外，针对类似征收或类似间接征收的措施也属于中国－

吉尔吉斯斯坦 BIT 协定下的征收措施。间接征收系指东道国通过限制措施间接剥夺投资者的财产利益，类似征收系指与征收效果相似的行为。

2. 公共目的例外

在特殊情况下，基于东道国公共目的需要，东道国政府可征收或征用外国投资，且应该遵循一定的法律程序和充分补偿外国投资者损失等条件。应符合如下条件。

（1）必须基于公共目的原则

东道国政府对外国投资进行征收或国有化必须基于公共目的的需要。为公共目的需要即为：①国家安全需要；②保障公共健康需要；③实现环境保护需要；④维护公共秩序的需要等。

（2）必须保证非歧视性原则

即便东道国对外国投资征收、征用或国有化是基于公共目的需要，但征收和国有化外国投资时也应采取非歧视公平待遇，征收、征用和国有化不得针对特定投资者或特定的投资类型，有区别对待。

（3）充分补偿原则

东道国征收或国有化外国投资时应给予外国投资者以充分、及时和有效的补偿。充分补偿意味着：①对外国投资者的补偿应按采取征收措施或宣布征收决定前一天外国投资财产的实际价值进行计价；②外国投资者收到的补偿可以自由兑换货币支付；③外国投资者可将所获补偿价款自由转移至其母国或东道国境外的其他地方，或从缔约一方领土向缔约另一方领土自由转移。此外，对外国投资的补偿支付不应无故迟延。

（4）遵守正当程序原则

东道国对外国投资的征收或国有化必须按照正当的法律程序进行，并确保过程透明度和公正性。但在给予补偿的条件下，为公共利益并按法定程序采取的这种措施除外。

（三）东道国非常事件造成投资者损失的补偿

中国和吉尔吉斯斯坦的投资者在对方领土内的投资，如果因战争、全国紧急状态、暴乱或其他类似事件而遭受损失时，东道国对我国投资者损失的补偿或其他相应措施应不低于给予第三国投资者的待遇。

（四）自由汇兑和自由转移

中国－吉尔吉斯斯坦 BIT 协定第 5 条明确规定，东道国政府对外国投资者从东道国获得收益，偿还的与投资有关的贷款及利息，在缴纳东道国法律规定的税费之后可以自由汇兑和自由转移。在汇兑外币时，应按照收益汇兑或转移日东道国的现官方汇率进行。

（五）投资争议解决和仲裁

1. 投资争议限定于投资被征收的款项争议

中国－吉尔吉斯斯坦 BIT 协定第 8 条规定，中国或吉尔吉斯斯坦的投资者在对方境内因投资财产征收款项产生的任何争议可以提交仲裁庭进行裁决。中国－吉尔吉斯斯坦 BIT 协定并未规定进行国际仲裁前设置友好协商、机关调解等任何前置程序，发生争议后能够快速进入仲裁程序，能在一定程度上降低投资者的时间和金钱成本，降低损失。

但该协定也有一个核心不足，即协定所管辖的投资争议范围狭窄，仅限于与征收款项相关的争议，而关于东道国的行为是否构成征收以及有关征收程序争议和补偿是否适当争议等其他与投资有关的争议都被排除在该协定外，无法通过该协定约定的方式进行投资仲裁解决。所以，中资企业在吉尔吉斯斯坦投资时，最好事先就在投资协议里约定“本投资有关的所有争议均可提交国际仲裁裁决”，仲裁机构可选择中国国际经济贸易仲裁委员会、北京国际仲裁中心、香港国际仲裁中心或新加坡国际仲裁中心或对中方出庭便利的其他中立国家和地区的常设仲裁机构进行国际仲裁，以充分维护己方权益。

另外，仲裁语言建议优先选择英语等普及率大的语种。选择大语种时，仲裁机构的在册仲裁员中母语为大语种且国籍为第三国的仲裁员人数多，选择面大，若选择俄语或吉尔吉斯语，则选择面小，且母语为俄语或吉尔吉斯语的注册仲裁员多为吉尔吉斯斯坦或俄罗斯籍仲裁员，导致仲裁员选择范围较小。笔者曾参与过一件工程合同的国际仲裁案件，对方为一家俄罗斯籍公司，仲裁机构为斯德哥尔摩商会仲裁院，仲裁语言为俄语，商会在册仲裁员中能说流利俄语且非俄罗斯籍的不超过 10 人，导致我方只能从其中几位仲裁员中选择，而且在后来我方指定的仲裁员又因为利益冲突被回避了，最后我方不得不重新指定仲裁员，此事导致我方极为被动，最终的仲裁结果也不尽如人意。所以，我们应从此案吸取教训，国际仲裁无小事，中方投资者在跨境投资决策、谈判、合同条款拟定和签约直至合同履行全过程都应该聘请专业律师介入和提供专业意见。否则，哪怕仅仅因为像选择仲裁语言此类不经意的小问题，最终也可能置我们于国际仲裁中极为不利的境地，真可谓“一着不慎，满盘皆输”。

2. 仲裁庭的组成

仲裁庭应由3名仲裁员组成，外国投资者和东道国政府各任命1名仲裁员，第3名仲裁员为首席仲裁员，由已任命的2名仲裁共同推荐或选定第三国国民担任。若上述仲裁员未能在任何一方发出仲裁通知日4个月内选定，则争议任何一方可提请国际法院院长进行必要的任命。

3. 仲裁法律依据

仲裁庭可按照争议双方商定的仲裁规则（程序方面）、中国－吉尔吉斯斯坦BIT规定和接受投资缔约一方的法律（包括其冲突法规则）及公认的国际法原则（实体方面）对投资征收款项争议进行仲裁。[①]

该裁决为终局，对争议双方都具有拘束力，各方应该严格执行。

（六）最优惠待遇

按照中国－吉尔吉斯斯坦BIT协定第9条的规定，中国或吉尔吉斯斯坦根据其法律法规或根据中国和吉尔吉斯斯坦双方都参加的国际条约的规定所给予对方投资者的待遇或与投资活动有关的待遇比中国－吉尔吉斯斯坦BIT协定待遇更为优惠的，双方应执行更为优惠的投资待遇。

第二节　中国政府和吉尔吉斯共和国政府《关于对所得避免双重征税和防止偷税漏税的协定》

中国政府与吉尔吉斯共和国政府在2002年6月24日签署了《关于对所得避免双重征税和防止偷税漏税的协定》（以下简称《避免双重征税协定》），该协定对居民、常设机构等术语进行认定，规定一方居民从另一方获得的收益

① 中国－吉尔吉斯斯坦BIT协定第8条第5项。

（包括股息、利息、财产处分收益、特许权使用费、工资薪金和报酬所得）不得被多重征税，在依据该协定征税情况下，一方对另一方居民所得收益的征税比例不超过10%等。

一、协定适用范围

（一）协定适用的主体

从国内企业赴吉尔吉斯斯坦投资的角度看，《避免双重征税协定》适用于在我国依法设立的公司、企业、分公司、代表处、其他机构和自然人投资者。目前，对于我国香港特区、澳门特区和台湾地区的公司、企业或自然人，该协定暂时无法适用。

（二）协定适用的税种

从国内企业赴吉尔吉斯斯坦投资的角度看，该协定适用于吉尔吉斯斯坦对中资企业或个人的所得所征收的所有税收。“中资企业或个人的所得”系指中资公司、企业或自然人转让动产或不动产的收益、资本增值所得等收益所征收的企业利润税及其他收入税。① 在该协定签署后吉尔吉斯斯坦对企业、公司或自然人增加征收的类似利润税税种或替代利润税的其他税种，也属于该协定避免双重征税的管辖范围。

（三）协定适用的业务活动类型

中资公司、企业或自然人通过下列机构或场所获得的收益：

1. 在吉尔吉斯斯坦境内设立的固定营业场所，比如管理场所、分支机构、办事处、工厂、作业场所、矿场、油井或气井、采石场、其他开采自然资源的场所。

2. 在吉尔吉斯斯坦境内设立且存续期连续12个月以上的建筑工地，承揽建筑安装和装配工程且活动持续12个月以上。

3. 通过雇佣人员在吉尔吉斯斯坦提供劳务或咨询劳务活动且连续或累计超过12个月等。

---

① 中国政府和吉尔吉斯斯坦政府《避免双重征税协定》第2条。

（四）协定适用的所得收益类型

1. 不动产所得

中资公司、企业或自然人通过：（1）位于吉尔吉斯斯坦的不动产所获得的所有收益，即直接使用、出租或其他合法形式使用不动产的所得及通过农业活动或林业经营所得收益；（2）地产经营收益；（3）不动产的用益权；（4）开采矿藏、水源等地下资源获得的收益及相关权利等。[①]

中资公司、企业或自然人转让上述不动产获得的收益可以在吉尔吉斯斯坦当地纳税。

2. 营业利润

（1）中资公司、企业通过位于吉尔吉斯斯坦的公司、分公司、企业、代表处或其他机构（以下简称当地机构）获得的归属于该机构的利润可以在吉尔吉斯斯坦纳税。[②] 不归属于该机构的利润不得在吉尔吉斯斯坦纳税。

（2）当地机构在吉尔吉斯斯坦纳税时应扣除进行营业发生的各项费用，包括行政管理费和一般管理费用，但机构对外支付的特许权使用费、提供劳务或管理支付的手续费、支付的借款利息不得在计算利润时扣除。

（3）在确定当地机构利润时，机构从总部或其他办事处获得的特许权使用费、因劳务或管理取得的手续费、取得的借款利息不得计入当地机构的利润等。

3. 股息

股息系指从股份、行使股份或股权、矿产股份或非债权关系分配利润的其他权利取得的所得，以及按照吉尔吉斯斯坦法律，视同股份所得同样征税的其他公司权利取得的所得。

中资企业、公司或自然人从吉尔吉斯斯坦获得的股息可在吉尔吉斯斯坦当地纳税或在国内纳税，在吉尔吉斯斯坦当地纳税的，所征税款不得超过股息总额的10%。[③] 该限制不得影响支付股息的当地公司企业在支付股息前应支付的公司利润税。

4. 利息

利息系指从各种债权取得的所得，不论其有无抵押担保或者是否有权分享

---

① 中国政府和吉尔吉斯斯坦政府《避免双重征税协定》第6条。

② 中国政府和吉尔吉斯斯坦政府《避免双重征税协定》第7条。

③ 中国政府和吉尔吉斯斯坦政府《避免双重征税协定》第10条。

债务人的利润，特别是从公债、债券或者信用债券取得的所得，包括其溢价和奖金。由于延期支付的罚款，不应视为此处所规定的利息。

中资企业、公司或自然人从吉尔吉斯斯坦获得的利息可在吉尔吉斯斯坦当地或国内纳税。在吉尔吉斯斯坦纳税的，所征税款不应超过利息总额的 10% 。①

5. 特许权使用费

特许权使用费是指使用或有权使用文学、艺术或科学著作的版权，包括电影影片、专利、商标、设计或模型、图纸、秘密配方或秘密程序所支付的作为报酬的各种款项，或者使用或有权使用工业、商业、科学设备或有关工业、商业、科学经验的情报所支付的作为报酬的各种款项。

中资企业、公司或自然人从吉尔吉斯斯坦获得的特许权使用费可在国内或吉尔吉斯斯坦当地纳税，但所征税款不应超过特许权使用费总额的 10% 。②

6. 财产收益

（1）中资公司、企业或自然人转让位于吉尔吉斯斯坦的常设机构的动产或固定场所的动产获得财产收益或转让该常设机构或固定场所的收益，可以在吉尔吉斯斯坦当地纳税。

（2）中资公司、企业或自然人转让的主要财产是位于吉尔吉斯斯坦境内不动产的公司的股票，或者转让代表位于吉尔吉斯斯坦境内公司不少于 25% 股权的股票，可以在吉尔吉斯斯坦当地纳税。

中资公司、企业或自然人转让其他财产的收益应在国内纳税。

7. 董事报酬

中国自然人担任位于吉尔吉斯斯坦境内的公司的董事所取得的董事费和其他类似款项，可以在吉尔吉斯斯坦当地纳税。③

二、消除双重征税措施

（一）中国税务机关主管的消除双重征税措施

中资公司、企业或自然人从吉尔吉斯斯坦取得的所得，按照《避免双重征税协定》规定在吉尔吉斯斯坦缴纳的税额，可以在对该中资公司、企业或自然

① 中国政府和吉尔吉斯斯坦政府《避免双重征税协定》第 11 条第 2 项。

② 中国政府和吉尔吉斯斯坦政府《避免双重征税协定》第 12 条。

③ 中国政府和吉尔吉斯斯坦政府《避免双重征税协定》第 16 条。

人征收的中国税收中抵免。但是，抵免额不应超过对该项所得按照中国税法和规章计算的中国税收数额。[①]

（二）吉尔吉斯斯坦税务机关主管的消除双重征税措施

1. 吉尔吉斯斯坦居民从中国取得的所得，按照《避免双重征税协定》的规定在中国缴纳的税额，可以在对该居民征收的吉尔吉斯斯坦税收中扣除，其扣除额应等同于在中国缴纳的税额。

2. 按照上述规定扣除的税额不应超过该项所得按照吉尔吉斯斯坦税率计算的数额。

3. 吉尔吉斯斯坦居民从中国取得的按照《避免双重征税协定》规定应仅在中国纳税的所得，吉尔吉斯斯坦可以将其包括在税基中，但仅是用于计算该项所得在吉尔吉斯斯坦适用的税率的目的。

三、无差别待遇

（一）不得实行纳税歧视

《避免双重征税协定》规定，在吉尔吉斯斯坦，当地税务机关提供给中资公司、企业或自然人的纳税待遇不得比提供给吉尔吉斯斯坦本国居民的纳税条件不同或更差，不得实行纳税待遇歧视。

同样地，针对中资公司、企业或自然人在吉尔吉斯斯坦投资设立的全资/参股公司、企业、代表处或分公司在当地的纳税待遇，不得比吉尔吉斯斯坦当地的其他类似全资/参股公司、企业、代表处或分公司的纳税待遇不同或者更差。

（二）纳税歧视的协商解决

中资公司、企业或自然人在吉尔吉斯斯坦遭受纳税歧视待遇的，按照《避免双重征税协定》的规定，当事人可以在案情发生后 3 年内及时向我国税务主管当局——税务总局反映情况，税务部门将按照《避免双重征税协定》规定的途径或外交途径与吉尔吉斯斯坦财政部或授权代表联系沟通，协商解决问题。[②]

---

① 中国政府和吉尔吉斯斯坦政府《避免双重征税协定》第 23 条第 1 款。

② 中国政府和吉尔吉斯斯坦政府《避免双重征税协定》第 25 条。

第三节　国际投资仲裁案例分享

一、项目情况介绍

中资企业承接位于哈萨克斯坦首都阿斯塔纳的一个休闲娱乐综合体工程，承包模式为施工总承包，施工内容包括地基基础和主体建安装工程的施工、竣工、试验和修复缺陷等，工程裙楼为5层，塔楼为25层，总建筑面积为74600m^2，工期为21.5个月，合同固定总价为7000万美元；工程变更导致价格变化达到合同总价的2%时进行调价，合同管辖法律为俄罗斯实体法，争议解决方式为瑞典斯德哥尔摩国际商会仲裁院仲裁，仲裁地为斯德哥尔摩，仲裁语言为俄语。

工程开工后，业主图纸交付不及时，又适逢经济危机，加上施工管理不善等，导致工期出现延误，合同约定竣工日期1个月前业主通知解除合同，要求承包商撤场。当时裙楼全部完成，塔楼完成7层。3个月后业主与新承包商签署未完工程施工合同。双方谈判未果，业主向斯德哥尔摩国际商会仲裁院申请仲裁，要求确认合同解除，承包商赔偿后续工程合同价差，支付工期违约损害赔偿金和赔偿其他损失等。承包商反诉要求确认业主解约无效，要求业主支付已完未结工程款、合同范围外调差工程款、材料和设备价格上涨调差费及相应利息，以及承包商商誉损失费等。

二、争议焦点：业主是否有权解除施工合同

业主在合同约定竣工日期1个月前书面通知承包商将解除合同。理由是承包商施工进度极其缓慢，以至于按期完工明显不可能，依据俄罗斯《民法典》第715条第2款①解约并要求支付误期损害赔偿金和赔偿其他损失。承包商坚称业主无权解约，双方确定了新的竣工日期，在业主通知解约时“按期完工明显

① 俄罗斯《民法典》第715条：业主在承包方完成工作期间的权利：（1）业主有权在不干扰承包方工作的情况下，检查承包方正在完成的工作的进程和质量。（2）如果承包方没有及时着手完成工作或工作完成极其缓慢，以至于按期完成工作明显不可能，那么业主有权拒绝履行合同并要求赔偿损失。

不可能”的事实还不存在，承包商有能力按期完工，理由：（1）存在可原谅、可补偿的延误事件：移交现场延误1.5个月，提供施工图纸延误4—12个月不等，发生工程变更延误工期，冬季施工恶劣气候条件降低工效等应归责于业主的延误事件，承包商有权获得延长工期。（2）双方通过会议纪要将竣工日期延长8个月，新施工进度表已提交业主签署，业主无故拖延，按照新施工进度表上的竣工日期，业主并不能确定承包商“按期完工明显不可能”。

在建设工程履约过程中，很多文件、纪要、验收记录等多由业主或承包商的代表或工作人员签署，也没人在意或审核签字人员是否具有授权，在合同执行顺利时，这些签字的有效性都是小事，也不会引发质疑，但如果合同履行发生争议，那么这些签字行为的法律效力就会被各方置于放大镜下严格审视，而且有时还是“小事定乾坤”，比如该案中的会议纪要和进度计划表。

仲裁庭观点：业主是否有权解除合同取决于两个事实是否成立：首先，合同约定的竣工日期为承包商必须执行的完工日期；其次，存在明显无法按期完工的事实。业主解约是否合法主要取决于第一个事实能否成立。因业主解除合同的理由是承包商在合同工期内完成剩余工程明显不可能，所以，如能证明案涉工程的竣工日期已经或应该变更为新的竣工日期（延长8个月），就应该按照新的竣工时间来判断“完成剩余工程明显不可能”这一事实是否成立，而不是按照原竣工日期。

关于这个争议焦点，双方在仲裁庭在如下五个方面展开攻防：（1）出席会议的业主代表是否具有变更竣工日期的合法授权。（2）如果不是，那业主代表是否依据法律和客观情况被视为具有合法授权。（3）如果不是，业主是否通过往来函件或行为追认了业主代表变更竣工日期的行为或签署会议纪要的职权。（4）会议纪要是否遵循了合同变更的约定形式。（5）关于新的竣工日期的会议纪要和新施工进度表是否有效。

（一）业主代表是否具有变更竣工日期的合法授权

项目开工后，业主延迟交付现场，施工图纸未能及时交图，承包商法律实体注册出现耽误及当地施工资源匮乏等情况导致现场施工滞后于进度计划。于是双方就协商调整进度计划，召开了高层会议，并形成了会议纪要，编制了更新版的施工进度表并提交双方签署。在双方因进度严重滞后导致业主解除合同争议时，对此次会议纪要和新版施工进度表的效力问题，双方各执一词。

业主认为，业主代表没有获得修改合同条件的授权，其在会议纪要上签字并不代表业主已经同意会议纪要和新进度表中有关变更原合同条款的内容，因此，会议纪要中关于变更竣工时间的内容对业主不具有法律约束力，业主并未批准新的竣工日期，且工程施工合同和两份补充协议都是由业主的总裁和副总裁签字，承包商据此也应知晓其他人无权代表业主签字。

承包商认为，业主代表已经签署了会议纪要，他作为业主派驻现场的项目经理多次参加双方高层会议，业主从来未向承包商出示过该代表职权范围的授权书，也未曾向承包商声明该代表不具有签署合同补充协议的合法授权，按照俄罗斯《民法典》第 182 条的规定（类似国内的表见代理制度），从其参与该工程履约管理的客观环境也能得出该代表是业主的授权代表的结论。所以业主代表具有合同签字权，新的竣工日期已被业主确认。

业主和承包商双方说的似乎都在理，也都有事实证据支持，而且承包商的理由似乎更充分些。双方本应按照会议纪要的要求，将新施工进度表提交各方有权人签署生效，但业主确在收到承包商已签字的新进度表后故意拖延签署，属于恶意违约行为。如果是在国内司法审判中，基于上述双方陈述事实的基础，裁判者较大概率会按照表见代理制度确认该业主代表具有授权，会议纪要和新进度表都生效，其签字的法律后果应由业主承担。

针对该项争议，仲裁庭在其裁决中并未给出具体看法，而是将其涵盖在总的裁决意见中。从形式上看，业主代表参加会议时确实没有向承包商提交授权文件，实践中，双方代表每月都要见面，谁会关注授权呢。但在发生争议后，这种不经意间的小缺陷就成了决定事件走向的关键因素之一了。

（二）根据法律规定和当时的客观情况，业主代表是否被视为具有变更竣工日期的合法授权

如果业主并未给予业主代表变更合同竣工日期的授权，那业主代表参加会纪要的行为是否可被视为，其已根据俄罗斯实体法和客观环境获得了默示授权呢？

该案争议的管辖法律是俄罗斯实体法。俄罗斯《民法典》第 182 条第 1 款[①]

---

① 俄罗斯《民法典》第 182 条第 1 款：一个人（代理人）根据授权、法律规定或国家机构或地方自治机构的文书授予的职权，以另一个人（被代理人）的名义进行的交易，直接产生、修改和终止被代理人的民事权利和义务。授权可由代表（零售商、出纳员等）所处的环境中产生。

规定，在作为的情况下，可以得出代表具有相关权限的结论……第402条[①]还规定，债务人的员工在履行债务人义务时的行为被认为是债务人的行为。这些规定是俄罗斯法律中的强制代理制度的基础，类似于我国的表见代理制度，按照合同约定，这些规定应适用于该案。据此，承包商就认为，从该代表参加高层会议的行为和多次代表业主支持谈判并签署项目文件的客观情况，可以得出其应被视为具有合法授权。

但业主聘请了俄罗斯民法权威学者、俄罗斯《民法典》的立法起草者之一苏哈诺夫教授作为该案的法律问题专家证人。这位“大咖”论述了俄罗斯《民法典》第182条规定的特殊授权制度并不适用于建设工程施工领域，这一论述结论明显偏离了俄罗斯《民法典》上述规定中的俄罗斯民法领域关于强制代理制度的主流观点，倾向性太过明显。但业主据此坚称，该代表的授权不能从客观环境中推导出，并且承包商在其提交给业主签署的新进度表中专门为业主的总裁预留了签字位置，可见承包商自己也并未将业主代表视为具有变更竣工日期签字权的人。

作为反驳，承包商援引《国际商事合同通则》第2.2.5条第2款[②]规定，如果被代表人的行动使第三者自然而然地产生合理信赖，其代表有权以被代表人的名义在其职权范围内进行行动，被代表人不能向第三者表示该代表缺乏行事权限。按照俄罗斯《民法典》的规定，该通则不违反俄罗斯法律和公共利益，是俄罗斯法律的组成部分，所以该通则适用于该案。承包商据此认为，业主代表签署会议纪要确认新的竣工日期，与将新施工进度表提交业主董事长签署，二者并不矛盾。苏哈诺夫教授否认此种情况下客观环境给予业主代表授权的观点是一面之词，歪曲了俄罗斯《民法典》关于客观环境授权的主流观点，也不符合《国际商事合同通则》的规定。

针对该项争议，仲裁庭在其裁决中也未给出明确观点，从裁决结果来看，是采纳了苏哈诺夫教授的观点，否定了业主代表根据客观环境获得了授权和俄罗斯法律的默示推定授权。苏哈诺夫教授在其专家证词中陈述，一般来说，俄

---

① 俄罗斯《民法典》第402条规定了债务人对其雇员的责任，即债务人的雇员履行其职责的行为应视为债务人的行为。如果这些行为导致违约或不当履行职责，那么债务人应对其承担责任。

② 《国际商事合同通则》第2.2.5条（代理人无权或越权行事）：(1) 代理人没有代理权或超越代理权行事时，其行为不影响本人和第三方之间的法律关系。(2) 但是，若本人造成第三方合理相信代理人有权代表本人行事并且是在授权范围内行事，则本人不得以代理人无代理权为由对抗第三方。

罗斯《民法典》第183条所规定的客观环境授权成立条件包括以下几个方面：（1）不具有正式授权的代表从事了被代表机构的正常经营活动；（2）该经营活动是该机构不特定第三人从事的大量发生的类型化交易；（3）代表实施的行为属于其岗位职责；（4）交易相对方对该代表是在代被代表机构行事产生为了合理信赖；（5）有关交易的正式合同中未对具体交易提出的授权文件要求，即不得明确排除环境授权的适用。针对此案代表授权问题。苏哈诺夫教授认为，因为施工合同是业主正式授权的代表签署的，所以作为变更合同条款的补充协议也应该由业主正式授权的代表签署。该观点排除了俄罗斯《民法典》第183条环境授权规定的适用，与俄罗斯联邦最高仲裁法院第57号《关于俄罗斯联邦民法典第183条适用中的诸多问题的公告》第5项关于俄罗斯审判领域关于客观环境授权的实践观点不一致。

（三）业主代表确认新竣工日期的行为是否得到事后追认

如果业主代表既没有得到业主关于确认新竣工日期的授权，也没有根据客观环境推定其获得授权，那么业主后来对新竣工日期的援引或根据新施工进度表移交施工图纸等此类行为是否视为对业主代表通过会议纪要确定新竣工日期的追认呢？

业主认为，其代表虽然签署了会议纪要，该会议纪要也包含了确定新竣工日期的内容，但该会议纪要并不是施工合同所要求的补充协议形式，而且，无论是该新的竣工日期，还是业主代表确定的新竣工日期的行为都没有被业主事后追认，因为业主并没有签署新的施工进度表。

承包商反驳，业主在往来函件中多次引用了新的竣工日期，施工图纸也是按照新的施工进度表向承包商移交的，这些事实就是业主事后追认的表现之一。而且按照俄罗斯《民法典》第183条[①]关于代表的客观环境授权规定，该客观环境授权并不需要被代表人以“声明”或“作为”方式追认。这在俄罗斯联邦最高仲裁法院《关于适用俄罗斯联邦〈民法典〉第183条适用的若干问题的通报》中是已被明确规定的视为代表行为被追认的情形之一，苏哈诺夫教授关于“对

---

① 俄罗斯《民法典》第183条：未经授权的人进行交易：（1）如果没有或超过代表他人行事的授权，交易应视为代表行为人并为其利益而进行，除非（所代表的）另一人随后明确批准交易。（2）如被代表人随后对交易追认的，则自交易发生之日起，即对其产生、修改和终止其在交易中的民事权利和义务。

业主代表签字行为的追认需要以授权书的形式作出”的观点“创造了不存在的关于客观授权的新的规则”，这不符合俄罗斯法律和司法实践。

针对该项争议，仲裁庭在其裁决中并未给出判断。

（四）以会议纪要形式修改合同条件是否符合施工合同关于必须采取书面补充协议的规定

业主认为，新的施工进度表没有遵循施工合同关于变更合同条款必须“采取书面的补充协议”形式，没有采用名称为“补充协议”的文件，没有被业主有权人签署，变更竣工日期也未遵守俄罗斯《民法典》第452条关于合同变更应采用与合同相同的形式的规定，且施工合同第20条明确约定了应采用书面形式才能对合同进行变更。俄罗斯《民法典》第162条还规定，不采用书面形式签署的涉外交易无效，该工程作为涉及中国、俄罗斯、哈萨克斯坦三国的跨境投资和建设施工项目，其合同条件变更应遵循涉外交易要求，采用书面合同形式签署。所以，该新施工进度表无效。

承包商则反驳，会议纪要和新施工进度表都采用了书面形式，且会议纪要已由业主的项目管理机构签署和业主代表签署，但根据俄罗斯《民法典》第160条第1款①的规定，会议纪要作为补充协议的书面形式之一，虽未被命名为“补充协议”，但这不应影响会议纪要的法律效力。业主在合同履行中从未声明该会议纪要不符合合同约定的书面形式，并在函件中多次引用该会议纪要，业主不得在发生争议后再主张与其行为相反的意思表示。会议纪要和新施工进度表也符合施工合同关于应以书面形式签订补偿协议的方式对合同进行变更。所以，会议纪要符合施工合同对补充协议形式的约定。

针对该项争议，仲裁庭在其最终裁决中认为：会议纪要不是以补充协议形式签署，这不符合双方在施工合同中约定的合同变更形式，也未经双方的有权代表签字，所以会议纪要不是补充协议。

---

① 俄罗斯《民法典》第160条第1款：契约文件的书面形式应该包含契约内容，并由契约各方或其正式授权的代表签字……法律、其他法律规定以及双方协议可以规定契约形式应符合的补充要求（在特定形式表中写成，盖章等）以及规定不遵守补充要求的后果。若未规定出后果，则采用不遵守契约普通书面形式的后果。

（五）会议纪要和新施工进度表是否有效并达成了新的竣工时间

业主认为，虽然业主代表签署了会议纪要，但该代表并未得到有效授权，会议纪要中没有业主同意变更竣工日期的意思表示，且不符合施工合同约定的以补充协议形式进行合同变更的要求。新施工进度表未经业主或其有权代表签字，所以会议纪要和新施工进度表中关于新的竣工日期部分无效，均未变更合同中约定的竣工日期。

承包商认为，会议纪要明确规定，各方决定在新竣工日期前完成工程，该纪要已由业主代表和其现场管理机构签字，新施工进度表是根据该会议纪要编制的且已由业主的现场管理机构签字盖章，应视同业主签字同意，“会议纪要和新施工进度表”的形式也符合合同变更的书面形式。新施工进度表提交给业主后一直未签字盖章，是业主以故意拖延的方式拒签，这违反了会议纪要的要求，属于恶意违约行为，而且业主按照新施工进度表向承包商提供了施工图纸，在后来的多次会议纪要中新竣工日期被双方多次引用，说明业主是认可新施工进度表的。综上所述，双方已确认新的竣工日期。

三、仲裁庭裁决

首先，俄罗斯《民法典》（主要是第452条[①]）和双方签署的施工合同（第20条）都对合同的变更形式作了严格的形式主义要求，要求合同变更应以书面形式签订补充协议。其次，会议纪要及新施工进度表从形式上并不符合双方约定的合同变更形式。再次，现有证据显示出，双方曾在以工期和进度计划为主题的会议中，讨论过对施工进度计划进行调整的事宜，但会议纪要、新施工进度表作为该会议的成果文件，并未显示出双方将合同竣工日期变更至新的竣工日期的一致意思表示。最后，作为双方会议纪要成果文件之一的新施工进度表并没有被业主签署，这证明业主最终并未同意将合同竣工日期变更为新的竣工日期。综上，仲裁庭认定现有证据不能证明双方已将工程竣工日期变更为新的日期，双方仍应执行合同约定的原竣工日期。

---

① 俄罗斯《民法典》第452条合同变更和解除程序：（1）变更或宣告合同无效的协议，除法律、其他法律行为、合同或商业惯例另有规定外，应以与合同相同的形式订立。（2）一方当事人只有在收到另一方当事人拒绝修改或者宣告合同无效的提议或者在提议中规定的或者法律或者合同规定的期限内或者在没有答复的情况下，在30天期限内，才可向法院提出修改或者宣告合同无效的请求。

所以，在合同约定的竣工日期 1 个月前时，案涉工程还有 18 层未完成施工安装工作，“按期完成工程明显不可能”的事实已成立，业主有权按照俄罗斯《民法典》第 715 条规定在书面通知承包商后 30 天内解除合同。

通过仲裁庭裁决可知，仲裁庭对该案所涉的合同变更形式的裁决坚持了最严格的书面形式主义，它要求合同当事人变更合同时不仅要采用书面协议形式，而且要求该书面协议名称也须标注为“补充协议”，仲裁庭在该案中没有认可会议纪要形式的合同文件，不认可默示行为在法律上的积极意义，没有考虑俄罗斯《民法典》关于客观环境授权制度的规定和俄罗斯审判实务对默示追认行为的肯定。仲裁庭的这种观点在现代社会是难以想象的。事后来看，这个裁决各个细项争点的分析极为粗糙，有的部分甚至未给出说理。很难说，这是一份基于全面考虑整个案件事实、综合分析了俄罗斯法律规定和司法实务，以及国际私法规定在国际工程中应用的国际仲裁裁决。

第十七章　外国法院判决和外国仲裁裁决在吉尔吉斯斯坦承认和执行

吉尔吉斯斯坦《民事诉讼法》第 48 章规定了外国法院判决和域外仲裁机构的裁决在吉尔吉斯斯坦的承认和执行程序。

第一节　外国法院判决的承认和执行

外国法院的判决，包括经外国法院确认的和解协议，可以根据吉尔吉斯斯坦法律和吉尔吉斯斯坦参加的国际条约的规定或依据互惠基础上在吉尔吉斯斯坦申请承认和执行。申请执行外国法院判决的期限不得晚于该外国法院判决生效之日起 3 年。[①] 若申请执行时该期限届满，则债权追索者可根据吉尔吉斯斯坦《民事诉讼法》第 127 条的规定申请恢复执行期限。外国法院判决经吉尔吉斯斯坦有管辖权法院承认和执行后，就与吉尔吉斯斯坦法院作出的裁判具有同等法律效力，可以在吉尔吉斯斯坦被强制执行。[②]

---

① 吉尔吉斯斯坦《民事诉讼法》第 434 条第 2 项，法律文本参见吉尔吉斯斯坦司法部官方网站，网址 https：//cbd. minjust. gov. kg/3 – 29/edition/1261675/ru，2025 年 3 月 30 日登录。

② 中国和吉尔吉斯共和国《关于民事和刑事司法协助的条约》第 19 条。

一、承认和执行案件的管辖法院

债权人根据生效的外国法院判决向吉尔吉斯斯坦法院申请承认和执行的，应向债务人居住地或所在地的区法院或同等级别的法院提出承认和执行外国法院判决的申请，不清楚债务人的居住地或所在地的，也可向债务人财产所在地的法院申请。①

二、申请的形式和内容

（一）承认和执行申请

申请承认和执行外国法院判决的，应提交打印版的书面申请文件并由申请人或其代理人签字。申请书内容包括：（1）接受申请书的法院名称；（2）作出生效判决的外国法院名称和地址；（3）债务追索者的名称，若是债务追索者委托代表人提交申请，则应指明该代表人的名称和住址；（4）债务人的名称，住所或居住地或其财产所在地；（5）承认和执行外国法院判决的请求或指明自何时起开始执行生效判决的请求；（6）附随文件清单。在申请文件中也可列明债权追索者、债务人及代表人的电话、传真、电子邮箱地址和及其他信息。

（二）申请时需提交的材料

在申请时还应提交吉尔吉斯斯坦参加的国际条约所要求的文件，若国际条约未作要求，则提交下列文件：②（1）要求承认和执行的外国法院判决或以合法方式证明的法院判决复印件；（2）外国法院判决已经生效和应予执行的证明文件，或在法院判决生效之前应予执行的证明文件；（3）以适当方式证明和确认的作出被申请承认和执行的外国法院判决的外国法院以适当方式通知债务人关于案件审理的通知的证明文件；（4）该外国法院判决在该外国已被全部或部分执行的证明文件；（5）授权提交承认和执行外国法院判决的申请的授权书；（6）争议双方当事人关于协议管辖的协议或证明文件；（7）上述1— 6 项文件的吉尔吉斯语或其他官方语言的翻译件及公证件。

---

① 吉尔吉斯斯坦《民事诉讼法》第429条，法律文本参见吉尔吉斯斯坦司法部官方网站，网址 https：//cbd. minjust. gov. kg/3 –29/edition/1261675/ru，2025 年3 月30 日登录。

② 吉尔吉斯斯坦《民事诉讼法》第430 条，法律文本参见吉尔吉斯斯坦司法部官方网站，网址 https：//cbd. minjust. gov. kg/3 –29/edition/1261675/ru，2025 年3 月30 日登录。

三、外国法院判决的承认和执行案件的审理程序

（一）审理期限

吉尔吉斯斯坦法院在收到关于承认和执行外国法院判决的案件后，应自收到申请书之日起30日内审理该案件。

（二）法院裁定

受理案件的法院在听取债权人的理由和债务人的辩解之后，作出承认和执行外国法院判决的裁定，或者作出拒绝承认和执行的裁定。法院作出的裁定应包括下列内容：①（1）作出判决的外国法院的名称和地址；（2）债权追索者和债务人的名称和地址；（3）外国法院判决的内容；（4）指明承认和执行外国法院判决或拒绝承认和执行外国法院判决。当事人针对法院作出的裁决可以提起上诉。

执行外国法院判决必须根据吉尔吉斯斯坦法院作出的执行令并依据吉尔吉斯斯坦法院规定的程序进行执行。

四、拒绝承认和执行外国法院判决的法定理由

吉尔吉斯斯坦法院可基于下列理由部分或全部拒绝承认和执行外国法院判决：（1）外国法院判决尚未生效或不应被执行；（2）法院判决的相对方未以适当方式获得关于法院审理时间和地点通知，或因其他事由未能向法院申辩；（3）外国法院判决的案件属于吉尔吉斯斯坦专属管辖的案件；（4）吉尔吉斯斯坦法院或第三国法院已对同一当事人之间和相同的争议标的并基于相同理由作出了生效判决；（5）外国法院在审理案件前基于同一标的和相同理由的案件正在由吉尔吉斯斯坦法院进行审理；（6）申请承认和执行外国法院判决的诉讼时效已满且该时效法院不能恢复；（7）执行外国法院判决违反吉尔吉斯斯坦的公共秩序。

---

① 吉尔吉斯斯坦《民事诉讼法》第433条，法律文本参见吉尔吉斯斯坦司法部官方网站。

五、中国与吉尔吉斯共和国《关于民事和刑事司法协助的条约》中关于承认和执行外国法院判决的规定

中国与吉尔吉斯共和国《关于民事和刑事司法协助的条约》（以下简称《中吉司法协助条约》）第 3 章规定，中国和吉尔吉斯斯坦应根据本条约规定，在各自境内承认缔约另一方境内作出的：（1）法院的民事裁决，包括中国法院作出的判决、裁定、决定、调解书，吉尔吉斯斯坦法院作出的判决、裁定、决定、法院批准的和解书以及法官就民事案件的实质作出的决定；（2）法院对刑事案件中有关损害赔偿作出的裁决；（3）仲裁裁决。

缔约国一方的当事人在缔约另一方司法管辖区内申请承认和执行法院的裁判时，应向作出裁判的缔约一方的法院提出书面申请，由该法院按照《中吉司法协助条约》规定，通过各自的中央机关进行联系。一般情况下，缔约双方的法院或其他主管机关相互请求和提供民事和刑事司法协助，应通过各自的中央机关进行联系。中央机关，在中国方面系指中国司法部和中国最高人民检察院；在吉尔吉斯斯坦方面系指吉尔吉斯斯坦司法部和吉尔吉斯斯坦总检察院。

申请承认和执行法院裁判的一方当事人在缔约另一方境内有住所或居所的，该方当事人也可直接向该缔约另一方的有管辖权的法院申请承认和执行。

六、外国法院判决承认和执行的程序

外国法院判决在吉尔吉斯斯坦的承认和执行案件审理，由吉尔吉斯斯坦有管辖权的法院按照吉尔吉斯斯坦《民事诉讼法》规定的程序进行审理后作出裁定。吉尔吉斯斯坦法院可审查外国法院裁判是否符合吉尔吉斯斯坦《民事诉讼法》的规定，但不得对该外国法院的裁判进行任何实质性的审查。此处的实质性审查是指对外国法院关于当事人争议事项的标的、执行金额、违约责任承担方式、债务履行方式和履行期限等条件进行审查。

外国法院的裁判只有在吉尔吉斯斯坦法院承认和执行后，才在吉尔吉斯斯坦司法管辖区内具有了与吉尔吉斯斯坦法院作出的法院裁判同等的法律效力。

第二节　外国仲裁裁决或国际仲裁裁决的承认和执行

外国仲裁裁决或国际仲裁裁决可按照吉尔吉斯斯坦法律或吉尔吉斯斯坦参加的国际条约规定的条件和要求在吉尔吉斯斯坦法院申请承认和执行。吉尔吉斯斯坦《民事诉讼法》关于外国法院判决的承认和执行申请、申请的形式要求和内容、吉尔吉斯斯坦法院审理申请的程序、吉尔吉斯斯坦法院对外国法院判决承认和执行的裁定、颁发执行令的程序等规定可参照适用于外国仲裁裁决或国际仲裁裁决在吉尔吉斯斯坦法院申请承认和执行案件。

但外国仲裁裁决和国际仲裁裁决在吉尔吉斯斯坦申请承认和执行有下列特殊的规定。

一、申请承认和执行外国仲裁或国际仲裁裁决应与授权书一同提交的文件

申请承认和执行外国仲裁或国际仲裁裁决的一方当事人应向法院提交：（1）以法律规定方式公证的外国仲裁或国际仲裁裁决正本或经公证的复印件；（2）仲裁协议的原件或经公证的复印件；（3）向法院提交执行和承认外国仲裁或国际仲裁裁决申请书的人员的授权书或其他证明文件；（4）向债务人送达申请承认和执行的外国仲裁或国际仲裁裁决书的证明文件；（5）上述1—4项所列文件翻译为吉尔吉斯语或其他官方语言的翻译文本的公证件。

二、拒绝承认和执行外国仲裁或国际仲裁裁决的理由

在吉尔吉斯斯坦法院审理承认和执行外国仲裁或国际仲裁裁决的案件中，如果被申请人向审理承认和执行外国仲裁或国际仲裁裁决的法院提交证据证明存在下列事实的，法院可裁定拒绝承认和执行外国仲裁或国际仲裁裁决：（1）仲裁协议双方按照适用法律的规定在一定程度上属无行为能力人，或按照管辖法律规定，该仲裁协议尚未生效；若管辖法律无前述规定，则按照作出裁决地的国家法律的规定，进行仲裁裁决的双方是无民事行为能力或仲裁协议无效。（2）被申请人没有以适当方式得到指定仲裁员或进行仲裁的通知，或因其他原因未能申辩。（3）仲裁裁决的事项不属于仲裁协议约定的范围或不符合协议规

定的条件，或作出了超过仲裁协议约定范围的裁决。若外国或国际仲裁裁决中，仲裁协议约定范围内的事项的裁决与未包含在仲裁协议范围中的争议事项的裁决相互独立，则关于仲裁协议范围内的争议事项的裁决可以被承认和执行。（4）仲裁庭的组成或仲裁程序不符合双方协议约定，若仲裁协议对仲裁庭组成或仲裁程序未作约定，则仲裁庭的组成或仲裁程序不符合仲裁地的法律规定。（5）仲裁裁决并非最终裁决或被撤销的，或被裁决地的法院暂停执行的。

在下列情况下，外国仲裁裁决和国际仲裁裁决也可能被拒绝承认和执行：（1）按照吉尔吉斯斯坦的法律规定，仲裁裁决的争议标的不能进行仲裁；（2）承认和执行该裁决违反吉尔吉斯斯坦的公共秩序。

第三节　中国仲裁裁决在吉尔吉斯斯坦法院承认和执行案例分析

随着中国“一带一路”倡议的发展，中国和吉尔吉斯斯坦等中亚国家之间的投资、商业贸易等经济联系不断加强，与此同时，中国和吉尔吉斯斯坦各商事主体之间的争议纠纷案件也不断增加，争议当事人要实现自己的实体权利，就面临着在吉尔吉斯斯坦或在中国的司法机关申请承认和执行域外仲裁裁决的情况。

中国和吉尔吉斯斯坦都是《承认及执行外国仲裁裁决公约》（《纽约公约》）的缔约国，双方在1996年7月4日还签署了《中吉司法协助条约》，这些条约都规定了中国和吉尔吉斯斯坦各自国内仲裁裁决在对方司法管辖区域承认和执行的条件和要求。

一、《中吉司法协助条约》中关于承认和执行域外仲裁裁决的规定

《中吉司法协助条约》第3章规定，中国和吉尔吉斯斯坦应根据《中吉司法协助条约》和《纽约公约》的规定，在各自司法管辖区内承认和执行缔约另一方境内作出的：（1）法院的民事裁决，包括中国法院作出的判决、裁定、决定、调解书，吉尔吉斯斯坦法院作出的判决、裁定、决定、法院批准的和解书以及法官就民事案件的实质作出的决定；（2）法院对刑事案件中有关损害赔偿的裁决；（3）仲裁裁决。

所以，中国国内仲裁机构作出的生效仲裁裁决，以及外国仲裁机构在中国

司法管辖区内作出的仲裁裁决，可以根据《中吉司法协助条约》和《纽约公约》在吉尔吉斯斯坦领域内申请承认和执行。

二、《纽约公约》

中国和吉尔吉斯斯坦都是《纽约公约》缔约国，而《中吉司法协助条约》第21条也规定，中国和吉尔吉斯斯坦的仲裁机构作出的裁决在对方司法管辖区内的承认和执行按照《纽约公约》规定的条件和程序，以及吉尔吉斯斯坦《民事诉讼法》的规定要求进行承认和执行。

三、中国仲裁裁决在吉尔吉斯斯坦境内申请承认和执行案例

吉尔吉斯斯坦法院判决和裁定文书在吉尔吉斯斯坦司法部公布的司法文书和司法会议文件中。[①] 我们通过吉尔吉斯斯坦司法部公布的承认和执行案例来了解中国仲裁机构的裁决在吉尔吉斯斯坦承认和执行的结果，提出对中国的跨境投资者和经营者有益的建议。

案例 17－3－1

2015年3月4日，比什凯克区法院审理了申请人韩国商事保险集团与被申请人吉尔吉斯斯坦巴拉萨金那国立大学之间的仲裁裁决案。该法院认为，韩国商事保险集团未履行吉尔吉斯斯坦《民事诉讼法》的规定，未能提交证据证明债务人及时和适当方式得到了关于仲裁审理的通知，拒绝承认和执行2004年11月15日韩国商事仲裁院作出的仲裁裁决的申请。

案例 17－3－2

2019年10月25日，吉尔吉斯斯坦贾拉拉巴德州区法院作出裁定，承认和执行了北京仲裁委2019年4月1日作出的申请人中国大型石油企业下属公司与被申请人吉尔吉斯斯坦石油天然气有限责任公司之间的仲裁裁决。

① 吉尔吉斯斯坦司法部官方网站，网址 http：//act. sot. kg/ru，根据司法部工作计划，未来全部司法文书和司法文件将通过“数字司法”网站统一发布。

案例 17－3－3

2020 年 8 月 10 日，吉尔吉斯斯坦贾拉拉巴德州诺肯区法院作出裁定，拒绝承认和执行北京仲裁委于 2019 年 12 月 31 日作出的仲裁裁决。

该案申请人为国内某化学工程公司，被申请人为吉尔吉斯斯坦某石油天然气公司。诺肯区法院认为，北京仲裁委裁决不是商事仲裁机构的判决，而是国家审判机关的司法判决，所以申请承认和执行该案件应该按照《中吉司法协助条约》规定的程序和条件进行审理，并根据案件事实作出是否承认和执行的裁决。诺肯区法院拒绝该化学工程公司关于承认和执行北京仲裁委裁决的申请。

在此案中，诺肯区法院未弄清北京仲裁委的商事仲裁机构性质，将该机构看作中国的法院，认为申请承认和执行该裁决应该执行法院判决的承认和执行承认。

建议：首先，国内企业在与中亚及俄罗斯等地区商业伙伴进行投资合作或贸易往来时，务必保持谨慎。在交易前对合作对方进行基本的尽职调查必不可少，挑选诚信、有实力的企业进行合作。国内企业作为申请人应向当地法院提供有关国内商事仲裁机构的证据材料，并履行双认证程序，以保证证据的充分、有效。其次，聘请当地律师代理承认和执行案件的，应通过代理人与提交承认和执行申请的法院保持有效沟通，避免对国内商事仲裁机构性质和仲裁程序的误解，造成不必要的损失。

案例 17－3－4

2021 年 11 月 2 日，吉尔吉斯斯坦贾拉拉巴德州区法院审理了承认和执行中国某石油工程公司与吉尔吉斯斯坦某石油勘探公司之间的仲裁裁决案。该法院认定，北京仲裁委审理申请人中国某石油工程公司与被申请人吉尔吉斯斯坦某石油勘探公司之间的石油工程施工合同纠纷案时，被申请人未以适当方式得到仲裁审理的通知，导致被申请人未能对仲裁案件提出陈述和申辩，所以，按照《纽约公约》第 5 条第 1 款第 2 项和吉尔吉斯斯坦《民事诉讼法》第 439 条第 1 款第 2 项规定，法院裁定拒绝承认和执行北京仲裁委的仲裁裁决。

从上述作者所参与处理或了解到的国内仲裁裁决在吉尔吉斯斯坦法院申请承认和执行的案例来看，我国国内仲裁裁决在吉尔吉斯斯坦被承认和执行的比例不高，被拒绝承认和执行的理由有各个方面的。首先，当地法院不承认和执行的国内仲裁裁决最主要的理由是《纽约公约》第5条第1款第2项，即没有以适当方式指定仲裁员、通知仲裁审理或因其他原因未能陈述或申辩。在因“未能通知进行仲裁”而被拒绝承认和执行的案例中，最主要的情况是仲裁被申请人拒收仲裁庭关于进行仲裁的通知，或者被申请人住所地变更未能收到仲裁通知，或者因非被申请人指定的人员签收仲裁通知后被申请人不予认可等。

针对此类对方拒不接受通知或住所地变更导致构成《纽约公约》第5条第1款第2项规定的因仲裁程序违法而拒绝承认和执行事由的，首先，我们建议中国的仲裁申请人在申请仲裁之初，就应该与仲裁机构保持积极沟通，保证仲裁程序以合法方式进行，以适当的方式通知对方当事人进行仲裁程序或指定仲裁员：（1）以适当方式通知仲裁程序或指定仲裁员时，要求申请人向仲裁机构提供被申请人的适当收件地址，比如法定住所地址、已知的最后居住地址等。在对方地址不明时，切不可贸然启动仲裁程序，以免造成程序瑕疵。若被申请人住所地无法查明，可先在被申请人登记住所地启动住所地或营业地查明程序。比如向当地政府机关投诉，通过政府部门查清其实际住所地。（2）被申请人拒收仲裁通知等程序文件的，我们建议申请人可配合仲裁机构公证送达仲裁程序文件，比如通过被申请人所在地的公证机构等第三方机构对仲裁程序文件送达过程进行公证，保证仲裁程序的适当进行，即便被申请人拒收，也不至于导致仲裁程序违法而于将来被拒绝承认和执行。（3）在申请承认和执行所在地法律有规定的情况下，还可以通过电子邮件方式送达、通过被申请人的委托代理人进行送达、向被申请人在中国境内的其他营业地址进行送达等。（4）最重要的建议是中国当事人应在与对方进行商业合作之初就未雨绸缪，在双方的商务合同争议解决条款中明确约定司法机构送达地址，在合作中或发生争议后协议约定送达地址发生变更的，应在变更后3日内书面通知另一方，否则未能及时通知导致司法文书未能送达的，法律后果和责任由变更一方承担。在争议解决条款中选择国内仲裁机构解决双方可能发生的争议时，应同时约定送达规则适用于双方可能发生的争议事项，明确约定电子邮件送达、向委托代理人送达或其他方式。（5）当发生争议而不得不启动仲裁程序后，中国当事人应多留意仲裁机构的程序性事项，比如通知事项、选择仲裁员事项、确定仲裁程序事项、仲裁文书送达事项等。对仲裁机构/秘书处理仲裁程序中的问题时不能完全依赖仲裁庭的意见，认为仲裁庭对某一程序事项的处理可能会给未来申请承认和执行程序留下隐患的，应及时向仲裁庭提出意见和建议，要求严格参照仲裁地所在法律或同时参考被申请人住所地或被申请人财产所在地的法律法规，保证仲裁程序的合法和适当性。

四、涉外仲裁案件的通知程序

判断仲裁程序，包括仲裁案件的送达程序，是否合法的准据法应当由双方当事人约定，无约定的，则适用仲裁机构所在国的法律规定，同时要兼顾被申请人所在国或被申请人财产所在地国的法律规定，以及案涉外国与我国签订的关于民事和刑事司法协助的双边条约或共同加入的国际公约关于送达方式的规定。在仲裁程序中就做到程序合法，避免后期仲裁裁决被不予承认和执行。

对仲裁申请人而言，其在签订合同时，要充分预估并防范风险，尽量在合同中约定明确的送达地址。对仲裁机构及仲裁庭而言，其为了避免作出的仲裁裁决因送达程序出现瑕疵而被拒绝执行或撤销，故而会尽可能对受送达人的地址进行合理查询，以保障送达效果。

大多数仲裁当事人为了规避送达程序瑕疵而导致的不予承认和执行仲裁裁决的各种风险及可能性，通常会委托律师在仲裁过程中及申请承认执行阶段，以多样化及最无争议的送达方式相结合，将仲裁及申请执行的相关法律文书或通知送交至另一方当事人或其他相关人员。然而，被送达人往往也会为了实现以送达程序瑕疵作为抗辩理由而设置重重障碍，我们在受托根据委托人特定要求完成送达涉外仲裁法律文书时，会遇到以下常见性问题。

1. 委托方提供的送达地址是否需要核实？

实践中，受托人在接受委托后，通常会确认委托方提供的地址来源和准确性，该地址和被送达对象官方网站显示地址一致的，应当及时固定证据。受托律师同时会将上述信息与国家企业信用信息公示系统上所公示信息核对确认是否一致。确认上述信息后，是否可以采取邮寄送达的方式。若被送达人已搬离上述地址，受托律师在不知情的情况下采取邮寄送达，则要视仲裁地仲裁规则或当事人相关约定。实践中，委托人通常认为此类送达方式是存在一定风险的，即便对邮寄过程进行公证，在后期的承认和执行环节，法院也可能将之认定为无效。

2. 如被送达对象公开登记的经营地址已基本无人办公，在经营场所出现的人员明确表示不是被送达企业员工的，是否可以采取留置送达的方式完成送达程序？

一般情况下，受诉法院不认可留置送达。向法人或者其他组织送达诉讼文书，应当由法人的法定代表人、该组织的主要负责人或者办公室、收发室、值班室等负责收件的人签收或者盖章，拒绝签收或者盖章的，适用留置送达。留置送达的前提是法人或其他组织的相关人员拒绝签收，若无法证明拒绝接受送达的人员为办公地的工作人员，则无法尽到对法人或其他组织的“适当通知”，不属于有效送达。

3. 本案受托人通过调查后发现被送达人已搬离现登记注册地和经营地的，可以采取怎样的措施？

实践中，委托人通常认为最为保险的方式就是直接送达，并对送达过程进行公证。申请人应查明被送达人目前实际经营地址线索，根据上述信息，向被送达对象所在地监管部门投诉并获得责令被送达对象限期整改的通知，至此，被送达人实际办公地可以明确作为送达程序中有效的办公经营地址，受托人陪同公证员至上述实际经营地完成送达程序并进行全程公证后，送达程序完成。

被送达对象在接收仲裁文书后又退回至受托人处的，是否会影响送达效力？送达程序完成后，被送达对象对文件的处置，不会影响送达程序的有效性和完整性。

一般而言，当事人之间约定了仲裁文件送达地址的，仲裁机构倾向于首先向当事人约定的仲裁送达地址进行送达。因此，仲裁当事人可在仲裁协议中事先明确约定仲裁程序的送达地址（包括电子送达的送达地址）。为避免争议，还可以约定拟制送达条款，如约定：双方一致同意，向上述地址发出仲裁文件的，在文件发出后的第 3 日即视为送达，上述地址发生变更的，应于变更后 3 日内书面通知对方，未及时通知的，对方当事人或仲裁委员会向上述地址发出仲裁文件的，在文件发出后第 3 日即视为送达等。

五、仲裁裁决不被吉尔吉斯斯坦当地法院承认和执行时中国当事人的救济措施

根据吉尔吉斯斯坦《民事诉讼法》第 439 条规定了 7 种情况下吉尔吉斯斯坦法院将不予承认和执行外国仲裁裁决。针对不予承认和执行的外国仲裁裁决当事人，可以采取多种救济途径。

（一）直接向人民法院申请强制执行仲裁裁决

被申请人在中国（除港澳台地区）有可供执行的财产的，中国籍申请人可

直接向该财产所在地的人民法院申请强制执行该仲裁裁决。被申请人在中国（除港澳台地区）设立分公司或代表处的，中国籍申请人也可申请人民法院查询和查封该分公司或代表处名下的财产，以供执行仲裁裁决。

（二）向其他法域申请承认和执行中国仲裁机构的仲裁裁决

若被申请人在中国和吉尔吉斯斯坦以外的其他国家或地区具有可申请执行的财产，则中国当事人可以根据《纽约公约》或中国与该国家或地区签署的双边民事司法协助条约的规定，直接向该国家或地区的司法主管机关申请承认和执行该仲裁裁决。

（三）向被申请人国籍国法院重新提起民事诉讼

吉尔吉斯斯坦《民事诉讼法》第137条第1款第2项规定，[①] 若已经针对同一当事人，就同一诉讼标的并基于同一理由作出了案件的生效判决、裁决，或者法院因为原告放弃诉讼或当事人达成和解协议后作出终止诉讼程序的，则法院可拒绝受理和审理当事人的起诉。该条第3项规定，针对争议事项存在有效的仲裁协议，但是该仲裁协议无效或无法履行的除外。根据该条第2项规定，我们可推导出，若外国仲裁机构对某一争议作出的仲裁裁决尚未在吉尔吉斯斯坦生效的，则仲裁裁决所涉事项仍按照该条规定在吉尔吉斯斯坦向法院起诉。所以，国内仲裁机构所作的仲裁裁决被吉尔吉斯斯坦的司法机关拒绝承认和执行的，国内企业可尝试根据该条规定，直接向吉尔吉斯斯坦境内对方所在地的法院或对方主要财产所在地的法院重新提起民事诉讼程序，主张自己的权益。然而，该条第3项又规定，如果存在有效的仲裁协议，那么法院将不予受理该类重复起诉。这似乎直接否决了我们前面的建议，我们有在吉尔吉斯斯坦的律师同行沟通此类问题时，他们建议可以重新在吉尔吉斯斯坦有管辖权法院起诉，不然，仲裁程序中胜诉一方当事人的权益如何维护呢。所以，笔者在此建议当事人可以依据该项法律规定，尝试在吉尔吉斯斯坦法院起诉，争取最大限度维护自己的利益。

（四）要求仲裁机构重新仲裁

我国《仲裁法》第58条第1、2款规定，当事人提出证据证明裁决有下列

---

① 吉尔吉斯斯坦《民事诉讼法》第137条，法律文本参见吉尔吉斯斯坦司法部官方网站。

情形之一的，可以向仲裁委员会所在地的中级人民法院申请撤销裁决：（1）没有仲裁协议的；（2）裁决的事项不属于仲裁协议的范围或者仲裁委员会无权仲裁的；（3）仲裁庭的组成或者仲裁的程序违反法定程序的；（4）裁决所根据的证据是伪造的；（5）对方当事人隐瞒了足以影响公正裁决的证据的；（6）仲裁员在仲裁该案时有索贿受贿，徇私舞弊，枉法裁决行为的。人民法院经组成合议庭审查核实裁决有前款规定情形之一的，应当裁定撤销。

根据我国《全国法院涉外商事海事审判工作座谈会会议纪要》第104条第1、2款的规定，申请人申请撤销仲裁裁决，人民法院审查认为存在应予撤销的情形，但可以通过重新仲裁予以弥补的，人民法院可通知仲裁庭重新仲裁。人民法院决定由仲裁庭重新仲裁的，通知仲裁庭在一定期限内重新仲裁并在通知中说明要求重新仲裁的具体理由，同时裁定中止撤销程序。仲裁庭在人民法院指定期限内开始重新仲裁的，人民法院应裁定终结撤销程序。

因此，如果仲裁案件当事人认为仲裁裁决存在上述可以撤销的事由，可在仲裁裁决作出生效之日起6个月内，向仲裁地中级人民法院申请撤销仲裁裁决，并由人民法院根据案件具体事实情况，裁定由仲裁庭重新仲裁。

第四节　外国仲裁裁决在吉尔吉斯斯坦承认和执行案例分析

案例17-4-1　吉尔吉斯斯坦法院驳回承认和执行某商事仲裁机构裁决申请

吉尔吉斯斯坦比什凯克区法院于2018年作出裁定，驳回了某商事仲裁机构作出的关于外国某保险公司与吉尔吉斯斯坦某大学之间的商事仲裁案件的仲裁裁决的承认和执行申请。

该法院在裁决中指出，因为申请人某国某保险公司没有履行吉尔吉斯斯坦《民事诉讼法》第432条[①]规定的要求，未提供必要文件，来证明其以适当的方

---

① 吉尔吉斯斯坦《民事诉讼法》第432条：在如下情况下，外国法院的裁判不应予以承认和执行：（1）没有生效或不应被执行；（2）对方没得到开庭时间和地点通知；（3）案件属吉尔吉斯斯坦法院专属管辖；（4）吉尔吉斯斯坦或第三国已作出同案和相同理由的生效判决；（5）外国法院进行审理之前同一标的和相同理由的案件正在吉尔吉斯斯坦法院审理；（6）申请执行时效已过且法院未能恢复时效；（7）执行外国法院判决违反吉尔吉斯斯坦公共秩序。

式及时通知债务人（被申请人）吉尔吉斯斯坦某国立大学关于仲裁案件的情况，也未通知被申请人指定仲裁员，所以申请人关于承认和执行某国商事仲裁机构的仲裁裁决，具有《纽约公约》第5条第1款第2项规定的拒绝承认和执行的正当事由。

《纽约公约》第5条第1款第2项规定，仲裁裁决的被申请人未能以适当方式指定仲裁员，或者未以适当方式得到仲裁通知，或者因其他事由未能对仲裁案件提出申辩，则被申请承认和执行地的法院有权对该仲裁裁决不予承认和执行。据权威机构统计，自从《纽约公约》生效以来，在所有被拒绝承认和执行的涉外和国际商事仲裁裁决案件中，以该公约第5条第1款第2项规定作为拒绝承认和执行仲裁裁决的理由的占比达到80%，是各国司法机构审理承认和执行外国和国际商事仲裁裁决案件使用最多和最熟练的条款之一。

这主要原因在于，各国司法机关对仲裁程序和文件的通知和送达程序和要求具有不同的法律规定，对送达的规则有不同的要求，执行地法院通常会按照本国法定的和惯常的送达方式来认定仲裁程序中的送达方式，而不是仲裁机构所在地和仲裁机构的仲裁规则中规定的通知和送达方式。这种对仲裁送达方式的错误适用无疑将增加拒绝承认和执行国际商事仲裁裁决的比例，最终降低国际商事仲裁的公信力和认可度。

比什凯克跨区法院在该案中作出驳回承认和执行仲裁裁决申请的裁定，并不是拒绝承认和执行该仲裁裁决，也就是说，申请人重新提交申请和材料，符合吉尔吉斯斯坦《民事诉讼法》第421条①、第438条②和第439条规定要求的，

---

① 吉尔吉斯斯坦《民事诉讼法》第421条第2项：拒绝承认和执行外国仲裁裁决的理由：（1）仲裁协议当事人一方为无民事行为能力人；（2）未收到指定仲裁员或进行仲裁的通知；（3）仲裁庭的组成或仲裁程序不符合约定或适用的法律；（4）裁决事项不在仲裁协议范围内或未落入仲裁协议的条件或对仲裁协议外事项进行裁决；（5）仲裁协议无效；（6）争议事项不属仲裁管辖。

② 吉尔吉斯斯坦《民事诉讼法》第438条：（1）本法第429—431条、第433—436条适用于外国仲裁裁决的承认和执行，但第430条第3款除外；（2）申请承认和执行外国仲裁裁决的一方当事人应提交如下文件：①经公证的外国仲裁裁决书的原件和复印件；②仲裁协议的原件或经公证的复印件；③向法院递交执行和承认申请书的人员的授权书或其他文件；④证明向债务人发送承认和执行外国仲裁裁决书的证明文件；⑤将1—4项文件翻译为吉尔吉斯语或官方语言的翻译文本的公证件。

吉尔吉斯斯坦《民事诉讼法》第439条拒绝承认和执行外国仲裁裁决：（1）根据被告的申请，仲裁裁决可以被拒绝承认和执行：①仲裁协议双方按照适用法律为无行为能力人或按照管辖法律该仲裁协议未生效，且按照作出裁决的国家的法律没有此类规定。②被申请人没有以适当方式得到指定仲裁员或进行仲裁的通知，或因其他原因未能申辩。③裁决的争议事项不属于仲裁协议规定范围或不符合协议规定条件，或作出了超过仲裁协议范围的裁决。若外国仲裁裁决中，仲裁协议范围内的争议事项

该裁决仍可能被承认和执行。

另外，吉尔吉斯斯坦司法机关在办理承认和执行外国商事仲裁裁决案件时，经常将吉尔吉斯斯坦《民事诉讼法》第432条和第437条[①]与第421条、第438条和第439条混淆。第432条和第437条是审理承认和执行外国法院判决时申请人应满足的要求，而第421条、第438条和第439条是承认和执行外国商事仲裁机构的仲裁裁决时应满足的要求。吉尔吉斯斯坦很多基层法院对外国裁判机构性质理解错误，导致适用法律错误的情况很常见，作为国内企业如果在吉尔吉斯斯坦申请承认和执行国内商事仲裁机构或其他国际仲裁机构裁决时，应及时准备并向法院提供相应证据，必要时借助专业律师、公证机构等提前收集并固定关键证据，为后续的诉讼/仲裁案件做好充分准备。

的裁决项与未包含在仲裁协议范围中的争议事项的裁决可以分开，则协议范围内的争议事项的裁决可以被承认和执行。④仲裁庭组成或仲裁程序不符合双方协议，或在没有仲裁协议情况下不符合仲裁地法律。⑤裁决非最终裁决或被撤销，或被裁决地的法院暂停执行。（2）存在如下事由，可以拒绝承认和执行外国仲裁裁决：①按照吉尔吉斯斯坦法律，争议标的不能仲裁裁决；②承认和执行该裁决违反吉尔吉斯斯坦公共秩序。

① 吉尔吉斯斯坦《民事诉讼法》第437条：存在本法第432条中第1—5项和第7项的事由时，不予承认和执行外国法院判决。

本书主要参考的吉尔吉斯斯坦法律法规、规章和吉尔吉斯斯坦与中国政府签署的双边协定和国际条约

一、吉尔吉斯斯坦法律法规、规章

1. 吉尔吉斯斯坦《民法典》；
2. 吉尔吉斯斯坦《商事合伙和公司法》；
3. 吉尔吉斯斯坦《股份公司法》；
4. 吉尔吉斯斯坦《投资法》；
5. 吉尔吉斯斯坦《城市建设和规划法》；
6. 吉尔吉斯斯坦《地下资源法》；
7. 吉尔吉斯斯坦《政府和私人资本合作法》；
8. 吉尔吉斯斯坦《土地法典》；
9. 吉尔吉斯斯坦《地下资源产品分成协议法》；
10. 吉尔吉斯斯坦《特许经营和特许企业法》；
11. 吉尔吉斯斯坦《环境保护法》；
12. 吉尔吉斯斯坦《税法典》；
13. 吉尔吉斯斯坦《担保法》；
14. 吉尔吉斯斯坦《民事诉讼法》；
15. 吉尔吉斯斯坦《仲裁法院法》；
16. 吉尔吉斯斯坦《仲裁法》；
17. 吉尔吉斯斯坦《最高法院法》；
18. 吉尔吉斯斯坦《非税收入法》；

19. 吉尔吉斯斯坦《结算指标法》；
20. 吉尔吉斯斯坦《资质许可法》；
21. 吉尔吉斯斯坦《海关法》；
22. 吉尔吉斯斯坦《不动产权利登记和不动产交易国家登记法》；
23. 吉尔吉斯斯坦《地下资源使用权拍卖条件和程序的规定》；
24. 吉尔吉斯斯坦《地下资源使用权竞标条件和程序的规定》；
25. 吉尔吉斯斯坦《地下资源使用权许可条例》；
26. 吉尔吉斯斯坦《地下资源使用权持有费的计算、征收和追偿的程序》；
27. 吉尔吉斯斯坦《不动产权利和限制以及与不动产交易相关的国家登记规则》；
28. 吉尔吉斯斯坦《法人和分公司（代表处）登记程序规定》；
29. 吉尔吉斯斯坦《投资稳定待遇适用程序和要求的规定》；
30. 吉尔吉斯斯坦《涉及动产的债权请求权国家统一登记簿规定》；
31. 吉尔吉斯斯坦《涉及动产的债权请求权登记程序指南》；
32. 吉尔吉斯斯坦《关于外国人或无国籍人在吉尔吉斯斯坦从事劳务活动的程序规定》；
33. 吉尔吉斯斯坦《环境影响评价程序的规定》；
34. 吉尔吉斯斯坦《关于含贵重金属及伴生金属矿、精矿和废料进出口程序的规定》；
35. 吉尔吉斯斯坦国家建筑施工和公共住房署《关于外国建筑规范与本国建筑规范同等适用于吉尔吉斯斯坦的命令》。

二、中国政府和吉尔吉斯斯坦签署的双边条约

1. 中国政府和吉尔吉斯共和国政府《关于鼓励和相互保护投资协定》；
2. 中国政府和吉尔吉斯共和国政府《关于对所得避免双重征税和防止偷漏税的协定》；
3. 中国和吉尔吉斯共和国政府《关于民事和刑事司法协助的条约》。

三、吉尔吉斯斯坦缔结的国际条约

《承认及执行外国仲裁裁决公约》（《纽约公约》）。